DEUTSCH ALS FREMDSPRACHE

Susanne Kalender
Petra Klimaszyk

Schritte 5 international

Lehrerhandbuch

Hueber Verlag

Quellenverzeichnis

Kopiervorlagen zu den Zwischenspielen: Daniela Niebisch, Penzberg
Seite 81: alle © Picture Alliance/dpa
Seite 83: Winnetou und J. Depp © Picture Alliance/dpa
Seite 106: Text © Deutscher Mieterbund e.V.(www.mieterbund.de)
Seite 115: © Picture Alliance/akg-images/Niklaus Strauss
Seite 121: © Claus Breitfeld, Madrid
Alle anderen Fotos: Alexander Keller, München

Symbole / Piktogramme

Binnendifferenzierung

Achtung/Hinweis

TIPP Methodisch-didaktischer Tipp

LÄNDER INFO landeskundliche Informationen über Deutschland, Österreich und die Schweiz

5. 4. 3. | Die letzten Ziffern
2017 16 15 14 13 | bezeichnen Zahl und Jahr des Druckes.
Alle Drucke dieser Auflage können, da unverändert, nebeneinander benutzt werden.
1. Auflage

Zeichnungen: Jörg Saupe, Düsseldorf
Layout und Satz: Schack, Ismaning
Redaktion: Daniela Niebisch, Penzberg; Angela Kilimann, Zorneding
Druck und Bindung: Auer Buch + Medien GmbH, Donauwörth
ISBN 978-3-19-021855-4

Inhalt

Konzeption und praktische Tipps für den Unterricht mit *Schritte international*

Schritte international basiert auf den Grundsätzen des Gemeinsamen Europäischen Referenzrahmens. Dieser wird zunächst kurz erläutert. Anschließend werden der Aufbau des Lehrwerks sowie die methodisch-didaktischen Grundlagen vorgestellt und beschrieben. Außerdem werden praktische Tipps zum Umgang mit wiederkehrenden Rubriken des Lehrwerks gegeben.

Methodisch-didaktische Hinweise

Die Hinweise zu den einzelnen Lektionen sind klar strukturiert: Zu jeder Episode der Foto-Hörgeschichte und jeder Modulseite A bis E finden Sie ab Seite 18 konkrete Hinweise zum Vorgehen im Unterricht sowie methodische Tipps, Vorschläge zur Binnendifferenzierung, landeskundliche Informationen und Verweise auf die Übungen im Arbeitsbuch.

Kopiervorlagen

Das Lehrerhandbuch bietet durch ein differenziertes Übungsangebot die Möglichkeit, den Unterricht auf die jeweiligen Bedürfnisse eines Kurses und die jeweilige Kursdauer abzustimmen:

- Zahlreiche Zusatzübungen und Spiele zu jeder Lektion erweitern das Angebot des Arbeitsbuchs (siehe Seite 76 ff.).
- Zu jedem Zwischenspiel finden Sie nachbereitende und erweiternde Übungen.
- Wiederholungsübungen und -spiele: Regelmäßige Wiederholungssequenzen sind besonders im Anfängerunterricht wichtig (siehe Seite 108 ff.).
- Testvorlagen zu jeder Lektion: So können Sie oder Ihre TN die Kenntnisse überprüfen (siehe Seite 116 ff.).

Anhang

Hier finden Sie die Transkriptionen aller Hörtexte des Kursbuchs und des Arbeitsbuchs sowie die Lösungen zu den Übungen im Arbeitsbuch und den Tests. Diese können Sie bei Bedarf auch für Ihre TN kopieren und zur Selbstkontrolle bereitstellen.

1. Rahmenbedingungen

Schritte international ist ein Lehrwerk für Lernende der Grundstufe. In seiner Konzeption berücksichtigt *Schritte international* sprachhomogene Gruppen und eignet sich deshalb auch sehr gut für den Deutschunterricht im Ausland.

Die Komponenten von *Schritte international*

Schritte international führt in sechs Bänden zur Niveaustufe B1 des Gemeinsamen Europäischen Referenzrahmens:

Schritte international 1 und *Schritte international 2* → Niveaustufe A1
Schritte international 3 und *Schritte international 4* → Niveaustufe A2
Schritte international 5 und *Schritte international 6* → Niveaustufe B1

Jeder Band enthält das Kursbuch und das Arbeitsbuch sowie eine CD mit den Hörtexten des Arbeitsbuchs und interaktiven Übungen für den PC. Zusätzlich gibt es zu jedem Band Hörmaterialien zum Kursbuch auf CD/Kassette sowie Glossare für verschiedene Ausgangssprachen. Im Internetservice unter www.hueber.de/schritte-international finden Sie weiteres Material und methodische Tipps für Ihre Unterrichtsvorbereitung sowie Online-Übungen für die Kursteilnehmer/innen (TN).

Schritte international und der Gemeinsame Europäische Referenzrahmen

- *Schritte international* orientiert sich am Gemeinsamen Europäischen Referenzrahmen. Der Referenzrahmen definiert mehrere Kompetenzniveaus, die den Sprachstand der Lernenden zeigen und Lernfortschritte messbar machen:

A (elementare Sprachverwendung) → **A1**, **A2**
B (selbstständige Sprachverwendung) → **B1**, **B2**
C (kompetente Sprachverwendung) → **C1**, **C2**

  Der Sprachstand wird mithilfe von Skalen – den sogenannten Kann-Bestimmungen – beschrieben. Eine ausführliche Beschreibung zu Inhalt und Zielen des Referenzrahmens finden Sie unter www.hueber.de.

- Der Referenzrahmen betrachtet Sprachlernende und Sprachverwendende als sozial Handelnde, die kommunikative Aufgaben bewältigen müssen. *Schritte international* trägt dem durch die alltagsrelevanten Themen und die Auswahl der Texte (z.B. Briefe, Informationsbroschüren, Zeitungsmeldungen, Telefongespräche, Nachrichten etc.) Rechnung und richtet sich in seinen Lernzielen an den Kann-Bestimmungen des Referenzrahmens aus. Welches Lernziel Ihre TN auf einer Kursbuchseite erreichen können, ist bei den methodisch-didaktischen Hinweisen in diesem Lehrerhandbuch jeweils explizit ausgewiesen.
- Im Referenzrahmen werden Lernerautonomie und Selbstbeurteilung großgeschrieben: Anhand von Übungen zum selbstentdeckenden Lernen im Arbeitsbuch erarbeiten die TN sich grammatische Schemata und lernen, Strukturen zu ordnen und zu systematisieren. Mithilfe des Lerntagebuchs (siehe Seite 11 und 17) lernen die TN verschiedene Lerntechniken kennen und werden befähigt, ihr Lernen individuell und selbstständig zu gestalten. Im Kursbuch auf den Seiten 82–83 finden Sie eine Vorlage, mit der die TN ihren Sprachstand nach Abschluss des Kurses selbst evaluieren können.

Schritte international und die Prüfungen *Start Deutsch* und *Zertifikat Deutsch*

Schritte international 1–4 richten sich in Themen, Sprachhandlungen, Wortschatz und Grammatik nach den Lernzielbeschreibungen von *Start Deutsch* und bereiten gezielt auf die Prüfungen vor. *Schritte international 5* und *Schritte international 6* bauen auf diesem erworbenen Wissen auf und erweitern die Kenntnisse der TN in den genannten Bereichen auf der Basis der Lernzielbeschreibungen des *Zertifikat Deutsch*. Als Vorbereitung auf das Zertifikat finden Sie:

- Prüfungsaufgaben zu allen Prüfungsteilen im Arbeitsbuch von *Schritte international 5* und *6*
- Modelltest und Prüfungstipps zum *Zertifikat Deutsch* in *Schritte international 6*

Die Bände *Schritte international 5* und *Schritte international 6* führen zur Niveaustufe B1. Nach Abschluss von B1 kann das *Zertifikat Deutsch* abgelegt werden.

2. Aufbau

Jeder Band von *Schritte international* enthält sieben kurze Lektionen mit einem klaren und einheitlichen Aufbau:

Die Foto-Hörgeschichte
Motivierender Einstieg über eine Foto-Hörgeschichte

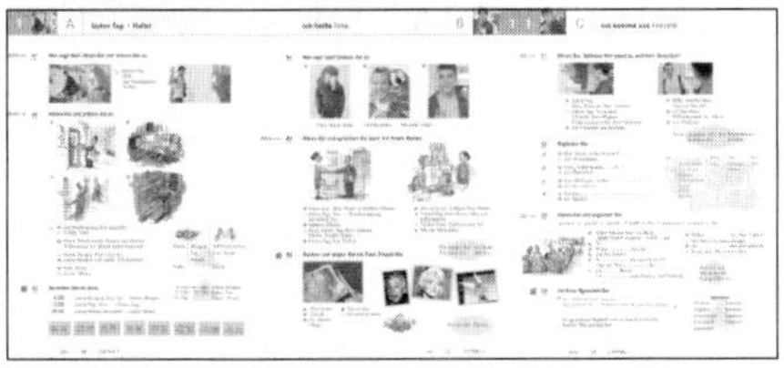

Die Seiten A–C
In sich abgeschlossene Module zur Einführung und Einübung des neuen Lernstoffs

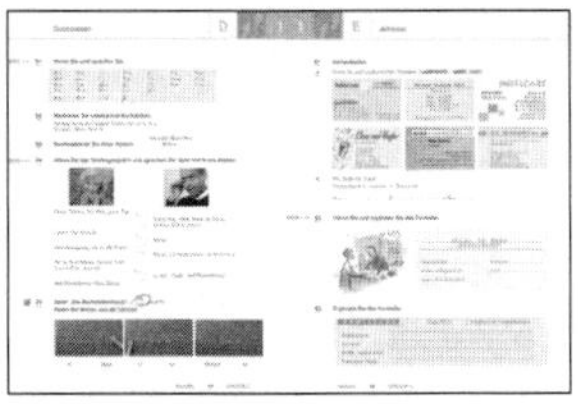

Die Seiten D–E
In sich abgeschlossene Module zum Training und zur Erweiterung der rezeptiven und produktiven Fertigkeiten

Die Übersichtsseite
Übersicht über Grammatik und wichtige Wendungen der Lektion zur Orientierung und schnellen Wiederholung

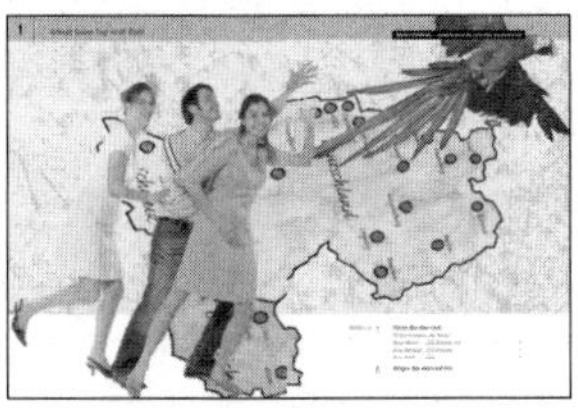

Das Zwischenspiel
Abschluss durch das Zwischenspiel mit landeskundlichen Lese- und Hörtexten und spielerischen Aktivitäten

2.1 Aufbau einer Kursbuchlektion

Die Foto-Hörgeschichte

Ausgehend von der Erfahrung vieler TN mit Fotoromanen und Soaps im Fernsehen und der Tatsache, dass wir heute in einer visuellen Welt leben, beginnt jede Lektion mit einer Foto-Hörgeschichte. Sie …

- ist authentisch: Sprache wird im Kontext gelernt. Die TN können sich intensiv mit nur einer Situation auseinandersetzen, was die Memorierung von Wörtern und Strukturen erleichert und verbessert.
- ist motivierend: Die Fotos erleichtern eine situative und lokale Einordnung der Geschichte und aktivieren das Vorwissen. Durch die Kombination von Fotos und Hörtext/Geräuschen verstehen die TN eine zusammenhängende Episode. Sie erkennen, dass sie am Ende der Lektion in der Lage sein werden, eine ähnliche Situation sprachlich zu meistern.
- bietet anhand der Personen und Situationen Identifikationsmöglichkeiten. Im Vordergrund stehen die Erfahrungen eines Ausländers, der mit der deutschsprachigen Lebenswelt in Berührung kommt. Die Foto-Hörgeschichte vermittelt implizit landeskundliches Wissen.
- bietet einen unterhaltsamen Einstieg in das Thema der Lektion: Das Interesse der TN wird geweckt.
- bildet den sprachlichen und thematischen Rahmen der Lektion: Die Foto-Hörgeschichte führt das Sprachmaterial und den grammatischen Stoff ein und entlastet damit den Lektionsstoff vor. Gleichzeitig trainiert sie das globale Hörverstehen.

Die Seiten A, B, C

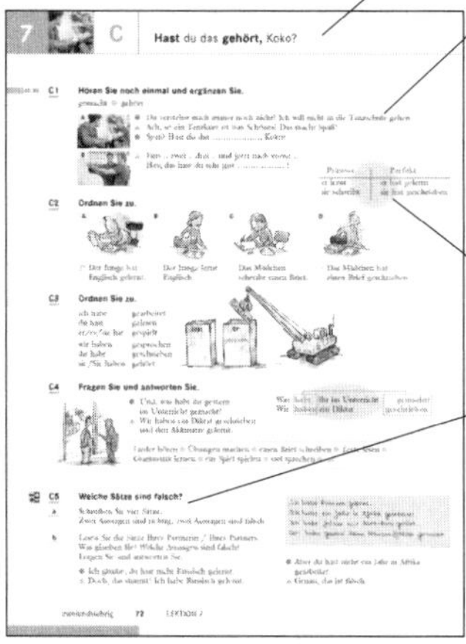

Die **Kopfzeile** enthält ein Zitat aus der Foto-Hörgeschichte und präsentiert den Lernstoff der Seite. Die neue Struktur ist fett hervorgehoben. So können Sie und die TN sich rasch orientieren.

Die erste Aufgabe dient der **Einführung** des neuen Stoffs. Sie bezieht sich ebenfalls im weiteren Sinne auf die Foto-Hörgeschichte und veranlasst die TN bereits zur aktiven Anwendung der neuen Struktur. Das stärkt das Vertrauen der TN in die Erlernbarkeit des Stoffs.

Der **Grammatikspot** fasst den Lernstoff übersichtlich zusammen und macht ihn bewusst.

In den **anschließenden Aufgaben** üben die TN den Lernstoff zunächst meist in gelenkter, dann in freierer Form.

Die **Abschlussaufgabe** dient dem Transfer des Gelernten in den persönlichen Anwendungsbereich (Informationen über sich geben, die eigene Meinung sagen usw.) oder bietet auf spielerische Art Möglichkeiten, den Lernstoff aktiv und interaktiv anzuwenden. *Hinweis:* Zur Vereinfachung und Unterstützung Ihrer Unterrichtsvorbereitung finden Sie Kopiervorlagen zu vielen Abschlussaufgaben im Internet unter www.hueber.de/schritte-international unter dem Stichwort „Lehren" bzw. „Interaktionsaufgaben".

Die Seiten D und E

Diese Seiten dienen der Vertiefung und Erweiterung der rezeptiven (Lesen und Hören) und produktiven (Sprechen und Schreiben) Fertigkeiten.

Lesen
Die TN üben das Lesen authentischer Textsorten, wie sie im Referenzrahmen und der Prüfung *Zertifikat Deutsch* für die Niveaustufe B1 festgelegt sind. Dazu gehören z.B. Zeitungsmeldungen, Anleitungen, Briefe, E-Mails und Mitteilungen, tabellarische Verzeichnisse, Wörterbucheinträge, längere Texte aus Büchern und Zeitschriften.

Hören
Die TN lernen, unkomplizierte Sachinformationen über Alltagsthemen oder alltägliche Fragen der Arbeitswelt zu verstehen, sie können den gehörten Texten sowohl Hauptaussagen als auch relevante Einzelinformationen entnehmen. Dies gilt für medial gesendete Texte sowie für Gespräche.

Sprechen
Die TN üben die Bewältigung von Alltagssituationen in den Bereichen Arbeit, Schule, Freizeit usw., wobei sie an den Gesprächen nicht nur reagierend, sondern selbstständig agierend teilnehmen. Das heißt, die TN können sich einfach und zusammenhängend über vertraute Themen und persönliche Interessensgebiete äußern. Sie können aber diesbezüglich auch über Erfahrungen und Ereignisse berichten, Träume, Ziele und Vorstellungen beschreiben und zu Plänen und Absichten kurze Begründungen und Erklärungen liefern.

Schreiben
Die Anforderungen an die Schreibfertigkeit der TN steigen auf dem Niveau B1. Die Zielsetzung auf diesem Niveau ist: Die TN können einfachere, aber in Teilen zusammenhängende Texte zu verschiedenen vertrauten Themen aus ihrem Interessensgebiet oder Erfahrungsgebiet schreiben.

Die Übersichtsseite

Die letzte Seite jeder Lektion gibt einen Überblick über die neue Grammatik und wichtige Wendungen der Lektion. Mithilfe der Übersicht kann der Stoff der Lektion selbstständig wiederholt und nachgeschlagen werden.

Das Zwischenspiel

Jede Lektion wird durch landeskundliche Lese- und Hörtexte passend zum Lektionsthema abgerundet. Diese Seiten haben einen freieren Charakter, d.h. der Fokus liegt nicht mehr auf dem Erwerb und Einüben von Strukturen, sondern die TN können hier das Lese- und Hörverstehen vertiefen und ihr in der Lektion erworbenes Wissen aktiv und spielerisch anwenden. Zusätzlich erhalten sie interessante landeskundliche Informationen über Deutschland, Österreich und die Schweiz.

2.2 Aufbau des Arbeitsbuchs

Im Arbeitsbuch finden Sie vielfältige Übungen zu den Lernschritten A bis E für die Still- und Partnerarbeit im Kurs oder als Hausaufgabe. Auch hier erscheinen – wie auf der entsprechenden Kursbuchseite – in der Kopfzeile ein Zitat und ein Foto aus der Foto-Hörgeschichte als Strukturierungs- und Memorierungshilfe. Die Übungen berücksichtigen unterschiedliche Lernniveaus innerhalb des Kurses und bieten so Möglichkeiten zur Binnendifferenzierung:

schwarze Arbeits-anweisungen	blaugraue Arbeits-anweisungen	blaue Arbeits-anweisungen
Basisübungen, die alle TN machen sollten	Vertiefende Übungen für alle, die noch üben wollen/müssen	Erweiternde Übungen als Zusatzangebot oder Alternative für schnellere TN

Das Arbeitsbuch enthält außerdem:

- Übungen zur Phonetik
- Anregungen zum autonomen Lernen und Informationen über verschiedene Lerntechniken (Lerntagebuch)
- Übungen zum selbstständigen Entdecken grammatischer Regelmäßigkeiten („Grammatik entdecken“)
- Prüfungsaufgaben im Format des *Zertifikat Deutsch*
- ein systematisches Schreibtraining
- explizit gekennzeichnete Wiederholungsübungen
- den Lernwortschatz der Lektion, nach Oberbegriffen sortiert und nach Wortarten getrennt

Weitere Übungen zur selbstständigen Wiederholung am PC finden die TN auf der integrierten CD, die auch alle Hörtexte des Arbeitsbuchs enthält.
Am Ende des Arbeitsbuchs steht eine Grammatikübersicht, in der alle Strukturen des Bands nach Wortarten gegliedert zusammengefasst sind.

3. Methodisch-didaktische Grundlagen

3.1 Grammatik

Die Grammatikprogression in *Schritte international* orientiert sich an den Vorgaben des Referenzrahmens und der Prüfung *Zertifikat Deutsch*. In übersichtlichen, kurzen Lernschritten werden die Strukturen in kleinen „Portionen“ eingeführt und intensiv geübt. Häufige Wiederholungsschleifen festigen das Gelernte und bereiten auf die Erweiterung einer grammatischen Struktur vor.

Lexikalische Einführung von Strukturen

- Grammatische Strukturen werden durch Variations- und Einsetzübungen eingeführt. Sie werden von den TN hier auch schon aktiv benutzt und memoriert.
- Der Einstieg erfolgt über Formeln, an denen anschließend die dahinterstehende Struktur aufgezeigt werden kann.
- Ziel ist es, die Angst vor Neuem zu nehmen und das Vertrauen in die Erlernbarkeit der Struktur zu stärken.

Grammatikspot

- Der Grammatikspot fasst den neuen Stoff anhand von Beispielen einfach und verständlich zusammen.
- Farbsignale ersetzen Regelerklärungen, die die TN besonders im Anfängerunterricht auf Deutsch gar nicht verstehen würden.
- Grammatische Termini werden nur moderat eingesetzt, um auch weniger kognitive Lernertypen einzubeziehen.

Infospot

- Der Infospot hebt Redemittel hervor, die in ihrer grammatischen Struktur unbekannt sein können, den TN aber als Ausdrucksmöglichkeit zur Verfügung stehen sollten.
- Diese Redemittel sollen als Formeln gelernt und angewendet werden.

Grammatik entdecken

Selbstentdeckendes Lernen
Übungen, die die TN zu einem gelenkten Entdecken grammatikalischer Regelmäßigkeiten führen sollen, finden Sie im Arbeitsbuch unter der Rubrik „Grammatik entdecken":

- Die TN ordnen neues Sprachmaterial in vorgegebene, optisch markierte Schemata.
- Dadurch wird die zugrunde liegende Systematik einer Struktur erkennbar.
- Die TN können die Strukturen besser verstehen und behalten.

3.2 Wiederholung

Damit sprachliche Strukturen – und Wörter natürlich – gefestigt werden können, müssen sie immer wieder aktiviert werden. *Schritte international* setzt daher auf häufige Wiederholungssequenzen:

- Mit den Wiederholungsstationen am Ende jeder Niveaustufe *(Schritte international 2, 4, 6)* kann der komplette Lernstoff einer Stufe noch einmal trainiert werden.
- Sogenannte Wiederholungsspots im Kursbuch erinnern die TN ab *Schritte international 3* an schon gelernte Strukturen, die nun erweitert werden.
- Ausgewiesene Wiederholungsübungen greifen ab *Schritte international 3* grammatische Strukturen aus den vorhergehenden Bänden noch einmal auf, vertiefen sie oder dienen als Vorübung für neuen Lernstoff, der in Zusammenhang zu schon bekanntem Lernstoff steht.
- Möglichkeiten zur selbstständigen Wiederholung finden die TN auf der in jedem Band integrierten CD mit interaktiven Übungen für den PC.
- Spiele zur Wiederholung finden Sie nach jeder zweiten Lektion auch in diesem Lehrerhandbuch (ab Seite 108).

3.3 Wortschatz

Die Wortschatzprogression orientiert sich ebenfalls an den Vorgaben des Referenzrahmens und der Prüfungen *Start Deutsch* und *Zertifikat Deutsch*. Die Wortschatzvermittlung orientiert sich an folgenden Prinzipien:

- Neuer Wortschatz wird mit bekannten Strukturen eingeführt, damit die TN sich auf die Wörter konzentrieren können.
- Nach Möglichkeit werden Wortfelder eingeführt (z.B. Lektion 3, Wortfeld „Gesundheit/Körper").
- Die Sprachlernerfahrung der TN wird einbezogen: Deutsch wird heute häufig erst als zweite oder dritte Fremdsprache gelernt. Auf das Vorwissen der TN aus dem Englischen oder anderen zuerst gelernten Sprachen (auch die Muttersprache) wird zurückgegriffen. Dem Deutschen ähnliche, den TN bekannte Wörter werden bewusst gemacht, um den Wortschatzerwerb positiv zu unterstützen und den TN ein Hilfsmittel für das Verstehen von Hör- und Lesetexten an die Hand zu geben.
- Der Lernwortschatz einer jeden Lektion ist im Arbeitsbuch zusammengestellt. Schreiblinien ermöglichen die Übersetzung in die eigene Sprache und damit ein klassisches Vokabeltraining: Die TN können sich auf diese Weise selbstständig abfragen. Die TN finden hier auch den Wiederholungswortschatz aus *Schritte international 1–4* (Lernwortschatz A1 und A2).

Am Ende eines jeden Bands von *Schritte international* finden Sie außerdem eine alphabetische Wortliste.

3.4 Binnendifferenzierung

Auch in sprachhomogenen Kursen haben die TN meist unterschiedliche Lernerfahrungen und Lernziele. Binnendifferenzierung ist eine Möglichkeit, den Unterricht für alle TN interessant zu gestalten, auf die unterschiedlichen Bedürfnisse der TN einzugehen und jeden möglichst optimal zu fördern. Binnendifferenzierung bedeutet Gruppenarbeit: Innerhalb des Kurses werden (zeitweise) mehrere Gruppen gebildet, die unterschiedliche Lerninhalte bearbeiten. Das kann beispielsweise heißen, dass leistungsstärkere Gruppen mehr oder schwierigere oder freiere Aufgaben erhalten oder dass für einzelne Gruppen verschiedene Lernziele gesetzt werden, die sich an den Bedürfnissen der TN ausrichten: Eine Gruppe übt z.B. Grammatik, eine andere wiederholt Wortschatz und eine dritte macht Phonetikübungen.

Schritte international bietet vielfache Unterstützung für einen binnendifferenzierten Unterricht:

- Explizit im Arbeitsbuch durch z.B. farblich gekennzeichnete Übungstypen in verschiedenen Schwierigkeitsstufen (siehe auch Seite 9 und 16).
- Implizit im Kursbuch durch unterschiedlich schwierige/lange Lesetexte und Auswahlmöglichkeiten (gelenkter–freier) bei verschiedenen Aufgaben, z.B. Rollenspielen.
- In diesem Lehrerhandbuch durch praktische Vorschläge zur binnendifferenzierten Arbeit mit *Schritte international*. Diese erkennen Sie an diesem Signal .

3.5 Phonetik

PHONETIK

Häufig erwerben Lernende gute Kenntnisse in Wortschatz und Grammatik. Aber selbst, wenn die Wörter von ihrer Semantik her richtig verwendet werden, kann es durch eine falsche Aussprache und Betonung zu Missverständnissen bis hin zum völligen Scheitern der Kommunikation kommen. Deshalb wird in *Schritte international* von Anfang an Wert auf eine gründliche Ausspracheschulung gelegt. In *Schritte international 5* steht die Satzmelodie im Vordergrund. Die TN kennen inzwischen eine ganze Reihe von Redemitteln und Ausdrücken für Alltagssituationen (z.B. Auskünfte erfragen, Vermutungen äußern etc.). Jetzt lernen sie, wie sie durch Veränderung der Satzmelodie, das Einfügen von Partikeln und/oder Adverbien ihrer Aussage eine andere Nuance geben oder eine bestimmte Emotion ausdrücken können. Dabei werden die in *Schritte international 1–4* geübten Lerntechniken ausgebaut und die Selbstständigkeit der TN gefördert: Sie sollen z.B. Gedichte auswendig lernen, selbst schreiben und dadurch das Geübte frei und kreativ anwenden (z.B. Lektion 4, Übung 10). Ein zweiter Schwerpunkt sind die Satzverbindungen (z.B. Lektion 1, Übung 20–22).
Die Ausspracheschulung in *Schritte international* hält sich an folgende Prinzipien:

- Sie erfolgt in einem Wechselspiel aus imitativem und kognitivem Lernen, z.B. durch Hören, Erkennen und Nachsprechen oder Hören, Erkennen und Markieren oder Hören und Nachsprechen.
- Die Laute werden zunächst im Wort und darauf aufbauend im ganzen Satz geübt.
- Die Beispiele ergeben sich aus der Lektion. Dadurch steht die Phonetik in einem für die TN relevanten und nachvollziehbaren Kontext. Zudem ergibt es wenig Sinn, Wörter nachzusprechen, die man nicht versteht.

3.6 Die eigene Sprache

Die Muttersprache kann den TN beim Deutschlernen helfen, z.B. beim Wortschatzerwerb (siehe oben) oder beim kontrastiven Vergleich grammatischer Strukturen. In *Schritte international* wird die Muttersprache bewusst in den Unterricht einbezogen:

- an Stellen, wo die TN erfahrungsgemäß den Wunsch haben werden, sich zu äußern, aber auf Deutsch noch nicht in der Lage dazu sind (z.B. Meinungen zur Foto-Hörgeschichte).
- dort, wo es der Vorentlastung einer Aufgabe dient, z.B. wenn die TN vor dem Hören Überlegungen zur Foto-Hörgeschichte anstellen oder vor dem Lesen anhand der Überschrift Vermutungen über einen Lesetext äußern sollen.

3.7 Lerntechniken

LERN TAGEBUCH

Der Referenzrahmen misst der Lernerautonomie großes Gewicht bei. Daher werden die TN in *Schritte international* zum Führen eines Lerntagebuchs angeregt:

- Der Gedanke des Lerntagebuchs sieht vor, dass sich alle TN einen Ringbuchordner anschaffen. In diesem können sie verschiedene Kategorien anlegen, die sie individuell erweitern können. Zudem können jederzeit neue Blätter einfügt werden.
- In diesem Lerntagebuch können die TN ihre Lernfortschritte dokumentieren: Hier können sie alles, was im Unterricht oder als Hausaufgabe erarbeitet wurde, abheften. Zu Hause können die TN in ihrem Lerntagebuch den Lernstoff nachschlagen oder Lerntechniken selbstständig ausprobieren.
- Mithilfe expliziter Übungen im Arbeitsbuch lernen die TN verschiedene Lerntechniken kennen und wenden sie praktisch an, um so die für sie geeignetste(n) Form(en) des Lernens herauszufinden.

3.8 Landeskunde

Die Vermittlung von Landeskunde ist für Deutschlernende im Ausland, die keinen oder wenig Kontakt mit den deutschsprachigen Ländern haben, besonders wichtig. In *Schritte international* werden landeskundliche Informationen gezielt angeboten:

- durch die Foto-Hörgeschichte, die auf authentische Art und Weise deutschen Alltag abbildet und dabei implizit landeskundliches Wissen vermittelt sowie interkulturelle Diskussionsanlässe bietet.
- in zahlreichen Lese- und Hörtexten authentischer Textsorten, die den Alltag in den deutschsprachigen Ländern abbilden.
- durch das Zwischenspiel mit landeskundlichen Lese- und Hörtexten über Deutschland, Österreich und die Schweiz und mit Anregungen zum interkulturellen Vergleich.
- im Internet, wo Sie Aufgaben für Internetrecherchen finden, mit denen die TN ihr landeskundliches Wissen selbstständig erweitern können.

LÄNDER INFO

Landeskundliche Hintergrundinformationen, die Sie auch an die TN weitergeben können, finden Sie auch in diesem Lehrerhandbuch (gekennzeichnet mit dem Signal „Länderinfo“) und im Internet unter www.hueber.de/schritte-international.

Die erste Stunde im Kurs

Materialien
1 farbiges Papier für Namensschilder
2 Spielfiguren, Würfel
Tipp: Deutschlandkarten, Österreich- bzw. Schweizkarten

1 **Sich vorstellen**

1. Die erste Stunde in einem neuen Kurs sollten Sie für das gegenseitige Kennenlernen reservieren. Es macht das gemeinsame Arbeiten einfacher und angenehmer, wenn jeder das Gefühl hat, die anderen schon ein wenig zu kennen. Verteilen Sie an alle TN große, farbige Zettel und bitten Sie die TN, ihren Namen möglichst groß darauf zu schreiben.
2. Die TN stellen sich reihum vor. Insbesondere bei TN aus asiatischen Ländern ist nicht immer sofort deutlich, was der Vorname und was der Familienname ist. Fragen Sie ggf. nach, wie der TN angesprochen werden möchte.
   Variante: Wenn es sich um einen Fortsetzungskurs handelt und die TN sich schon gut kennen, können Sie auch direkt in die Lektion 1 einsteigen.

2/3 **Kennenlernspiel**

1. Die TN finden sich paarweise zusammen. Es sollten nur Paare zusammenarbeiten, die sich noch nicht kennen. Geben Sie jedem Paar zwei Spielfiguren und einen Würfel. Die TN öffnen ihr Buch und lesen die Spielanleitung. Greifen Sie möglichst nicht mit Erklärungen ein. Die TN sind auf diesem Niveau schon selbstständiger und sollten das auch zeigen dürfen. Durch den Austausch über die Spielregeln findet zudem eine erste Kommunikation zwischen den TN statt.
2. Die TN spielen nach den Regeln im Buch. Gehen Sie herum und achten Sie darauf, dass die TN sich Notizen zu den Antworten der Partnerin / des Partners machen.
3. Die TN stellen mithilfe ihrer Notizen die Partnerin / den Partner im Plenum vor.

TIPP Sollten Ihre TN sich aus vorangegangenen Kursen bereits kennen, regen Sie die TN zu einem Gespräch an, mit dem sie ihr Wissen über die anderen erweitern können. Bringen Sie Kopien von geografischen Deutschlandkarten bzw. Österreich- oder Schweizkarten mit in den Kurs oder bitten Sie die TN, die Karte in der Buchinnenseite anzusehen. Die TN finden sich in Kleingruppen von 4–5 TN zusammen. Sie zeigen sich gegenseitig die Städte und/oder Regionen, die sie kennen, und erzählen, was sie dort gemacht haben, wie lange und warum sie dort waren, welche positiven oder negativen Erinnerungen sie damit verbinden usw. Wenn Sie auch TN im Kurs haben, die noch nie in einem deutschsprachigen Land waren, fragen Sie sie, welche deutschen (bzw. österreichischen oder schweizerischen) Städte oder Regionen ihnen etwas sagen und was sie darüber gehört haben.

1 **Vor dem Hören: Schlüsselwörter verstehen**

1. Ziehen Sie von den Fotos eine Folie, auf der die Nummerierung getilgt ist, und schneiden Sie die Folie auseinander, sodass Sie die Fotos einzeln auflegen können. Die Bücher der TN sind geschlossen. Legen Sie das erste Foto auf und klären Sie mit den TN, was ein „Homeservice" ist (= Eine Firma, die die Waren ins Haus bringt. Sehr oft handelt es sich um Essen. Es gibt aber auch z.B. einen Fahrradreparatur-Homeservice). Spekulieren Sie mit den TN darüber, wer die Personen auf dem Foto sind, was sie miteinander zu tun haben und welchen Beruf sie haben. Legen Sie dann das zweite Foto auf und besprechen Sie mit den TN, was ein „Schutzengel" ist. Warum hat Nasseer einen Schutzengel im Auto?
2. Legen Sie alle Fotos ungeordnet auf den Projektor. Ernennen Sie einen TN zum „Fotoschieber". Er hat die Aufgabe, die Fotos nach den Vorschlägen der anderen TN in die richtige Reihenfolge zu schieben.
3. Die TN sehen sich die Fotos an und versuchen, sich im Plenum auf eine Reihenfolge zu einigen. Übernehmen Sie die Rolle des Diskussionsleiters. Wenn ein TN einen Vorschlag macht, muss er begründen, warum das Foto an dieser Stelle stehen soll. Erst wenn alle TN einverstanden sind, wird über die nächste Position eines Fotos gesprochen. Ziel ist, dass die TN sich gemeinsam auf eine Geschichte einigen. Dabei kommt es nicht auf richtig oder falsch an, sondern nur darauf, dass eine sinnvolle Geschichte entsteht.
4. Die TN öffnen ihr Buch und überprüfen, ob ihre Vermutungen über die Reihenfolge der Fotos „richtig" waren.

2 **Beim ersten Hören**

1. Die TN hören die Geschichte. Sagen Sie den TN ausdrücklich, dass dies die „*Schritte-international*-Version" der Geschichte ist. Die TN sollen sich von der Vorstellung von richtig oder falsch ihrer Versionen lösen. Es geht hier nicht darum, dass die TN anhand der Fotos eine vorhandene Geschichte erraten, sondern sie sollen die Fotos auf die eigene Fantasie wirken lassen, einen eigenen Handlungszusammenhang entwickeln und benennen. Die TN achten beim Hören auf Unterschiede zu der von ihnen entwickelten Geschichte.
2. Sprechen Sie abschließend mit den TN über die Unterschiede.

3 **Nach dem ersten Hören: Den Inhalt verstehen**

1. Die TN lösen die Aufgabe in Stillarbeit. *Lösung:* a) richtig; b) falsch; c) richtig; d) richtig; e) richtig
2. Geübte TN schreiben selbst weitere Aussagen zur Foto-Hörgeschichte wie in der Aufgabe. Die anderen TN entscheiden im Plenum, was richtig ist.
   Hinweis: Damit alle TN mitdenken müssen, schreibt jeder TN auf je einen Zettel ein „R" für richtig und ein „F" für falsch. Die Zettel werden entsprechend hochgehalten.

4 **Nach dem Hören: Nasseers Erlebnis erzählen**

Die TN hören Nasseers Geschichte noch einmal. In Partnerarbeit erzählen sich die TN dann Nasseers Erlebnis gegenseitig. Jeder TN erzählt einmal vollständig die Geschichte mithilfe des Stichwortkastens im Buch.
Variante: Für geübte TN können Sie das Erzählen schwieriger gestalten, wenn Sie für sie den Stichwortkasten im Präsens vorbereiten und sie so zusätzlich die richtige Form bilden müssen. So können die schon bekannten Vergangenheitsformen (Präteritum von „sein", „haben" und den Modalverben und Perfekt) wiederholt werden. Das Präteritum wird dann in Lernschritt B eingeführt.

A Das ist vor ein paar Jahren passiert, **als** ich in Österreich war.

Nebensätze mit *als*
Lernziel: Die TN können über eigene Erlebnisse in der Vergangenheit berichten.

Materialien
A1 auf Folie; Kopiervorlage L1/A1 auf Folie
A5 Kopiervorlage L1/A5, Spielfiguren, Würfel

A1 **Präsentation der temporalen Konjunktion *als***

1. Die TN sehen sich das erste Beispiel im Buch an. Weisen Sie auf den Grammatikspot hin, der die Endstellung des Verbs verdeutlicht. Fragen Sie die TN, wie man nach dem Teil „als ich in Österreich war" fragt. Notieren Sie an der Tafel die Frage „Wann ist das passiert?" und daneben noch einmal deutlich die Antwort „Als ich in Österreich war.".
2. Legen Sie die Folie von A1 auf. Die TN sehen sich Beispiel b) an. Fragen Sie: „Wann ist das passiert?" Notieren Sie die richtige Antwort auf der Folie.
3. Die TN versuchen, die anderen Beispiele allein zu lösen. Gehen Sie herum und helfen Sie bei Schwierigkeiten.
4. Abschlusskontrolle im Plenum.
   Lösung: b) ... als ich dich noch nicht gekannt habe. c) ... als ich noch nicht für den Homeservice gearbeitet habe. d) ... als ich 23 Jahre alt war.
5. Markieren Sie auf der Folie in Beispiel a) die Konjunktion und das Verb am Ende des Nebensatzes. Die Verbstellung in Nebensätzen ist den TN bereits aus *Schritte international 3* und *Schritte international 4* bekannt. Erklären Sie den TN, dass Sätze mit „als" Nebensätze sind und dass das Verb deshalb immer am Ende steht. Erläutern Sie den TN auch, dass Sätze mit „als" mit einem Ereignis in der Vergangenheit zu tun haben. Vor „als" bei nachgestelltem Nebensatz steht immer ein Komma.
6. Kopieren Sie die Kopiervorlage L1/A1 auf eine Folie. Bitten Sie die TN, aufzustehen und in die Mitte des Raumes zu kommen. Legen Sie die Folie auf. Die TN suchen sich eine Partnerin / einen Partner und machen kleine Frage-Antwort-Dialoge nach dem Muster auf der Folie. Dann wechseln sie die Partner. Ermuntern Sie die TN, auch selbstständig Fragen zu erfinden.

Arbeitsbuch 1–2: als Hausaufgabe

A2 **Leseverstehen 1: Das Thema erfassen**

1. Die Bücher sind geschlossen. Schreiben Sie die beiden Überschriften des Textes an die Tafel. Klären Sie, wenn nötig, die Bedeutung von „Glück", „Unglück" und „Pech". Geben Sie den TN kurz Gelegenheit, eigene Beispiele zu diesen Themen aus ihrem Leben zu erzählen.
2. Die TN lesen den Text und entscheiden sich für eine Überschrift. Geben Sie auch Gelegenheit zu Wortschatzfragen.
3. Abschlusskontrolle im Plenum. *Lösung*: Glück im Unglück
4. Regen Sie im Plenum ein Gespräch über das Thema „Schutzengel" an. Welche Bedeutung hat er im Heimatland der TN? Welche persönliche Einstellung haben die TN dazu?
   Variante: Die TN schreiben als Hausaufgabe einen Text über Schutzengel (Bedeutung im Heimatland, persönliche Einstellung dazu).
   ! Es sollte ein allgemein gehaltener Text sein, kein Bericht über ein eigenes Erlebnis. Das ist Thema von A6.

A3 **Leseverstehen 2: Die Kernaussagen verstehen**

1. Die TN lösen die Aufgabe in Stillarbeit.
2. Abschlusskontrolle im Plenum. *Lösung*: a) falsch; b) richtig; c) richtig

Arbeitsbuch 3: in Stillarbeit: Weisen Sie die TN darauf hin, dass bei vorangestelltem Nebensatz im Hauptsatz zuerst das Verb steht. Das Komma steht zwischen den beiden Verben.

A4 **Präsentation der temporalen Konjunktion *wenn***

1. Die TN lösen die Aufgabe in Partnerarbeit.
2. Abschlusskontrolle im Plenum. *Lösung*: a) oft; b) einmal; c) einmal
3. Entwickeln Sie anhand der Beispiele in A4 ein Tafelbild:

(früher) oft	(früher) einmal
Jedes Mal, wenn ich ... [gelaufen bin],	Als ich in Urlaub [gefahren bin], ...
	Als wir gerade [losfahren wollten], ...

Machen Sie den TN deutlich: Wenn etwas in der Vergangenheit nur einmal passiert ist, benutzt man „als". Ist etwas oft oder regelmäßig passiert, benutzt man „wenn". Weisen Sie die TN unbedingt darauf hin, dass „als" ausschließlich für Ereignisse in der Vergangenheit benutzt wird. Für ein Ereignis, das nur einmal in der Gegenwart oder Zukunft passiert, muss „wenn" benutzt werden. Beispiel: Wenn ich im Sommer nach Hause fliege, sehe ich meine Familie wieder. Weisen Sie die TN auch auf den Grammatikspot hin.

Arbeitsbuch 4–5: in Stillarbeit oder als Hausaufgabe

A5 **Anwendungsaufgabe zu *wenn* und *als* (temporal)**

1. Die TN lesen die E-Mail und ergänzen die Lücken.
2. Sie hören den Text und kontrollieren sich selbst. *Lösung*: 1 als; 2 wenn; 3 als; 4 als; 5 als; 6 als; 7 wenn
3. *fakultativ*: Verteilen Sie die Kopiervorlage L1/A5. Je vier TN spielen zusammen nach den Regeln auf dem Spielplan.

! Sie sollten diese Kopiervorlage erst einsetzen, wenn die TN die Übungen 6–8 im Arbeitsbuch (siehe unten) gemacht haben, da das Spiel schon recht freie Äußerungen verlangt. Erfahrungsgemäß entstehen aber sehr interessante Gespräche unter den TN, außerdem kann jeder TN nach den eigenen sprachlichen Fähigkeiten mehr oder weniger erzählen. Natürlich sollten Sie es auch akzeptieren, wenn ein TN zu einem Thema nichts sagen kann oder will.

Arbeitsbuch 6–8: in Stillarbeit oder als Hausaufgabe

A6 **Aktivität im Kurs: Über eigene Erlebnisse berichten**

1. Die TN sehen sich das Bild und den Stichwortzettel an. Erarbeiten Sie mit den TN als Muster aus den Stichworten eine Geschichte. Geben Sie sich in Kursen mit vorwiegend geübten TN nicht mit einfachen Sätzen zufrieden. Regen Sie die TN durch Nachfragen an, mehr und ausführlicher zu erzählen (z.B. Warum hattest du / hatten Sie Durst?).
2. Geben Sie den TN zehn Minuten Zeit, für die eigene Geschichte einen Stichwortzettel zu schreiben und ggf. notwendige Wörter im Wörterbuch nachzuschlagen.
3. Die TN gehen mit ihrem Stichwortzettel im Kursraum herum und suchen sich eine Partnerin / einen Partner. Die Paare erzählen sich gegenseitig ihre Geschichten. Auf Ihr Zeichen hin suchen sich die TN neue Partner. Lassen Sie die TN ihre Geschichte aber nicht öfter als dreimal erzählen, sonst wird es ermüdend. Die mehrfache Wiederholung der Erzählung soll dazu dienen, dass die TN ihre Geschichten nach und nach flüssiger und besser erzählen können.
   Variante: Bei einem Kurs mit überwiegend geübten TN erzählen die TN nicht immer wieder ihre eigene Geschichte, sondern sie erzählen der neuen Partnerin / dem neuen Partner die Geschichte, die sie selbst gerade von der letzten Partnerin / vom letzten Partner gehört haben.
4. Als Hausaufgabe schreiben die TN ihre Geschichte auf. Erinnern Sie die TN an die Verbindungswörter: dann, danach, schließlich usw.

Am Nachmittag **kamen** plötzlich dunkle Wolken.

Präteritum
Lernziel: Die TN können über eigene Erlebnisse in der Vergangenheit berichten.

Materialien
B1 Folie von B1
B3 Würfel; Kopiervorlage L1/B3
B4 Schlagzeilen aus Zeitschriften

B1 **Präsentation der Verben im Präteritum**

1. Fragen Sie einzelne TN, was sie gestern gemacht haben. Die TN werden in der Regel im Perfekt antworten. Außerdem kennen sie die Modalverben, „sein" und „haben" im Präteritum (siehe *Schritte international 2* und *Schritte international 3)*. Wenn keine Antworten mit Modalverb kommen, stellen Sie gezielte Fragen: „Was mussten Sie gestern machen?" Notieren Sie die Verbformen aus den Erzählungen der TN an der Tafel. Sortieren Sie sie in zwei Spalten nach Perfekt und Präteritum. Erst wenn Sie ausreichend Verben gesammelt haben, schreiben Sie „Perfekt" und „Präteritum" über die Spalten. Machen Sie den TN bewusst, dass sie bereits zwei Möglichkeiten kennen, Vergangenes auszudrücken.
2. Die TN lösen Übung 9 im Arbeitsbuch.
3. Legen Sie eine Folie von B1 auf und füllen Sie mit den TN gemeinsam die ersten Lücken aus. Die restliche Aufgabe bearbeiten die TN in Stillarbeit.
4. Abschlusskontrolle im Plenum mithilfe der Folie.
   Lösung: 2 kamen; 3 wollte; 4 wollte; 5 waren; 6 regnete; 7 stellte; 8 hörte; 9 rief; 10 dachte; 11 lief; 12 lebt; 13 lag; 14 hatte
5. Die TN schließen die Bücher. Decken Sie die Verbliste rechts auf der Folie ab. Zeigen Sie auf die Präteritumformen der Verben in den Lücken und fragen Sie nach den Infinitiven. Nach einer gewissen Zeit decken Sie die komplette Folie zu, nennen die Infinitive und fragen nach dem Präteritum. Dehnen Sie diese Übung nicht zu lange aus, sie soll nur dazu dienen, die neuen Formen im Gedächtnis zu verankern und geläufig zu machen.
6. Ergänzen Sie mit den TN die Tabelle an der Tafel mit den Verben aus B1.
7. Lenken Sie die Aufmerksamkeit der TN zunächst auf die regelmäßigen Verben. Erinnern Sie die TN an das Perfektsignal „ge-" und „-t". Weisen Sie die TN auf das Präteritumsignal „-te" hin.
8. Sehen Sie sich dann mit den TN die unregelmäßigen Verben an. Erinnern Sie auch hier an das Perfektsignal „ge-" und „-en" und den Vokalwechsel. Der Vokalwechsel ist auch das Signal für das Präteritum von unregelmäßigen Verben.

! Gehen Sie an dieser Stelle noch nicht ausführlicher auf das Präteritum ein, das folgt in B3 und B4. Es geht zunächst einmal darum, dass die TN die unterschiedlichen Formen erkennen.

Arbeitsbuch 10: in Stillarbeit oder als Hausaufgabe: Die TN machen sich die Formenbildung des Präteritums eigenständig bewusst.

B2 **Leseverstehen: Kurzmeldungen; Erweiterung: Präteritum**

1. Die TN lesen die Texte und ordnen jedem Text eine passende Überschrift (= Schlagzeile) zu. *Variante:* Wenn Sie wenig Zeit im Kurs haben, können Sie die TN auch in vier Gruppen aufteilen. Jede Gruppe liest nur einen Text und findet die dazugehörige Schlagzeile.
2. Abschlusskontrolle im Plenum. *Lösung:* A 2; B 4; C 3; D 1
3. Die TN schreiben Zettel mit den wichtigsten Informationen aus den Texten analog zum Muster im Buch. Gehen Sie herum und helfen Sie bei Bedarf.
   Variante: Die vier Gruppen bearbeiten jede „nur" ihren Text.
4. Abschlusskontrolle im Plenum. *Lösung:* A 30.03.03, Frauenklinik in Dahn, brachte drei Mädchen zur Welt; B ein Rentner, vergangenes Wochenende, Autobahnraststätte bei Stuttgart, vergaß seine Frau an der Tankstelle; C Italiener Giovanni R., Valentinstag, Bad Ems bei Koblenz, seine Lottozahlen wurden gezogen, aber er hat dieses Mal das Lottogeld für seine Frau ausgegeben; D Bruder des tschechischen Lehrers Celko Z., vor 20 Jahren, in Bulgarien, schrieb eine Karte an Celko Z., die kam erst jetzt an.
5. Die TN markieren alle Präteritumformen in den Texten und legen eine Tabelle in ihrem Heft an, in die sie die verschiedenen Verbtypen eintragen.
   Variante: Ggf. bearbeiten die TN wieder nur „ihren" Text.
6. Bitten Sie einen TN, an die Tafel zu kommen, die Tabelle zu zeichnen und sich von den anderen TN die Lösung diktieren zu lassen:
   Lösung: Typ I: tanken – tankte, wollen – wollte, bemerken – bemerkte, warten – wartete, melden – meldete, fragen – fragte, kaufen – kaufte, reichen – reichte, schicken – schickte, erreichen – erreichte; Typ II: liegen – lag, wiegen – wog, lassen – ließ, zurückkommen – zurückkam, sitzen –saß, gehen – ging, bekommen – bekam, schreiben – schrieb; Mischverben: wissen – wusste; werden, sein, haben: werden – wurden, haben – hatte
7. *fakultativ:* Falls die TN nur einen Text bearbeitet haben (siehe Variante), können die restlichen Texte als Hausaufgabe gelesen werden.

LERN TAGEBUCH

Arbeitsbuch 11: a) Die TN sehen sich die verschiedenen Möglichkeiten für Wörterbucheinträge an und unterstreichen die Präteritum- und Perfektformen. Erklären Sie den TN, dass verschiedene Wörterbücher verschiedene Verfahren anwenden, diese Formen zu präsentieren. Aber eins ist bei allen gleich: Man muss zuerst den Infinitiv kennen, denn nur dieser findet sich als eigener Eintrag im Wörterbuch. Deshalb ist es wichtig, die gebräuchlichsten unregelmäßigen Verben zu lernen. Bitten Sie die TN, exemplarisch das Verb „kommen" in ihren eigenen Wörterbüchern nachzuschlagen. Besprechen Sie mit den TN, wo sie die Präteritum- und Perfektformen finden.
b) Die TN ergänzen mithilfe ihrer Wörterbücher die Tabelle. Ermuntern Sie die TN, auch andere Verben nachzuschlagen und zu notieren. Besprechen Sie die Verben später im Plenum. Einigen Sie sich mit den TN auf 20 wichtige Verben, die für die nächste Kursstunde zu lernen sind.

Am Nachmittag **kamen** plötzlich dunkle Wolken.

Präteritum
Lernziel: Die TN können über eigene Erlebnisse in der Vergangenheit berichten.

B3 **Anwendungsaufgabe zum Präteritum**

1. Die TN bearbeiten die Aufgabe in Stillarbeit oder in Partnerarbeit.
2. Abschlusskontrolle im Plenum.
   Lösung: raubte; nahm; gefiel; anzog; stieg; erkannte; fuhr; nahmen; alarmierte; schmeckten; rief; vermutete; fuhr; fanden; erklärte
3. *fakultativ:* Wenn Sie die Formen des Präteritums noch weiter mit den TN trainieren möchten, bilden Sie Gruppen zu je drei TN. Jede Gruppe erhält einen Würfel. Erklären Sie, dass jede Augenzahl des Würfels einem Personalpronomen entspricht: 1 = ich, 2 = du usw. Die TN nennen sich gegenseitig Verben im Infinitiv und würfeln abwechselnd. Sie bilden die passende Präteritumform.
4. *fakultativ:* Verteilen Sie die Kopiervorlage L1/B3. Wer zuerst 20 Verben gefunden hat, hat gewonnen.
   Lösung: 1 starb, flog, gab, ging, verbrachte, brachte, war, kam, aß, schrieb, lag, hatte, hieß, lief, wurde, dachte, zog, rief, traf; 2 sterben – starb – gestorben; fliegen – flog – geflogen; geben – gab – gegeben; gehen – ging – gegangen; verbringen – verbrachte – verbracht; bringen – brachte – gebracht; sein – war – gewesen; kommen – kam – gekommen; essen – aß – gegessen; schreiben – schrieb – geschrieben; liegen – lag – gelegen; haben – hatte – gehabt; heißen – hieß – geheißen; laufen – lief – gelaufen; werden – wurde – geworden; denken – dachte – gedacht; ziehen – zog – gezogen; rufen – rief – gerufen; treffen – traf – getroffen

Arbeitsbuch 12–15: als Hausaufgabe

B4 **Aktivität im Kurs: Eigene Kurzmeldungen schreiben**

1. Die TN lesen die Schlagzeilen und sehen sich die Fotos an. Wenn Sie den TN noch mehr Auswahl zur Verfügung stellen wollen, schneiden Sie vorab aus Zeitungen einige Schlagzeilen aus und legen Sie sie zur Ansicht auf einem Tisch aus.
2. Die TN entscheiden sich paarweise für ein Foto oder eine Schlagzeile und überlegen sich die Eckdaten ihrer Meldung wie in B2, b: Wer machte wann wo was und wie passierte es? Sie schreiben aus ihren Notizen eine Zeitungsmeldung.
3. Die Paare präsentieren ihre Meldung dem Plenum. Die anderen raten, zu welcher Schlagzeile oder welchem Foto die Meldung gehört.

C Der Blitz **hatte** ihn **getroffen.**

Plusquamperfekt
Lernziel: Die TN können über Glücksmomente berichten.

Materialien
C3 Kopiervorlage L1/C3

C1 **Präsentation des Plusquamperfekts**

1. Erinnern Sie die TN noch einmal an Nasseers Erlebnis, das er Maja im Auto erzählt hat. Die TN berichten aus der Erinnerung, was Nasseer erlebt hat.
   Variante: Wenn Sie diese Übung auflockern wollen, lassen Sie die TN kleine Zeichnungen zu Nasseers Erlebnis an der Tafel oder auf dem Tageslichtprojektor anfertigen. Anschließend erzählt ein TN die Geschichte anhand der Zeichnungen.
2. Die TN sehen sich die Aufgabe im Kursbuch an und lösen sie.
3. Abschlusskontrolle im Plenum. *Lösung*: A; B
4. Bitten Sie die TN, die Verben in C1 zu unterstreichen, und schreiben Sie die Beispiele aus der Aufgabe an die Tafel. Markieren Sie die Verben. Fragen Sie die TN nach den Unterschieden bei der Form (= In Bild A wird aus „habe" „hatte", „ist" wird zu „war"). Erklären Sie den TN, dass „war" oder „hatte" plus Partizip II das „Plusquamperfekt" ergibt. Man benutzt es, um Ereignisse zu kennzeichnen, die vor einem Ereignis passiert sind, das ebenfalls in der Vergangenheit liegt. Verdeutlichen Sie dies ggf., indem Sie den Ereignissen fiktive Uhrzeiten zuordnen.

Ich habe mich umgedreht.	Der Baum war umgefallen.
	Der Blitz hatte ihn getroffen.
ist um 19.02 Uhr passiert	war vorher – um 19.01 Uhr – passiert

Arbeitsbuch 16: in Stillarbeit

C2 **Hörverstehen 1: Das Thema erfassen**

1. Die TN lösen die Aufgabe wie im Kursbuch angegeben.
2. Abschlusskontrolle im Plenum. *Lösung*: „Erfolg in der Arbeit ..."

C3 **Hörverstehen 2: Die Hauptaussagen verstehen**

1. Spielen Sie die Abschnitte der Radiosendung vor und geben Sie den TN nach jedem Track genug Zeit, eine Lösung einzutragen.
2. Abschlusskontrolle im Plenum. *Lösung*: Sarah hatte lange darauf gespart, denn sie verdiente damals nicht so gut. – Andreas hatte auf die Kinder aufgepasst, denn die Nachbarin musste eine Fortbildung in Italien machen. – Inge hatte sich Sorgen gemacht und hatte Angst gehabt, denn sie wusste nicht, ob sie alt genug für ein Kind war.
3. Die TN sprechen über die Ereignisse noch einmal in eigenen Worten.
4. *fakultativ*: Kopieren Sie die Kopiervorlage L1/C3. Die TN arbeiten in Dreiergruppen zusammen. Jede Gruppe erhält eine vergrößerte Kopie und denkt sich kurze Geschichten zu den einzelnen Ereignissen aus. Wenn die Gruppen fertig sind, tauschen sie ihre Kopien aus und korrigieren eventuelle sprachliche Fehler der anderen. Lassen Sie jede Kopie zwei- bis dreimal korrigieren. Hängen Sie dann die Kopien auf.

Arbeitsbuch 17–19: in Stillarbeit oder als Hausaufgabe

C4 **Aktivität im Kurs: Über eigene Glücksmomente sprechen**

1. Die TN lesen die Aufgabenstellung. Geben Sie den TN zehn Minuten Zeit, um sich Notizen über ein glückliches Ereignis in ihrem Leben zu machen.
2. Die TN setzen sich zu viert zusammen und erzählen sich gegenseitig ihre Erlebnisse. Ermuntern Sie die TN zu Nachfragen.
3. *fakultativ:* Die TN schreiben als Hausaufgabe einen Text über ihren Glücksmoment.

PHONETIK **Arbeitsbuch 20–22:** Übungen zur Intonation waren in *Schritte international 1–4* immer wieder ein Schwerpunkt. Die TN werden daher mit diesen Übungen keine Schwierigkeiten haben. Spielen Sie die Übung 20 vor, die TN markieren die Satzmelodie. Lassen Sie die TN selbstständig herausfinden, wann die Stimme oben bleibt, wann sie nach unten geht (nach unten am Satzende, nach oben am Ende von vorangestellten Nebensätzen, oben oder unten, wenn nach einem Hauptsatz noch ein Nebensatz folgt). Die TN markieren in Übung 21 die Hauptbetonungen in den Satzteilen und die Satzmelodie, dann hören sie und vergleichen ihre Lösungen. Helfen Sie, wenn nötig. Die TN sprechen die Sätze aus Übung 22 und vergleichen ihre Satzmelodie mit der CD. Regen Sie die TN auch an, selbstständig „als"- und „weil"-Sätze zu erfinden und diese der Partnerin / dem Partner vorzusprechen.

D1 **Leseverstehen 1: Das Thema erfassen**

1. Geben Sie den TN eine Minute Zeit, den Zeitungsartikel zu überfliegen.
2. Die TN berichten kurz, was sie beim ersten Überfliegen verstanden haben.
3. Die TN sollen lernen, die Quintessenz aus einem Text herauszuziehen. Bitten Sie sie also, sich in Partnerarbeit einen Satz zu überlegen, der den Inhalt des Artikels wiedergibt.
4. Verschiedene Paare präsentieren ihren Lösungsvorschlag. Der Kurs einigt sich auf eine Lösung, die Sie auch an die Tafel schreiben.

D2 **Leseverstehen 2: Wichtige Aussagen des Textes verstehen; eine Chronologie erstellen**

1. Die TN lesen die Text noch einmal und ergänzen dabei die Ereignisse zu den vorgegebenen Daten. Gehen Sie herum und helfen Sie individuell bei Wortschatzfragen.
2. Abschlusskontrolle im Plenum. Schreiben Sie die Lösungen an die Tafel, damit TN, die Notizen immer noch in ganzen Sätzen formulieren, ein Muster haben, wie man die Informationen im Deutschen verkürzen bzw. nominalisieren kann.
   Lösung: 1937: Beginn des Chemiestudiums; 1942: Flugschein gemacht; 1943: Heirat mit Otto Weßel; 1947: Geburt von Tochter Gabriele; 1953: Abschluss der Ausbildung zur Fluglehrerin; 1956–1983: viele Reisen zu Rallyes und Flugwettbewerben; 1984: Tod im Alter von 66 Jahren

D3 **Hörverstehen: Eine Lebensgeschichte verstehen**

1. Die TN haben durch den Zeitungsartikel schon einige Informationen über Ada Rhode. Jetzt lesen sie die Fragen und stellen Vermutungen darüber an, was wohl richtig sein könnte. Sie kreuzen mit Bleistift ihre Lösungen an.
2. Die TN hören das Radiointerview ein- bis zweimal und vergleichen und korrigieren ggf. ihre Lösungen.
3. Abschlusskontrolle im Plenum.
   Lösung: richtig: Die Tochter Gabriele hat sich oft allein gelassen gefühlt. Die Ehe war nicht glücklich. Sie hat ihre Enkel in den Ferien mit dem Flugzeug abgeholt.
4. *fakultativ:* Die TN hören das Interview noch einmal und notieren sich, was sie über die Fragen zum Text hinaus außerdem an Detailinformationen verstehen. Diese Übung soll die TN motivieren, sich nicht allein an Lehrbuchaufgaben zu orientieren, sondern sich um echtes Verstehen zu bemühen. Sammeln Sie die Zusatzinformationen der TN im Plenum.

Arbeitsbuch 23–25: in Stillarbeit: Sammeln Sie die Briefe aus Übung 25 ein und korrigieren Sie sie. Besprechen Sie im Plenum Fehler, die häufig vorgekommen sind.

D4 **Aktivität im Kurs: Eine Lebensgeschichte erzählen**

1. Die TN lesen die Aufgabenstellung und die Beispiele. Bilden Sie einen Kreis – in großen Kursen ggf. zwei Kreise – und stoßen Sie die Geschichte über Onkel Alfreds Leben mit einem ersten Satz an.
2. Die TN setzen nun reihum die Lebensgeschichte von Onkel Alfred fort. Die Schwierigkeit dabei ist, dass die TN spontan auf den Satz des Vorgängers reagieren müssen und keine Zeit haben, sich etwas zu überlegen. Das macht den Verlauf der Übung umso spannender.
3. *fakultativ:* Wenn die TN gern über sich selbst erzählen und genug Zeit ist, können sie über ihr Leben ebenfalls einen Steckbrief wie in D2 schreiben. Die Partnerin / Der Partner versucht, aus diesem Steckbrief einen Zeitungsartikel oder Text wie in D1 zu schreiben.

Glücksbringer

Über Glücksbringer sprechen

Lernziel: Die TN können über Glücksbringer oder Rituale sprechen.

Materialien
E3 Ring, Schlüsselbund, Schuh verpackt
Test zu Lektion 1

E1 **Präsentation von Symbolen für Glück oder Pech**

1. Die TN sehen sich die Abbildungen an und ordnen ihnen die Begriffe zu, die sie bereits kennen oder mithilfe ihres Wörterbuchs finden.
2. Abschlusskontrolle im Plenum.
   Lösung: 1 das Hufeisen; 2 Freitag, der 13.; 3 das Kleeblatt; 4 das Schwein; 5 der Kaminkehrer / der Schornsteinfeger; 6 Scherben; 7 die schwarze Katze; 8 der zerbrochene Spiegel

E2 **Sprechen: Über Glücksbringer und Unheilbringer berichten**

1. Die TN ordnen in Partnerarbeit die Symbole aus E1 nach Glück und Pech.
2. Abschlusskontrolle im Plenum. Fragen Sie bei „falschen" Lösungen nach, warum sich die TN für diese Lösung entschieden haben.
   Lösung: Glück: das Kleeblatt, das Schwein, der Kaminkehrer / der Schornsteinfeger; Pech: der zerbrochene Spiegel, Freitag, der 13., die schwarze Katze, Scherben
3. Die TN erzählen über weitere Glücksbringer, von denen sie gehört oder gelesen haben.

E3 **Hörverstehen 1: Das Thema erfassen**

1. Packen Sie zu Hause einen Schlüsselbund in dickes Geschenkpapier ein, sodass er nur wenig oder gar nicht klimpert, außerdem einen Ring und einen Schuh (er kann auch von einer Puppe oder von einem Kind sein). Die TN stellen sich in drei Gruppen zusammen und erhalten je einen verpackten Gegenstand. Nur durch Tasten sollen die Gegenstände erraten werden. Nach einiger Zeit tauschen die Gruppen die Päckchen. Halten Sie die Übung kurz, sie soll nur ein Warm-up sein.
2. Die TN hören nur den Vorspann der Interviews. Was für eine Sendung ist das? Worum geht es? Klären Sie wichtige Wörter, z.B. „Rituale".
3. Die TN sehen sich die Bilder im Buch an und hören die Interviews. Sie markieren ihre Lösung. Zusätzlich sollen die TN sich beim Hören auf die Frage konzentrieren, warum die Leute an den Glücksbringer oder an das Ritual glauben.
   Lösung: A 2 (Weil seine Mannschaft dann immer gewinnt. Einmal hatte er es vergessen und sie haben verloren.); B 1 (Als sie den Schlüsselanhänger gekauft hat, hat sie einen tollen Mann kennengelernt.); C 3 (Weil ihre Großmutter ihn an ihre Mutter weitergegeben hat, und die hat ihn an sie weitergegeben.)

E4 **Hörverstehen 2: Die Kernaussagen der Interviews verstehen**

1. Die TN hören die Interviews noch einmal und kreuzen ihre Lösungen an.
2. Abschlusskontrolle im Plenum. *Lösung:* 1 falsch, falsch; 2 richtig, richtig; 3 falsch, richtig

E5 **Aktivität im Kurs: Von Glücksbringern und Ritualen erzählen**

1. Bitten Sie die TN, ihre Glücksbringer oder einen wichtigen Gegenstand zu Hause für die nächste Kursstunde so einzupacken, wie Sie es mit dem Ring, dem Schuh und dem Schlüsselbund gemacht haben. TN, die keinen Glücksbringer haben, sondern ein Ritual, das nicht mit einem Gegenstand zusammenhängt (z.B. jeden Tag vor dem Schlafen eine Meditation machen), überlegen sich eine pantomimische Vorstellung.
2. Die TN sitzen in Gruppen zu viert zusammen und geben ihre Päckchen herum oder führen ihr Ritual pantomimisch vor. Ist ein Gegenstand oder Ritual erraten, erzählt der TN davon.
3. Abschlussdiskussion im Plenum: Führen Sie den Begriff „Aberglaube" ein. Diskutieren Sie mit den TN: Ist alles nur Aberglaube oder ist doch etwas an Glücksbringern?

PRÜFUNG **Arbeitsbuch 26:** Diese Aufgabe entspricht dem Prüfungsteil Lesen, Teil 2, des *Zertifikat Deutsch*. Sie sollten den TN für die Bearbeitung nicht mehr als 30 Minuten Zeit geben, um eine prüfungsähnliche Situation herzustellen. Wörterbücher sind nicht erlaubt. Hier handelt es sich noch um eine vereinfachte Form der Prüfungsaufgabe, weil der Text in vier Abschnitte unterteilt ist, die den Aufgaben zugeordnet sind. In der Prüfung bekommen die TN einen durchgehenden Text mit fünf Multiple-Choice-Aufgaben. Besprechen Sie mit den TN auch Strategien zum Leseverstehen. So sollten die TN zuerst die Aufgaben lesen, um beim Lesen der Texte schon die Schlüsselwörter im Hinterkopf zu haben. An den Stellen, wo diese Schlüsselwörter im Text auftauchen, sollten die TN genau lesen, d.h. auf jedes Wort achten, sonst sind die Multiple-Choice-Aufgaben nicht zu lösen.

Einen Test zu Lektion 1 finden Sie auf Seite 114 f. Weisen Sie die TN auf die interaktiven Übungen auf ihrer Arbeitsbuch-CD hin. Die TN können mit diesen Übungen den Stoff der Lektion selbstständig wiederholen und sich ggf. auch auf den Test vorbereiten.

Zwischenspiel 1
Spiele Leben

Landeskunde: Ein österreichisch-schweizerischer Film über Sucht und Drogen

1

Leseverstehen: Die Handlung eines Films verstehen

1. Die Bücher sind noch geschlossen. Schreiben Sie den Titel des Films, „Spiele Leben“, an die Tafel. Die TN nennen alle Assoziationen, die ihnen zu der Verknüpfung dieser beiden Wörter einfallen. Vielleicht wundern sie sich über die Zusammenstellung, aber gerade das ist hier die Herausforderung. Ermuntern Sie die TN, ihrer Fantasie freien Lauf zu lassen, und helfen Sie ihnen durch Nachfragen, ihre Assoziationsketten zu erweitern und zu vertiefen.
2. Verteilen Sie die Kopiervorlage „Zwischenspiel zu Lektion 1“. Die TN bearbeiten Übung 1 in Stillarbeit oder Partnerarbeit, um Schlüsselwörter des Lesetextes kennenzulernen.
3. Abschlusskontrolle im Plenum.
   Lösung: a) kann man viel Geld gewinnen, zum Beispiel an Spielautomaten. c) kann mit etwas nicht aufhören, zum Beispiel mit dem Rauchen. d) sind giftig für den Körper, zum Beispiel Heroin und Kokain. e) möchte durch Spielen Geld bekommen. f) kann man das eigene Tun kontrollieren und Ziele erreichen.
4. Die TN lesen den Text und sammeln in Partnerarbeit Informationen zu den Protagonisten des Films. Gehen Sie herum und helfen Sie individuell bei Wortschatzfragen.
5. Abschlusskontrolle im Plenum. Hier kommt es nicht darauf an, dass alle TN die gleichen Informationen und alles im Detail gefunden haben!
   Lösungsvorschlag: Kurt: Spieler, hat Schulden, glaubt an Zufälle, würfelt sein Leben; Manu: Krankenschwester, viel Arbeit, kleiner Verdienst, Traum vom gemeinsamen Leben mit Kurt, verantwortungsvoll; Tanja: wild, lebenshungrig, drogensüchtig, hat Schulden, sieht das Leben als Spiel; Franz: Bekannter von Kurt, stiehlt den Gewinn von Tanja und Kurt
6. *fakultativ:* Die TN bearbeiten Übung 2 der Kopiervorlage, um eine Zusammenfassung der Geschichte zu haben. Geübte TN schreiben selbst eine Zusammenfassung.
   Lösung: 2 Aber Kurt hört nicht auf mit dem Spielen. Er glaubt an den Zufall und lässt schließlich einen Würfel über sein Leben entscheiden. 3 Da entscheidet Manu, dass sie so nicht leben kann. Sie verlässt Kurt. 4 Kurt lernt Tanja kennen. Sie hat nichts dagegen, dass Kurt spielt. Im Gegenteil: Sie macht mit. 5 Zusammen mit Franz gewinnen sie Geld. Doch dann ist Kurts Bekannter plötzlich damit weg. 6 Tanja und Kurt spielen ihr Leben trotzdem weiter. Der Zuschauer weiß am Schluss nicht, ob die beiden sich ändern.

2

Freies Sprechen und freies Schreiben

1. Sicher haben die TN zu dieser Geschichte Redebedarf. Geben Sie Gelegenheit zu einer freien Diskussion über die Personen des Films und das Thema „Drogen- und Spielsucht“. Wenn Sie die Diskussion etwas lenken möchten oder den TN Hilfestellung geben möchten, verwenden Sie Übung 3 der Kopiervorlage.
2. *fakultativ:* Die TN entscheiden selbst, was sie tun möchten: TN, die gern Geschichten erfinden und schreiben, überlegen sich allein oder in Partnerarbeit eine Fortsetzung oder ein Ende für den Film und schreiben ihre Version der Geschichte auf. TN, die lieber sprechen, sammeln Tipps, was Kurt gegen die Spielsucht tun könnte. Wenn möglich, sollten sie dazu auch das Internet nutzen und weitere Hintergrundinformationen zum Thema Spielsucht sammeln. Sie erstellen ein Plakat. Die Plakate und Geschichten werden im Kursraum aufgehängt, sodass alle herumgehen und sich informieren können.

TIPP

Der Film „Spiele Leben“ ist als DVD erhältlich. Suchen Sie ein paar einfach zu verstehende Sequenzen aus dem Film aus und sehen Sie diese gemeinsam mit den TN an, um ihnen einen Eindruck von der Atmosphäre des Films zu geben. Nur wenn die TN geübt sind und großes Interesse zeigen, sollten Sie den ganzen Film zeigen. Eine sprachliche Überforderung wäre kontraproduktiv.

3

Über persönliche Emotionen und Ereignisse aus dem Leben erzählen

1. Die TN lesen das Gedicht von Erich Kästner. Mithilfe von Übung 4 der Kopiervorlage zum Zwischenspiel machen sie sich die Aussage des Gedichts bewusst. *Lösung:* a
2. Fragen Sie die TN, was sie über das Gedicht denken. Stimmen sie Erich Kästner zu? Warum ja, warum nein?
3. Die TN sprechen über sich, eigene Emotionen und Lebenseinstellungen. Sie finden sich zu Gruppen von 4–5 TN zusammen und würfeln reihum. Je nach Augenzahl beginnen sie mit dem vorgegebenen Satzanfang aus Übung 2 im Kursbuch und erzählen von einem freudigen, traurigen ... Ereignis in ihrem Leben. Ermuntern Sie die anderen TN zu Nachfragen. Am schönsten ist es, wenn echte Gespräche entstehen und nicht nur die Satzanfänge vervollständigt werden.

Weitere Materialien für noch mehr Abwechslung im Unterricht finden Sie unter www.hueber.de/schritte-international.

UNTERHALTUNG

Folge 2: *Star Wars*
Einstieg in das Thema: Kino und Fernsehen

Materialien
1 Video- oder DVD-Cover bzw. Filmplakat zu *Star Wars*
2 Kopien der Fotos, Plakate oder Poster der Foto-Hörgeschichte

1 **Vor dem Hören: Über *Star Wars* sprechen**

1. Bringen Sie nach Möglichkeit ein Video- oder DVD-Cover bzw. ein Filmplakat von *Star Wars* mit in den Kurs. Kleben Sie das Cover oder das Plakat so an die Tafel oder Pinnwand, dass Sie rundherum notieren können, was den TN zu *Star Wars* einfällt. Die TN lesen die Infotexte im Kursbuch. Auch ohne die einzelnen Episoden selbst gesehen zu haben, können die TN aus dem Video- bzw. DVD-Cover oder dem Plakat schließen, dass es sich um Science-Fiction-Filme handelt und dass darin um etwas gekämpft wird.
2. TN, die die Filme kennen, berichten kurz, worum es in den Filmen geht und was sie über Luke Skywalker, Prinzessin Leia, Darth Vader und Han Solo – alle auf dem Plakat in Foto 3 sichtbar – und andere Protagonisten wissen.
   Hinweis: In *Star Wars* geht es um den Kampf zwischen Gut und Böse. Die Galaxis wird von einem Imperator beherrscht, Darth Vader ist seine rechte Hand. Auf der guten Seite kämpfen Luke Skywalker, Prinzessin Leia und Han Solo.

2 **Vor dem Hören: Einen Comic schreiben**

1. Die TN sehen die Fotos im Buch an und sprechen über die Kostüme. Bitten Sie sie auch, Vermutungen darüber anzustellen, was die Personen gerade machen.
2. Vergrößern und kopieren Sie die Foto-Hörgeschichte vorab mehrmals oder verteilen Sie Poster der Foto-Hörgeschichte. Die TN schneiden die Fotos aus und kleben sie auf große Plakate. Sie finden sich in Kleingruppen von 3–4 TN zusammen und schreiben wie in einem Comic Sprechblasen zu den Fotos.
3. Die Gruppen hängen ihre Comics im Kursraum auf.

3 **Beim ersten Hören**

1. Die TN hören die Foto-Hörgeschichte und verfolgen sie im Buch mit.
2. Sie vergleichen ihren Comic mit dem tatsächlichen Geschehen in der Foto-Hörgeschichte.

4 **Nach dem ersten Hören: Wichtige Details verstehen**

1. Die TN lesen die Fragen im Buch und beantworten sie in Stillarbeit. Wer fertig ist, vergleicht mit der Partnerin / mit dem Partner.
2. Abschlusskontrolle im Plenum. Bitten Sie die TN, dabei auch die Gründe zu nennen, die die Protagonisten für ihre Haltung nennen.
   Lösung: a) Sie streiten sich darüber, ob die alten oder die neuen Star-Wars-Filme besser sind. b) Mike (findet die alten Episoden besser). c) Nasseer findet die Filme langweilig (, weil immer die Guten gegen die Schlechten kämpfen und gewinnen). d) Nasseer hat keine Zeit und keine Lust mehr, zu diskutieren. (Er möchte sein Geld kassieren und gehen.)

5 **Nach dem Hören: Meinungen ausdrücken**

1. Die TN übertragen die Tabelle aus dem Buch in ihr Heft und sortieren die Ausdrücke im Kasten nach „freundlich/neutral" und „unfreundlich".
2. Sie hören die Foto-Hörgeschichte noch einmal und überprüfen ihre Zuordnung. Bitten Sie die TN, dabei besonders auf die Intonation zu achten.
3. Abschlusskontrolle im Plenum. Gehen Sie dabei noch einmal auf die Intonation ein und machen Sie deutlich, dass im Deutschen oft „der Ton die Musik macht".
   Lösung: freundlich/neutral: Du kennst doch ... / Ich bin der Meinung, dass ... / Findest du nicht? / Ja, das ist schon möglich. / Darf ich auch mal was sagen? unfreundlich: Glaubst du wirklich, dass ... / Quatsch! / Du spinnst ja! / Da irrst du dich aber gewaltig! / Du willst immer recht haben! / Jetzt rede ich!

6 **Nach dem Hören: Offenes Kursgespräch über das Verhalten von Nasseer**

1. Fragen Sie die TN, ob sich Nasseer ihrer Meinung nach richtig verhalten hat. Redemittel zur Meinungsäußerung kennen die TN bereits aus den Bänden *Schritte international 1–4*.
2. Diskutieren Sie mit den TN weiter darüber, ob sie Science-Fiction-Filme gut finden bzw. gerne ansehen oder nicht. Die TN sollten ihre Meinung auch begründen.
3. *fakultativ*: Als Hausaufgabe schreiben die TN einen Text darüber, was Nasseer seiner Kollegin Maja über diesen Vorfall berichtet. Schreiben Sie ggf. als Hilfestellung den ersten Satz an die Tafel: Stell dir vor, was mir gestern passiert ist! ... Erlebniserzählungen, die die TN in Lektion 1 geübt haben, können so vertieft werden.

A1 **Präsentation der Konjunktion *obwohl*; Wiederholung der Konjunktion *weil***

1. Machen Sie zunächst einige alltagsbezogene Beispiele wie „Natalja hat heute einen Regenschirm dabei, obwohl es nicht regnet." oder „Ufuk ist heute ohne Jacke in den Kurs gekommen, obwohl es draußen kalt ist.", um „obwohl" einzuführen. Es sollte deutlich werden, dass man mit „obwohl" einen Gegensatz bzw. Widerspruch ausdrücken kann.
2. Die TN lesen und ergänzen die Beispiele im Buch.
3. Abschlusskontrolle im Plenum. *Lösung:* a) weil; b) obwohl, weil
4. Erklären Sie, dass „obwohl" genauso wie „weil" einen Nebensatz einleitet, das konjugierte Verb also am Ende steht. Machen Sie anhand eines einfachen Beispiels wie „Peter nimmt einen Regenschirm mit, weil es regnet." und „Peter nimmt keinen Regenschirm mit, obwohl es regnet." deutlich, dass die beiden Konjunktionen unterschiedliche Bedeutungen haben und nicht austauschbar sind. Weisen Sie die TN auch auf den Grammatikspot hin.
5. *fakultativ*: Wenn Sie die Funktion von „obwohl" verdeutlichen wollen, erinnern Sie die TN an die Konjunktion „trotzdem", die den TN bereits aus *Schritte international 4*, Lektion 8 bekannt ist. Schreiben Sie zu beiden Konjunktionen je ein Beispiel an die Tafel. Es sollte klar werden, dass „obwohl" dieselbe Bedeutung wie „trotzdem" hat, sich die Satzstellung aber unterscheidet. Verteilen Sie die Kopiervorlage L2/A1. Die TN lösen die Aufgabe in Still- oder Partnerarbeit.
   Lösung: a) Viele junge Leute kennen „Winnetou", obwohl der Film schon alt ist. / Der Film ist schon alt. Trotzdem kennen viele Leute „Winnetou". b) Ich finde Johnny Depp in dem Film „Irgendwo in Iowa" viel besser, obwohl die meisten Leute ihn aus „Fluch der Karibik" kennen. / Die meisten Leute kennen Johnny Depp aus „Fluch der Karibik". Trotzdem finde ich ihn in dem Film „Irgendwo in Iowa" viel besser. c) Ich habe den neuen Film von Woody Allen noch nicht gesehen, obwohl er wirklich gut sein soll. / Der neue Film von Woody Allen soll wirklich gut sein. Trotzdem habe ich ihn noch nicht gesehen. d) Kirsten Dunst ist in Deutschland nicht so bekannt, obwohl sie in „Spiderman" eine Hauptrolle spielt. / Kirsten Dunst spielt in „Spiderman" eine Hauptrolle. Trotzdem ist sie in Deutschland nicht so bekannt. e) Die Star-Wars-Filme gefallen mir ziemlich gut, obwohl ich keine Science-Fiction-Filme mag. / Ich mag keine Science-Fiction-Filme. Trotzdem gefallen mir die Star-Wars-Filme ziemlich gut.

Arbeitsbuch 1–2: in Stillarbeit oder als Hausaufgabe

A2 **Anwendungsaufgabe zu Nebensätzen mit *obwohl* und *weil***

1. Die TN sehen sich die Fotos an und stellen Vermutungen darüber an, wer sich Filme lieber im Kino bzw. zu Hause ansieht, und warum die Personen wohl den einen oder anderen Ort bevorzugen.
2. Die TN hören die Meinungen der drei Personen und lösen die Aufgabe.
   Lösung a): Martin Eck: H; Eva Müller: K; Klaus Hiller: H
3. Die TN lesen die Stichpunkte im Schüttelkasten. Anschließend hören die TN noch einmal und notieren, zu welcher der drei Personen die Stichpunkte jeweils passen.
   Lösung b): Eva Müller; Klaus Hiller; Martin Eck
4. Die TN bilden nach dem Muster im Buch weitere Sätze mit „weil" oder „obwohl".
   Geübte TN erklären ihrer Partnerin / ihrem Partner außerdem, warum sie selbst einen Film lieber zu Hause oder im Kino sehen.
5. Abschlusskontrolle im Plenum.
   Lösung c): Martin Eck sieht sich zu Hause gern eine DVD an, weil das billiger ist. ... weil das bequemer ist. ... weil das gemütlicher ist. ... obwohl die Kinder laut sind. ... obwohl (manchmal) das Telefon klingelt.; ... obwohl er den Film nicht zu Ende sehen kann, wenn Besuch kommt. Eva Müller geht gern ins Kino, weil man den Film (dort einfach) ganz anders erlebt. ... obwohl das Kino zu teuer ist. ... obwohl ihr die anderen Zuschauer (oft) auf die Nerven gehen. ... obwohl sie ein bequemer Mensch ist. Klaus Hiller geht nicht oft ins Kino, weil er nach der Arbeit meistens zu müde ist. ... weil er zu Hause (einfach) auf ein anderes Programm umschalten kann. ... obwohl man im Kino den Film intensiver erlebt.

Arbeitsbuch 3–5: in Stillarbeit oder als Hausaufgabe; **6–7:** in Stillarbeit: Die TN kennen die Konjunktion „deshalb" aus *Schritte international 4,* Lektion 11. Weisen Sie die TN, wenn nötig, vor dem Lösen der Übungen noch einmal auf den Unterschied zwischen „weil" und „deshalb" hin und geben Sie ein paar Beispiele an der Tafel.

A3 **Aktivität im Kurs: Meinungen äußern**

1. *fakultativ*: Die TN sehen sich die Bilder A bis D im Buch an und beschreiben, was sie sehen. Sammeln Sie mithilfe der Bilder noch einmal die Vor- und Nachteile von Kino und Fernsehen an der Tafel. Die Informationen aus A2 dürfen auch genannt werden.
2. Die TN finden sich in Kleingruppen von 3–4 TN zusammen und diskutieren in der Gruppe über dieses Thema. Gehen Sie herum und hören Sie in jede Gruppe ein bisschen hinein.
3. *fakultativ*: Wenn Sie mit den TN das freie Schreiben üben wollen, sollten die TN als Hausaufgabe ihre Meinung noch einmal schriftlich formulieren. Sammeln Sie die Texte am nächsten Kurstag ein und korrigieren Sie sie.

LERN TAGEBUCH

Arbeitsbuch 8: Sehen Sie sich zusammen mit den TN die Beispiele im Lerntagebuch an und sammeln Sie zunächst im Plenum, welche Konjunktionen einen Nebensatz bzw. einen Hauptsatz einleiten. Die TN finden sich paarweise zusammen und ergänzen die Sätze aus den Aufgaben im Kursbuch, Seite 22, und aus den Übungen im Arbeitsbuch, Seite 96 und 97, in ihrem Lerntagebuch. Fordern Sie die TN auf, die begonnene Liste im Lauf der nächsten Lektionen selbstständig zu erweitern.

Die finde ich **ziemlich langweilig.**

Gradpartikeln

Lernziel: Die TN können Aussagen bekräftigen oder abschwächen.

Materialien
B3 *Variante*: alte Zeitschriften oder Tageszeitung inklusive Kinoteil, Scheren, Klebstoff, Papier

B1 **Präsentation der Gradpartikeln**

1. Die TN lesen die vorgegebenen Gradpartikeln. Anschließend hören sie die beiden Gespräche so oft wie nötig und ergänzen während des Hörens die Lücken.
2. Abschlusskontrolle im Plenum. Zwei TN lesen die Gespräche vor. Die anderen vergleichen ihre Lösungen.
   Lösung: überhaupt nicht; total; echt; wirklich; besonders; ziemlich; nicht so
3. Machen Sie deutlich, dass man mithilfe von Gradpartikeln eine Aussage verstärken bzw. abschwächen kann. Spielen Sie die Dialoge noch einmal vor. Die TN entscheiden, welche Partikeln sie verstärkend, welche abschwächend finden.
   Hinweis: Bei „ziemlich" hängt die Bedeutung von der Betonung ab: Wenn „ziemlich" betont ist, bedeutet es „sehr", wenn dagegen das dazugehörige Adjektiv betont ist, hat es abschwächende Funktion. Lesen Sie den Satz „Es ist ziemlich langweilig!" mit unterschiedlicher Betonung vor. Die TN entscheiden, was jeweils gemeint ist. Machen Sie noch einige weitere Beispiele, um den Unterschied zu verdeutlichen.
4. Deuten Sie auf den Infospot und weisen Sie die TN darauf hin, dass die Gradpartikeln hier in absteigender Reihenfolge notiert sind, d.h. an der Spitze stehen Partikeln zur Verstärkung, am unteren Ende Partikeln zur Abschwächung einer Aussage.

Arbeitsbuch 9–11: in Stillarbeit oder als Hausaufgabe

B2 **Hörverstehen: Ein Interview**

1. Die TN hören die Interviews und kreuzen an, wer den Film und/oder die Schauspieler gut findet.
   Lösung a): Frau 1; Frau 2; Mann 3
2. Die TN lesen die Adjektive im Kasten. Sie hören die Interviews noch einmal und markieren alle Adjektive, die sie hören. Die TN hören die Interviews so oft wie nötig und vergleichen ihre Ergebnisse mit ihrer Partnerin / ihrem Partner.
   Lösung b): ernst; spannend; super; furchtbar; arrogant; toll; fantastisch; langweilig; schlecht; lustig; blöd
3. Die TN ordnen die Wörter.
   Lösung c): ☺ gut, interessant, super, toll, sympatisch, fantastisch, hübsch, lustig; ☹ arrogant, unsympatisch, uninteressant, langweilig, hässlich, schlecht, blöd; ? berühmt, komisch, bekannt, sportlich, traurig, (sympatisch), (lustig)

Arbeitsbuch 12–14: als Hausaufgabe

PHONETIK **Arbeitsbuch 15–16:** im Kurs: Die Gradpartikeln sind auch Thema im Phonetik-Teil. Spielen Sie Übung 15 vor, die TN markieren die Betonung. So wird ihnen bewusst, dass die Gradpartikeln und das Adjektiv, das sie verstärken oder abschwächen, im Satz betont sind. Die TN hören die Mini-Dialoge noch einmal und sprechen nach. Die TN sprechen die Dialoge ohne CD in Partnerarbeit. Die TN lesen in Übung 16 den Satz zuerst ohne Gradpartikel und bilden dann den Satz mit Gradpartikel. Sie lesen noch einmal. Spielen Sie anschließend die CD vor, die TN können noch einmal vergleichen und durch Nachsprechen ihre Satzmelodie verbessern. Auf diesem Niveau sollten die TN immer auch zu selbstständigen Produktionen angeregt werden: Bitten Sie sie daher, eigene Sätze mit Gradpartikeln zu schreiben und sie der Partnerin / dem Partner zum Üben zu geben.

B3 **Aktivität im Kurs: Interviews**

1. Zwei geübtere TN lesen das Beispiel vor und ergänzen die Lücken spontan. Weisen Sie in diesem Zusammenhang ggf. noch einmal kurz auf den Konjunktiv II mit „würde" + Infinitiv hin, der den TN bereits aus *Schritte international 4*, Lektion 8 bekannt ist und hier zur Formulierung von Wünschen benötigt wird.
2. Die TN sehen sich die Fotos im Buch an und überlegen, ob sie mit einer der Personen gern einmal einen Abend verbringen würden. Wenn die abgebildeten Personen den TN unbekannt sind oder wenn sie andere berühmte Persönlichkeiten bewundern, können sie natürlich auch diese nennen.
   Variante: Bringen Sie alte Zeitschriften mit Bildern von Prominenten und Tageszeitungen mit Kinoteil mit in den Kurs. Die TN entscheiden sich für eine Person ihrer Wahl – gern auch einen Musiker, ein Model oder einen Politiker – schneiden das Foto aus und zeigen es den anderen während des Interviews. Um sicherzugehen, dass jeder TN eine Person findet, die sie/er bewundernswert findet, können Sie die TN am Vortag auffordern, selbst Fotos berühmter Persönlichkeiten mit in den Kurs zu bringen. Wer keins dabei hat, wählt aus den mitgebrachten Zeitungen und Zeitschriften aus wie oben beschrieben.
3. Skizzieren Sie an der Tafel eine Tabelle mit folgenden Kategorien: „Name der Teilnehmerin / des Teilnehmers", „Mit wem würden Sie gern einen Abend verbringen?, „Warum?", Was würden Sie mit ihr/ihm machen?" und „Worüber würden Sie gerne mit ihr/ihm sprechen?" Die TN übertragen die Tabelle auf ein leeres Blatt Papier und gehen dann mit diesem Interviewbogen im Raum herum, interviewen die anderen Kursteilnehmer und machen sich Notizen. Die TN haben zehn Minuten Zeit, so viele TN wie möglich zu befragen.
4. Sammeln Sie abschließend im Plenum, was die TN über das „Traumdate" der anderen erfahren haben.
5. *fakultativ*: Wenn Sie mit den TN das freie Schreiben üben wollen, kleben die TN das Foto ihres Favoriten auf ein leeres Blatt Papier und schreiben als Hausaufgabe einen kleinen Text über die Person. Sammeln Sie die Texte ein und korrigieren Sie sie. Die Texte können abschließend im Kursraum aufgehängt werden.

C1 **Präsentation der Relativsätze im Nominativ**

1. Fragen Sie die TN zunächst, wie ihnen Curry-Huhn schmeckt. Sie können sie auch raten lassen, ob Nasseer Curry-Huhn mag oder nicht. Verweisen Sie die TN dann auf Sprechblase c) im Buch und schreiben Sie den Satz noch einmal an die Tafel, um deutlich zu machen, dass sich der gesamte Relativsatz auf das vorangehende Wort, hier das Essen, bezieht und dieses näher beschreibt:

Das ist das Essen, (das mir am wenigsten schmeckt).

Anhand des Tafelbildes sollte die Funktion des Relativsatzes, nämlich die genauere Beschreibung eines Gegenstandes oder einer Person im Hauptsatz, deutlich werden.
2. Die TN ergänzen die übrigen Sprechblasen in Stillarbeit.
3. Abschlusskontrolle im Plenum. *Lösung*: a) der; b) die; d) die
4. Notieren Sie alle die übrigen Relativsätze aus den Sprechblasen an der Tafel:

Das ist der Film, (der) mich am meisten [langweilt].

Veranschaulichen Sie anhand des Tafelbildes, dass sich die Form des Relativpronomens im Genus und Numerus nach dem Wort im Hauptsatz richtet, auf das es sich bezieht. Weisen Sie die TN auch auf den Grammatikspot hin: Hier wird deutlich, dass es sich bei den Relativsätzen um Nebensätze handelt, das Verb also am Ende steht.
5. *fakultativ*: Wenn Sie mit Ihren TN die Relativsätze im Nominativ weiter üben möchten, können Sie die Kopiervorlage L2/C1 verteilen. Die TN lösen die Aufgabe in Partner- oder Stillarbeit. Abschlusskontrolle im Plenum.
Lösung: a) … die beim Spielen den Spiegel kaputt gemacht haben. b) … der sich auf seine Brille gesetzt hat. c) Das ist der Junge, der Probleme in Mathe hat und jetzt mit seinem Vater üben muss. d) Das ist der Mann, der sich immer über die Leute im Kino ärgert. e) Das ist der Mann, der heute Morgen den Bus verpasst hat. f) Das sind die jungen Leute, die sich in Paris kennengelernt haben. g) Das ist das junge Paar, das letztes Wochenende geheiratet hat.

Arbeitsbuch 17–18: in Stillarbeit

C2 **Präsentation der Relativsätze im Akkusativ**

1. Lesen Sie gemeinsam mit den TN Beispiel a) und fordern Sie die TN auf, diesen Satz mit dem ersten Beispiel im Grammatikspot zu C1 zu vergleichen. Die TN werden feststellen, dass die beiden Formen der Relativpronomen nicht übereinstimmen. Schreiben Sie zur Erklärung zwei Beispiele an die Tafel:

Das ist der Film, (der) Nasseer am meisten [langweilt].
Was [langweilt] Nasseer? – (Der Film).
Das ist der Film, (den) alle gut [finden].
Wie [finden] alle (den Film)? – Alle [finden] (den Film) gut.

Die TN werden sehen, dass die Verben „langweilen" und „finden" jeweils andere Antworten und damit auch einen anderen Kasus verlangen.
2. Die TN ergänzen die übrigen Sätze in Partnerarbeit. Der Grammatikspot hilft ihnen dabei.
3. Abschlusskontrolle im Plenum: Die TN hören die Sätze von der CD/Kassette und vergleichen ihre Lösungen.
Lösung: b) der; c) das; d) die; e) die
4. Fordern Sie die TN abschließend auf, die Formen der Relativpronomen im Nominativ und Akkusativ zu vergleichen. Sie werden feststellen, dass sich nur die maskulinen Formen „der" bzw. „den" unterscheiden, während alle anderen Formen im Nominativ und Akkusativ identisch sind.
5. *fakultativ*: Wenn Sie mit den TN die Relativsätze im Akkusativ spielerisch einüben möchten, kopieren Sie die Kopiervorlage L2/C2 mehrmals auf festen Karton und schneiden Sie die Karten aus. Jede Kleingruppe von 2–3 TN erhält einen Kartensatz. Gehen Sie während des Spiels herum und helfen Sie bei Schwierigkeiten.

Arbeitsbuch 19–20: in Stillarbeit; **21:** als Hausaufgabe

Materialien
C7 *Variante*: Kopiervorlage zu C7 (im Internet)

C3 **Variation: Anwendungsaufgabe zum Relativsatz**

Die TN hören die Musterdialoge und variieren die Sätze in Partnerarbeit mit den vorgegebenen Varianten. Gehen Sie herum und helfen Sie bei Schwierigkeiten.

Hinweis: Variationsdialoge haben TN, die mit *Schritte international 1–4* Deutsch gelernt haben, schon oft bearbeitet. Diese Übungsform ist ihnen also bekannt. Gehen Sie nur bei Quereinsteigern noch einmal ausführlicher auf diese Übungsform ein.

C4 **Hörverstehen: Gespräche zu Nachrichtenmeldungen**

1. Die TN lesen die Schlagzeilen. Verzichten Sie an dieser Stelle zunächst auf Wortschatzerklärungen.
2. Die TN hören die Gespräche und nummerieren die dazu passende Schlagzeile in der Reihenfolge der Gespräche.
3. Abschlusskontrolle im Plenum. Wenn nötig, können Sie an dieser Stelle auf Wortschatzfragen der TN eingehen.
   Lösung: 2 Nach dem Sieg gegen Real ... 3 1000 Rosen per Post ... 4 Fehler im Studio ...

C5 **Präsentation der Relativsätze im Dativ**

1. Die TN hören die Gespräche so oft wie nötig und ergänzen die Sätze.
2. Abschlusskontrolle im Plenum. *Lösung:* 1 dem; 2 dem; 3 der; 4 denen
3. Notieren Sie Beispiel 1 der Übung an der Tafel.
   Verdeutlichen Sie an diesem Beispiel, dass das Verb „wegnehmen" zwei Ergänzungen benötigt: seinen Rolls-Royce (was?) und dem Schauspieler (wem?). Da sich der Relativsatz auf den Schauspieler bezieht, muss das Relativpronomen „dem" lauten.
4. Verweisen Sie die TN auf den Grammatikspot im Buch und machen Sie sie besonders auf die Form des Relativpronomens im Dativ Plural aufmerksam. Zeigen Sie ggf. anhand eines Beispiels, dass das Relativpronomen „denen" nicht mit dem bestimmten Dativ-Artikel „den" übereinstimmt, während dies bei den Singularformen der Fall ist.

C6 **Anwendungsaufgabe zu den Relativsätzen**

1. Fragen Sie einen TN, ob sie/er sich an die Person erinnert, der sie/er zuletzt eine E-Mail geschrieben hat.
2. Deuten Sie auf die Vorschläge im Schüttelkasten und lassen Sie einen TN eine weitere Frage im Plenum formulieren. Achten Sie darauf, dass dabei einer der Satzanfänge aus der Übung verwendet wird, und korrigieren Sie ggf. Wiederholen Sie dieses Vorgehen, wenn nötig, mehrere Male.
3. Die TN finden sich in Kleingruppen zusammen. Mit ungeübten TN, die noch nicht sicher wissen, was für ein Objekt (Akkusativ oder Dativ) zu welchem Verb gehört, können Sie den Schüttelkasten gemeinsam ansehen und die Verben mit unterschiedlichen Farben markieren lassen. Anschließend formulieren die TN in kleinen Gruppen Fragen und Antworten wie im Beispiel. Geübte TN stellen sich in Partnerarbeit Fragen. Die Stichpunkte im Schüttelkasten sollen dabei lediglich als Anhaltspunkte dienen. Darüber hinaus können die TN eigene Fragen formulieren. Gehen Sie herum und helfen Sie bei Fragen.
   Variante: Wenn Sie sehr viele TN, z.B. Quereinsteiger, im Kurs haben, die im Umgang mit Verben mit Dativ und Akkusativ noch nicht so sicher sind, können Sie vorab im Plenum klären, welches Verb welchen Kasus verlangt. Die TN arbeiten anschließend alle weiter, wie oben für die geübten TN beschrieben.

Arbeitsbuch 22–26: in Stillarbeit oder als Hausaufgabe; **27–28:** in Stillarbeit und im Kurs; **29:** als Hausaufgabe

C7 **Aktivität im Kurs: (Schreib-)Wettbewerb**

1. Die TN lesen die Beispiele im Buch und finden sich dann paarweise zusammen. Sie schreiben einen Satz über eine Person oder Sache ihrer Wahl. Dabei reihen sie so viele Relativsätze wie möglich aneinander.
   Variante: Wenn Sie den TN vorab eine kleine Hilfestellung geben möchten, kopieren Sie die Kopiervorlage zu C7 (im Internet) und verteilen Sie sie als Arbeitsblatt. Im Anschluss dann weiter wie oben beschrieben.
2. Die TN lesen ihre Sätze vor. Wer hat den schönsten und längsten Satz?
   Variante: Wenn Sie dem Ganzen etwas mehr Wettbewerbs-Charakter geben möchten, können die TN auch ein Schiedsrichterteam wählen, das während des Vorlesens die Wörter zählt und die Summe der verwendeten Wörter nach jedem „Vortrag" bekannt gibt. Dadurch wird die Spannung für die Zuhörer noch etwas gesteigert. In diesem Fall sollten Sie allerdings vorher vereinbaren, dass während des Vortrags der anderen keiner mehr seine Sätze ergänzen darf, da sonst diejenigen im Vorteil sind, die erst am Schluss an der Reihe sind.

PHONETIK **Arbeitsbuch 30–35:** im Kurs: Die TN hören Übung 30 und sprechen die Wörter nach. Fragen Sie sie, was ihnen auffällt (auch „-ig" wird wie „-ich" realisiert). Erklären Sie, dass in Süddeutschland, Österreich und in der Schweiz „-ig" auch als „-ig" gesprochen wird. Zeigen Sie anhand von Übung 31, dass das „g" innerhalb eines Wortes, also nicht im Auslaut, gesprochen wird. Die TN hören Übung 32 und sprechen die Wörter nach. Sie hören und ergänzen Übung 33. Bei diesen Übungen können Sie auch umgekehrt vorgehen und die TN zuerst sprechen bzw. ergänzen lassen. Dann hören und vergleichen sie. Wenn die TN Probleme haben, „ch" und „sch" zu unterscheiden, können sie mit Übung 34 für den Unterschied sensibilisiert werden. Abschließend hören und lesen die TN das Gedicht über den Drachen. Nur wer Lust hat, lernt es als Hausaufgabe auswendig und trägt es in der nächsten Kursstunde vor. Belohnen Sie die TN für ihren Mut und sparen Sie nicht mit Lob!

D1 **Leseverstehen: Eine Fernsehzeitung auswerten**

1. Sprechen Sie mit den TN darüber, ob sie einige der genannten Sender kennen und welche sie in ihrem Land empfangen können. Wer schon einmal deutsche Sender gesehen hat, kann den anderen Tipps geben, welche Sendungen man gut verstehen kann.
2. Klären Sie mit den TN die Filmkategorien: Was ist ein Naturfilm, Zeichentrickfilm ...?
3. Die TN finden sich paarweise zusammen und lesen die Fernsehprogramme. Sie ordnen den Kategorien passende Filme / Sendungen zu.
4. Abschlusskontrolle im Plenum. *Lösung*: Naturfilm: E; Zeichentrickfilm: G; Show: B; Liebesfilm: E; Krimi: A, D; Sportsendung: A, F; Kindersendung: G; Komödie: B, H; Politmagazin: D,E; Quiz: H

TIPP

Motivieren Sie die TN, deutschsprachige Filme im Fernsehen oder im Kino anzusehen. Betonen Sie dabei, dass sie nicht jedes Wort verstehen müssen, um der Handlung folgen zu können. Zum Einstieg eignen sich Vorabendserien besonders gut, weil das Vokabular nicht zu kompliziert ist und sich die Handlungen wiederholen. Außerdem dauern sie meist nur eine halbe Stunde, sodass sich die TN gut konzentrieren können. So hat jeder ein kleines Erfolgserlebnis. Das erhöht die Lernmotivation.

D2 **Vorbereitung auf das Planspiel (I)**

1. Die TN sehen sich die Bilder an. Fragen Sie, welche Filme der „lustige Fernsehtyp" vermutlich gern sieht, und fordern Sie die TN auch auf, ihre Wahl zu begründen.
2. Die TN sehen sich die übrigen „Fernsehtypen" an und ordnen ihnen in Partnerarbeit die passenden Filmkategorien und Sendungen zu.
3. Abschlusskontrolle im Plenum. *Lösung:* 2 Typ A; 3 Typ F; 4 Typ B; 5 Typ C; 6 Typ D
4. *fakultativ*: Wenn Sie das Thema „Fernsehtypen" weiter vertiefen und die TN auf die Prüfung *Zertifikat Deutsch* vorbereiten möchten, kopieren Sie die Kopiervorlage L2/D2 und verteilen Sie sie an alle. Ähnlich wie im Prüfungsteil Lesen, Teil 3, sollen die TN hier für jeden Fernsehtyp den richtigen Film bzw. die passende Sendung auswählen. Weisen Sie die TN darauf hin, dass es nicht für jeden Fernsehtyp ein passendes Angebot gibt.
   Lösung: Typ A – Pro7; Typ B – ARD; Typ C – kein passendes Angebot; Typ D – kein passendes Angebot; Typ E – Arte; Typ F – ZDF

D3 **Vorbereitung auf das Planspiel (II)**

1. Die TN finden sich in Kleingruppen von 3–4 TN zusammen. Sie beschreiben den anderen in ihrer Gruppe, welcher „Fernsehtyp" sie am ehesten sind. Sie begründen dies, indem sie erzählen, welche Filmarten und Sendungen sie am liebsten sehen. Anschließend heftet sich jeder ein Schild an, auf dem steht, welcher Fernsehtyp er ist.
2. *fakultativ*: Wenn Sie mit Ihren TN das freie Schreiben üben wollen, können die TN zu Hause einen Text zu diesem Thema schreiben. Sie sollten sich für einen, maximal zwei der „Fernsehtypen" entscheiden und erzählen, welche Filme sie besonders gern sehen und warum.

D4 **Aktivität im Kurs: Planspiel**

1. Sammeln Sie mit den TN an der Tafel Redemittel zu Vorschlägen, Begründung, Zustimmung, Ablehnung und Einigung (vgl. Buch). Die Bücher bleiben dabei zunächst geschlossen, damit die TN ihre eigenen Kenntnisse einbringen können.
   Lösung: etwas vorschlagen: Wie wäre es, wenn ... / Lasst uns doch ... / Wir sollten ...; etwas begründen: Ich finde das besser, weil ... / Das können wir schon, obwohl ... / Das ist doch viel besser als ...; zustimmen: Ja, das ist schon möglich. / Genau! / Natürlich! / Da hast du völlig recht. / Das finde ich auch; ablehnen / einen Gegenvorschlag machen: Das möchte ich wirklich nicht. / Das kommt für mich nicht in Frage. / Ich würde (doch) lieber ...; sich einigen: Gut, dann ... / Einverstanden! / In Ordnung!
2. Bitten Sie drei TN, den Musterdialog im Buch vorzulesen.
3. Die TN finden sich in Kleingruppen von 3–4 TN zusammen. Als Kriterium für die Gruppenfindung gilt, dass in einer Gruppe keine gleichen Fernsehtypen zusammen sein dürfen, denn nur mit unterschiedlichen Typen entsteht eine interessante Diskussion. Die angehefteten Schilder helfen dabei, dass sich die TN schnell in gemischten Gruppen zusammenfinden können. Die TN diskutieren in ihrer Gruppe, welchen Film oder welche Sendung sie am Abend gemeinsam sehen wollen. Die Redemittel an der Tafel und im Buch dienen dabei als Hilfestellung.
   Hinweis: Wenn Sie ein deutsches Fernsehprogramm in Kopie mit in den Kurs bringen, wirkt die Situation authentischer und die Diskussion macht mehr Spaß.
4. Fragen Sie die Gruppen abschließend, auf welchen Film sie sich geeinigt haben.

Arbeitsbuch 36: als Hausaufgabe

Materialien
D5 *Variante*: Kopiervorlage zu D5 (im Internet); Lieblings-CD, -buch, -zeitung o. Ä.

PRÜFUNG **Arbeitsbuch 37:** In der mündlichen Prüfung des *Zertifikat Deutsch* sollen die TN sich mit einer Partnerin / einem Partner auf etwas einigen. Die TN haben durch das Planspiel diesen Prüfungsteil schon kennengelernt. Bereiten Sie die TN nun noch einmal gezielt auf die mündliche Prüfung vor.

D5 **Aktivität im Kurs: Partnerinterview**

1. Die TN lesen das Beispiel bei a) jeder für sich. Fragen Sie dann exemplarisch einige TN, was sie am liebsten lesen, welche Musik sie am liebsten hören und welche Art von Filmen sie am liebsten mögen.
2. Die TN machen sich wie im Beispiel des Kursbuches Notizen zu ihren Lesegewohnheiten, Lieblingsfilmen und ihrem Musikgeschmack.
3. Die TN lesen den Modelldialog im Buch. Sie tauschen sich in Partnerarbeit mithilfe ihrer Notizen aus.
   Variante: Die TN erhalten die Kopiervorlage zu D5 (im Internet) als Arbeitserleichterung: Die TN tragen zunächst ein, was auf sie zutrifft, bevor sie ihre Partnerin / ihren Partner befragen und die Antworten ebenfalls auf dem Arbeitsblatt festhalten.
4. *fakultativ*: Wer Lust hat, bringt in einer der folgenden Kursstunden seine Lieblings-CD, sein Lieblingsbuch, die Lieblingszeitung ... mit und stellt sie dem Plenum vor.

Roman

Einen Krimi lesen
Lernziel: Die TN können einen einfachen Krimi verstehen.

E1 **Präsentation des Lesetextes: Die Textsorte bestimmen**

1. Die TN lesen den mit Pfeilen markierten Abschnitt des Lesetextes und entscheiden, um welche Textsorte es sich handelt.
2. Fragen Sie die TN, welche Wörter oder Sätze ihnen bei der Zuordnung geholfen haben. *Lösung:* Ein Kriminalroman.

E2 **Leseverstehen 1: Den Inhalt global verstehen**

1. Die TN lesen zuerst die Fragen und dann den Text bis zum Ende.
2. Die TN kreuzen ihre Lösungen an und vergleichen sie mit ihrer Partnerin / ihrem Partner. Wer früher fertig ist als die anderen, unterstreicht im Text die Stellen, die Hinweise zur Beantwortung der Fragen gegeben haben.
3. Abschlusskontrolle im Plenum. Gehen Sie dabei auch auf die Frage ein, welche Schlüsselstellen für die Beantwortung der Fragen wichtig waren. Geben Sie auch Gelegenheit zu Wortschatzfragen.
   Lösung: a) Am Tatort. b) Jemand hat ein Bild gestohlen.

E3 **Leseverstehen 2: Wichtige Details verstehen**

1. Die TN sehen sich die Skizze im Buch an und lesen dann den Text noch einmal.
2. Die TN lösen die Aufgabe in Partnerarbeit. Wer früher fertig ist als die anderen, markiert die relevanten Stellen im Text.
3. Abschlusskontrolle im Plenum. Gehen Sie dabei auch darauf ein, welche Textstellen die Informationen für die Lösung der Aufgabe enthalten.
   Lösung: 1 niemand; 2 der Mann; 3 Kramer; 4 der Kriminalbeamte

E4 **Rätsel**

1. Die TN sehen sich die Zeichnung im Buch an und beraten zusammen mit ihrer Partnerin / ihrem Partner, woher Kramer weiß, dass der Mann lügt.
2. Die TN äußern ihre Vermutungen.
   Lösung: Die Sonne geht im Westen unter, der Vollmond steht aber im Osten. Das Fenster, aus dem Kramer den Sonnenuntergang beobachtet, zeigt nach Westen. Der Vollmond konnte also, anders als der Mann behauptet, den Raum nicht erleuchtet haben.

E5 **Titelsuche**

1. Die TN lesen die Stichwörter im Schüttelkasten. Klären Sie an dieser Stelle ggf. unbekannten Wortschatz.
2. Die TN finden sich zu Kleingruppen von 3–4 TN zusammen und denken sich einen Titel für das Buch aus. Sie sollen dazu mindestens zwei der angegebenen Stichwörter verwenden.
3. Die Gruppen stellen ihre Titel im Plenum vor. Wenn die TN vorab eine Jury wählen, die später den schönsten Titel prämiert, oder die TN für jeden Titel Punkte (0 = okay; 1 = passt gut; 2 = passt sehr gut) vergeben können, wird die Präsentation der Buchtitel zum Wettbewerb und so für alle noch einmal spannend. In diesem Fall sollten Sie für die Gewinner eine kleine Prämie bereithalten, die Sie am Ende verteilen können.

Arbeitsbuch 38–40: im Kurs: Wenn Ihre TN gern authentische, aber einfache deutsche Texte lesen möchten, können Sie mit ihnen den vollständigen Krimi lesen. Das Leseheft sowie weitere Krimis mit Carsten Tsara sind beim Hueber Verlag, Ismaning, erschienen.

Einen Test zu Lektion 2 finden Sie auf Seite 116 f. Weisen Sie die TN auf die interaktiven Übungen auf ihrer Arbeitsbuch-CD hin. Die TN können mit diesen Übungen den Stoff der Lektion selbstständig wiederholen und sich ggf. auch auf den Test vorbereiten. Wenn Sie mit den TN den Stoff von Lektion 1 und Lektion 2 wiederholen möchten, verteilen Sie je einen Kartensatz der Kopiervorlage „Wiederholung zu Lektion 1 und 2“ (Seite 108–109) an Kleingruppen von 4–5 TN. Die Kärtchen liegen verdeckt auf dem Tisch. Die TN ziehen reihum ein Kärtchen und ergänzen den Satz sinnvoll.

Zwischenspiel 2
Nicht einfach, aber einfach gut

Landeskunde: Porträt eines österreichisch-schweizerischen Schriftstellers

Materialien
1 Kopiervorlage „Zwischenspiel zu Lektion 2"

1 **Leseverstehen: Eine Biografie lesen**

1. Die TN betrachten das Foto von Friedrich Glauser in ihrem Buch und lesen das Zitat. Sie sammeln in Kleingruppen von 3–4 TN ihre Gedanken zu diesem Ausspruch: Was für eine Haltung möchte Glauser ausdrücken? Die TN überlegen auch, was für ein Mensch der Mann auf dem Foto, also Glauser, wohl ist. Geben Sie den TN die Möglichkeit, auch im Plenum über ihre Ideen und Assoziationen zu sprechen.
2. Die TN lesen die Biografie einmal schnell, um einen Überblick zu bekommen. Sie lesen noch einmal und bearbeiten Übung 1 der Kopiervorlage „Zwischenspiel zu Lektion 2".
3. Abschlusskontrolle im Plenum.
   Lösung: a) falsch; b) richtig; c) richtig; d) falsch; e) richtig
4. Die TN lesen den Text noch einmal und machen sich Stichpunkte zu den wichtigsten Daten und den Lebensabschnitten von Glauser.
5. Die TN erzählen Glausers Lebensgeschichte anhand ihrer Notizen. In Lektion 1 haben die TN das Erzählen von Lebensgeschichten bereits geübt. Insofern ist die Übung hier eine gute Möglichkeit zur Wiederholung.
6. *fakultativ:* Wenn Sie das Wortschatz- und Textverständnis vertiefen möchten, können die TN Übung 2 der Kopiervorlage bearbeiten.
   Variante: Die Übung kann auch als Hausaufgabe gemacht werden.
7. Abschlusskontrolle im Plenum.
   Lösung: a) Glauser hat viel erlebt und das ist für den Beruf als Schriftsteller nötig. b) Der Vater hatte Probleme mit dem Jungen. c) Er hat einige Zeit an diesen Orten verbracht und kann sagen, wie sie wirklich sind. d) Im Zentrum seiner Geschichten waren Menschen, die die Gesellschaft nicht wirklich akzeptiert hat. e) Im Kleinkriminellen-Milieu hatte Glauser eigene Erfahrungen.
8. Kommen Sie auf Glausers Zitat zurück und fragen Sie die TN, was sie jetzt – nach dem Lesen seiner Biografie – darüber denken: Haben sie eine Vorstellung, warum Glauser auf diese (philosophische) Frage gekommen ist? Was beschäftigte ihn in seinem Leben? Es wird den TN sicher nicht schwerfallen zu erkennen, dass Glauser selbst die Erfahrung machte, dass ein Mensch auf die schiefe Bahn geraten kann, ohne deshalb böse zu sein oder Böses zu wollen.
9. Die TN lesen die Informationen zu Glausers Büchern und fassen sie mithilfe von Übung 3 der Kopiervorlage zusammen.
10. Abschlusskontrolle im Plenum.
   Lösung: a) Kriminalromane; b) fünf; c) Jakob Studer; Wachtmeister (= Polizist); d) sympathisch, einfach, stark; e) in mehrere Sprachen übersetzt; f) Filme zu den Büchern; g) Friedrich-Glauser-Preis, Friedrich-Glauser-Gasse in Zürich

TIPP

Sie können die TN auf diesem Niveau allmählich an das Lesen von Texten außerhalb des Lehrbuchs heranführen. Die TN haben in allen *Schritte international*-Bänden anhand der Texte im Kurs- und Arbeitsbuch das globale Leseverstehen trainiert und gelernt, das Nicht-Verstehen einzelner Wörter „auszuhalten". Diese Lesefertigkeiten können sie nun anwenden, wenn Sie ihnen einen kurzen Ausschnitt aus einer Studer-Erzählung mitbringen. Sie sollten darauf achten, eine Textstelle auszuwählen, die vom Satzbau her möglichst einfach ist, damit die TN ein erfolgreiches Lese-Erlebnis haben. Die TN lesen den Ausschnitt und erzählen das Gelesene in eigenen Worten nach.
Variante: Alternativ können Sie mehrere Ausschnitte aussuchen und diese an Gruppen verteilen. Die Gruppen lesen „ihren" Ausschnitt und berichten anschließend im Plenum über das Gelesene.

2 **Kursgespräch: Über eigene Vorlieben sprechen**

1. Die TN haben in der Lektion schon geübt, über ihre Lesegewohnheiten, ihren Musik- und Filmgeschmack zu sprechen. Die sprachlichen Mittel stehen ihnen also zur Verfügung. Sie erzählen frei über Kriminalromane, die sie gelesen haben, und Fernsehkrimis, die sie gesehen haben, und berichten, was ihnen daran gefallen hat und was nicht.
2. *fakultativ:* Wer ein Lieblingsbuch hat, bringt es mit in den Unterricht und stellt den Autor und den Inhalt des Buches in Form einer Kurzpräsentation vor.

Weitere Materialien für noch mehr Abwechslung im Unterricht finden Sie unter www.hueber.de/schritte-international.

FIT BLEIBEN

Folge 3: *Bandscheiben*
Einstieg in das Thema: Gesundheit

1 **Vor dem Hören: Neue Wörter klären**

1. Die TN sehen sich Foto 1 im Buch an und ordnen auch mithilfe ihrer Wörterbücher die Begriffe zu.
2. Abschlusskontrolle im Plenum. Halten Sie Ihr Buch hoch und lassen Sie die TN auf dem Foto die Wörter zeigen oder verwenden Sie das Poster zur Foto-Hörgeschichte dafür.
   Lösung (von oben nach unten): die Schultern; der Oberkörper; der Po
3. Es bietet sich an, an dieser Stelle die Körperteile mit einem kleinen Spiel zu wiederholen. Die neuen Wörter können Sie zur Festigung direkt einbeziehen. Die TN stellen sich im Kreis auf. Beginnen Sie, indem Sie auf ihren Bauch zeigen und sagen: „Der Kopf tut mir weh." Der TN, der links von Ihnen steht, muss nun auf seinen Kopf zeigen und gleichzeitig ein anderes Körperteil nennen, das wehtut. Der nächste TN zeigt auf dieses Körperteil und nennt ein weiteres, das wehtut usw. Achten Sie auf einen zügigen Verlauf des Spiels, denn das Tempo erhöht den Schwierigkeitsgrad.
   Variante: Sie können zum Einstieg auch zuerst die Körperteile mit dem Spiel wiederholen und erst danach die Aufgabe im Buch machen.

2 **Vor dem Hören: Vorüberlegungen zur Geschichte**

1. Die TN bearbeiten in Partnerarbeit die Aufgabe wie angegeben. Geben Sie die richtigen Lösungen aber erst nach dem Hören der Geschichte bekannt.
   Lösung: a) Er hat Probleme mit seinen Bandscheiben. b) Krankengymnastin. c) Er macht eine Entspannungsübung.
2. *fakultativ*: Schreiben Sie mit den TN ein Kursdiktat. Inhalt ist der mögliche Ablauf der Foto-Hörgeschichte. Geben Sie den ersten Satz vor. Dann sagt ein TN den nächsten Satz. Alle TN überlegen, ob der Satz korrekt ist. Erst wenn der Satz ganz richtig ist, schreiben die TN ihn auf. Sammeln Sie die Diktate ein und korrigieren Sie sie, oder lassen Sie einen TN auf eine Folie schreiben, die sie gemeinsam im Plenum Satz für Satz korrigieren. Anhand dieser Folie korrigieren die TN ihre Diktate selbst (s.a. „Praktische Tipps", S. 7).

3 **Beim ersten Hören**

1. Die TN hören die Geschichte und achten auf die Unterschiede zu ihren eigenen Geschichten bzw. zum Diktat. Sie vergleichen mit ihren Vermutungen aus Aufgabe 2.
2. Regen Sie ein kurzes Kursgespräch über diese Unterschiede an.

4 **Nach dem ersten Hören: Die Geschichte rekonstruieren**

1. Die TN lesen die Sätze im Buch und entscheiden sich für eine Reihenfolge der Inhaltsangabe. Geübte TN schreiben eine eigene Zusammenfassung der Geschichte.
2. Abschlusskontrolle im Plenum. Geübte TN vergleichen mit ihrer Zusammenfassung. *Lösung*: 1 Nasser will eine Pizza zu Frau Ballmann bringen ... 2 Sie glaubt, dass es die Bandscheiben sind ... 3 Nasser soll sich auf den Bauch legen ... 4 Das Handy klingelt ...

5 **Nach dem Hören: Kursgespräch über Nasseers Verhalten**

Die TN diskutieren die Frage im Plenum. Gehen Sie auch auf Kulturunterschiede ein. Wäre das im Heimatland der TN möglich, erlaubt, vielleicht unschicklich? Wie würden die TN sich an Nasseers Stelle verhalten? Warum?

Hören Sie auf den Rat **einer Spezialistin.**

Genitiv

Lernziel: Die TN können Entspannungsübungen beschreiben und Beschreibungen verstehen.

Materialien
A1 auf Folie; vorbereitete Karten mit Nomen
A3 Kopiervorlage zu A3 (im Internet)

A1 Präsentation des Genitivs

1. Sprechen Sie mit den TN darüber, was sie regelmäßig zur Entspannung tun. Das Wort „Entspannung“ haben die TN in der Foto-Hörgeschichte schon gehört.
2. Die TN sehen sich die Fotos an und lesen die Gesundheitstipps. Klären Sie ggf. unbekannten Wortschatz.
3. Die TN ordnen die Gesundheitstipps dem jeweils passenden Foto zu.
4. Abschlusskontrolle im Plenum. *Lösung* (von oben nach unten): A; C; B;
5. Legen Sie eine Folie von A1 auf. Die TN versuchen, die Genitivformen in den Tipps zu finden und zu nennen. Markieren Sie sie auf der Folie. In Stillarbeit ergänzen die TN dann den Grammatikspot.
6. Abschlusskontrolle im Plenum. *Lösung:* des Rückens; des Gesichts; der Haut; eines Medikaments; einer Spezialistin
7. Erklären Sie die Funktion des Genitivs: Er beschreibt, zu wem oder was etwas gehört. Die Entspannung des Gesichts ist „die Entspannung vom Gesicht“. Diese Umschreibung des Genitivs ist den TN bereits bekannt. Weisen Sie die TN darauf hin, dass maskuline und neutrale Nomen im Genitiv Singular zusätzlich die Endung „-s“ oder „-es“ bekommen. Aus *Schritte international 3*, Lektion 1, ist den TN der Genitiv bei Vornamen bereits bekannt. Wenn nötig, erinnern Sie die TN daran (Sabine*s* Nacken). Bei Namen steht der Genitiv vor dem Nomen, während er sonst dahintersteht.
8. Bereiten Sie zu Hause nummerierte Karten vor, auf denen Sie Begriffe, die als „Besitzer“ fungieren können, wie „die Lehrerin“, „der Kursteilnehmer“, „der Mann“, „die Schule“ usw. notieren. Diese Karten hängen Sie im Kursraum an Gegenstände, die den TN bekannt sind. Kleben Sie z.B. die Karte „der Kursteilnehmer“ an ein Wörterbuch. Die TN gehen mit Papier und Stift herum und notieren zunächst die Nummer der Karte, dann (für unser Beispiel): „Das ist das Wörterbuch des Kursteilnehmers“. Die TN müssen also immer den Gegenstand notieren und den Besitzer, der auf der Karte steht. Schreiben Sie auch ein oder zwei Vornamen auf die Karten.

Arbeitsbuch 1–2: in Stillarbeit; **3:** im Kurs: Besprechen Sie mit den TN die verschiedenen Möglichkeiten, wie der Genitiv in Wörterbüchern verzeichnet sein kann. Gehen Sie dabei auch auf die Wörterbücher der TN ein. **4:** als Hausaufgabe

A2 Anwendungsaufgabe zum Genitiv

1. Die TN lösen die Aufgabe in Stillarbeit. Anstatt unbekannten Wortschatz zu erklären, machen Sie mit den TN die Gymnastikübungen. Viele Fragen klären sich dann von selbst oder die TN können selbst eine Erklärung versuchen.
2. Abschlusskontrolle im Plenum.
   Lösung: B ... zur Dehnung der Brust: – die Hand gegen die Hand der Partnerin / des Partners drücken; D ... zur Entspannung des Gesichts; A ... zur Dehnung des Oberschenkelmuskels; C ... zur Entspannung der Augen

Arbeitsbuch 5–6: als Hausaufgabe

A3 Aktivität im Kurs: Anweisungen zu Entspannungsübungen verstehen und geben

1. Die TN schreiben und zeichnen paarweise eine Anleitung für eine Fitness- oder Entspannungsübung.
2. Die TN tauschen ihre Anleitung mit einem oder mehreren Paaren und probieren sie aus. Wenn Ihre TN Anregungen für mögliche Entspannungsübungen brauchen, verteilen Sie die Kopiervorlage zu A3 (im Internet).

Arbeitsbuch 7–9: in Stillarbeit und als Hausaufgabe

TIPP

Manchmal lässt die Aufmerksamkeit der TN spürbar nach, weil sie zu lange gesessen haben. Solche Phasen sind insbesondere in Intensivkursen und am Abend völlig normal. Geben Sie den TN dann doch einmal mit Bewegung wieder Lust und Kraft zum Unterricht. Öffnen Sie die Fenster und bitten Sie die TN, sich im Kreis aufzustellen. Machen Sie eine kleine Übung vor, gehen Sie z.B. einen großen Schritt nach vorn, klatschen Sie einmal in die Hände und gehen Sie wieder zurück. Fordern Sie die TN auf, mitzumachen. Diese Übung wiederholen Sie dreimal. Dann zeigt der TN rechts neben Ihnen eine Übung usw.

B1 **Sprechen: Empfehlungen geben**

1. Bereiten Sie zu Hause ein Plakat vor, auf dem „Gesundheitliche Beschwerden" steht. Verteilen Sie kleine Zettel. Die TN sollen leichte Krankheiten und Beschwerden aufschreiben, mit denen man trotzdem noch arbeiten oder zur Schule gehen kann. Pro Zettel notieren die TN eine „Krankheit" und heften ihre Zettel auf das Plakat.
2. Sprechen Sie mit den TN über diese Beschwerden. Stellen Sie sicher, dass alle Begriffe bekannt sind.
3. Die TN hören den Gesprächsausschnitt aus der Foto-Hörgeschichte und schreiben ihn in Partnerarbeit zu Ende. Es muss nicht das tatsächliche Ende der Foto-Hörgeschichte sein, die TN sollten ihrer Fantasie freien Lauf lassen. Besprechen Sie anschließend einige Beispiele im Plenum.
   Hinweis: Weisen Sie die TN darauf hin, dass gesundheitliche Probleme ein beliebtes Konversationsthema in Deutschland sind. Es gilt als freundlich und aufmerksam, sich nach dem Befinden zu erkundigen oder nach der Ursache zu fragen, wenn jemand schlecht aussieht, krumm geht o.Ä. Natürlich kann man sich auch bei wirklich schweren Krankheiten nach dem Befinden erkundigen, aber dazu braucht man Fingerspitzengefühl, denn es ist nicht immer passend, und nicht immer möchte der Betroffene darauf angesprochen werden.
4. Die TN sehen sich das zweite Dialograster und den Kasten mit den Beispielen an. Geben Sie Gelegenheit zu Wortschatzfragen. Je zwei TN sprechen Beispieldialoge im Plenum.
5. Erarbeiten Sie mit den TN aus den Musterdialogen im Buch eine Tabelle mit Redemitteln für ein Gespräch über gesundheitliche Probleme:

Einstieg ins Gespräch	*Bitte um Rat*	*Rat geben*	*Dank und Ausstieg*
Oje, du bist …	*Was kannst du mir empfehlen?*		

   Variante: Geben Sie bei geübten TN nur die Tabelle vor. Die TN füllen in Partnerarbeit die Tabelle aus. Ermuntern Sie die TN, eigene Formulierungen zu finden bzw. Formulierungen zu notieren, die sie vielleicht schon einmal gehört haben.
6. Zusammentragen der Ergebnisse im Plenum.
7. Lösen Sie die Zettel mit den Beschwerden vom Plakat und verteilen Sie an die Hälfte der TN je einen Zettel mit einer Krankheit. Die TN ohne Zettel suchen sich einen TN mit Zettel und eröffnen den Dialog. Dabei sollten die TN möglichst frei sprechen. Ermuntern Sie die TN, ihre Krankheiten auch zu spielen, zu husten, sich die Stirn zu halten usw. Nachdem die gesunde Partnerin / der gesunde Partner eine Empfehlung gegeben hat, erhält sie/er den Zettel. Beide suchen sich neue Partner.

Arbeitsbuch 10–11: in Stillarbeit

B2 **Hörverstehen 1: In einem Radio-Interview das Problem verstehen**

1. Die TN hören den Anfang der Radiosendung. Fragen Sie nach dem Thema der Sendung und klären Sie die Bedeutung des Mottos „Nicht krank und nicht gesund".
2. Spielen Sie den TN den ersten Teil des Gesprächs vor. Die TN konzentrieren sich auf die Beantwortung der Fragen im Buch und machen sich Notizen dazu.
3. Abschlusskontrolle im Plenum.
   Lösung: Beschwerden: Kopfschmerzen, Nervosität; Arbeit: Sachbearbeiterin, sitzt fast nur am Computer, viele Überstunden; Bewegung: keine Zeit; Ernährung: schnell essen: Pizza, etwas aus der Mikrowelle, Kaffee, Cola; Raucht: eine Schachtel leichte Zigaretten am Tag

B3 **Sprechen: Eigene Empfehlungen geben**

1. Die TN überlegen zu dritt, was sie Frau Müller-Nagy raten würden.
2. Halten Sie die Ergebnisse an der Tafel fest.

B4 **Hörverstehen 2: Einen Experten-Rat verstehen**

1. Die TN hören den zweiten Teil der Sendung und machen sich Notizen zu den Ratschlägen, die Doktor Wirt Frau Müller-Nagy gibt.
2. Abschlusskontrolle im Plenum.
   Lösung: Arbeit: alle zwei Stunden eine Pause machen, Entspannungsübungen für Rücken und Nacken; Bewegung: jeden Tag eine halbe Stunde spazieren gehen, am Wochenende Sport machen, z.B. schwimmen; Ernährung: Vollwertkost wie Obst, Gemüse, Milchprodukte, Vollkornbrot, Mineralwasser und Früchtetee; Rauchen: soll aufhören
3. Die TN vergleichen die Empfehlungen von Doktor Wirt mit ihren eigenen Vorschlägen aus B3.

Und was würden Sie mir empfehlen?

Raten und empfehlen
Lernziel: Die TN können Ratschläge und Empfehlungen geben.

Materialien
B5 *Variante:* Plakate; Kopiervorlage L3/B5

Arbeitsbuch 12: als Hausaufgabe; **13:** als Hausaufgabe: Ungeübte TN bearbeiten die Übungen a, b und c, die geübten TN die Übungen a, b und d. Die TN schreiben c bzw. d auf einen Zettel. Sammeln Sie sie ein und korrigieren Sie sie. Besprechen Sie typische Fehler im Kurs.

LERN TAGEBUCH

Arbeitsbuch 14: Mindmaps sind nicht nur eine Hilfe beim Brainstorming, sondern auch um Netzwerke für Wortschatz zu bilden. Durch das Vernetzen kann der Wortschatz leichter behalten werden. Gehen Sie vor, wie im Arbeitsbuch beschrieben. Die TN können ihre Mindmaps imKursraum aufhängen und mit den anderen Mindmaps vergleichen. Wer möchte, ergänzt noch fehlende Wörter auf seiner eigenen Mindmap.

B5

Aktivität im Kurs: Partnergespräch über Hausmittel

1. Die TN finden sich paarweise zusammen und sprechen über sogenannte „Hausmittel“, die sie kennen.
   Variante: Die TN finden sich in Kleingruppen von 4–5 TN zusammen und erstellen Plakate, auf denen sie Krankheiten und die passenden Hausmittel notieren. Die Plakate werden anschließend im Kursraum aufgehängt.
2. *fakultativ:* Die TN vertiefen ihre Wortschatzkenntnisse rund um das Thema Ärzte und Krankheiten/Beschwerden mithilfe von Kopiervorlage L3/B5. Sie bearbeiten die Übungen 1 und 2 in Stillarbeit. Geübte TN können bei Übung 2 noch weitere Körperteile und Beschwerden im Wörterbuch suchen und ergänzen. Abschlusskontrolle im Plenum. Die geübten TN bringen dabei ihre zusätzlichen Wörter mit ein.
   Lösung: 1 a) Hautarzt; b) Frauenarzt; c) Herzspezialist; d) Kinderarzt; e) Nervenarzt; f) Facharzt für innere Medizin
   2

Arzt	**Körperteil(e)**	**Krankheiten/Beschwerden**
Hals-Nasen-Ohren-Arzt	Hals, Nasen, Ohren	Mittelohrentzündung, Rachenmandeln
Augenarzt	Augen	Kurzsichtigkeit, Grüner/Grauer Star
Urologe	Prostata, Niere	Nierenstein, Blasenentzündung
Zahnarzt	Zähne, Kiefer	Karies, Zahnfleischbluten
Orthopäde	Knochen, Gelenke	Bandscheibenvorfall, Tennisarm

... und am Ende **werden** Sie dann trotzdem **operiert**.

Wiederholung: Passiv Präsens; Passiv mit Modalverben
Lernziel: Die TN können über Untersuchungen beim Arzt sprechen.

C1 **Wiederholung des Passiv Präsens; Präsentation des Passivs mit Modalverb**

1. Die TN ergänzen in Stillarbeit die Lücken.
2. Abschlusskontrolle im Plenum.
   Lösung: B So, nun wird noch Ihr Knie geröntgt. C Sie werden gleich gerufen. D Zuerst muss aber Ihr Blutdruck gemessen werden.
3. Notieren Sie einen Beispielsatz an der Tafel und markieren Sie die Verbteile. Das Passiv Präsens kennen die TN bereits aus *Schritte international 4*, Lektion 10. Für das Passiv ist typisch, dass der Akteur der Handlung nicht genannt wird, obwohl er mit „von" durchaus genannt werden kann: Sie werden vom Chefarzt operiert. Machen Sie mithilfe des Grammatikspots die Konstruktion mit Modalverb deutlich.

Arbeitsbuch 15–16: in Stillarbeit

C2 **Variation: Gespräche beim Arzt**

Die TN hören das Gespräch und sprechen mithilfe der Varianten weitere Dialoge in Partnerarbeit. Gehen Sie herum und helfen Sie bei Schwierigkeiten.

Arbeitsbuch 17–19: in Stillarbeit; **Arbeitsbuch 20–21:** in Stillarbeit oder als Hausaufgabe

C3 **Anwendungsaufgabe zum Passiv mit Modalverben**

1. Die TN notieren, was in der Arztpraxis noch alles gemacht werden muss.
   Variante: Kopieren Sie die Aufgabe auf eine Folie und legen Sie diese auf. Bilden Sie Gruppen von vier TN. Geben Sie eine bestimmte Zeit vor, fünf bis zehn Minuten. Die Gruppen sollen so viele Sätze wie möglich notieren. Die Sätze müssen sich auf das Bild beziehen. Für jeden grammatisch korrekten Satz gibt es einen Punkt. Die Gruppe mit den meisten Punkten hat gewonnen. Als Preis sind Hustenbonbons zu empfehlen.
2. *fakultativ*: Die TN sitzen in Kleingruppen von drei Personen zusammen. Verteilen Sie an jede Gruppe die Kopiervorlage L3/C3, Spielfiguren und einen Würfel. Die TN spielen das Spiel nach den Regeln auf dem Spielplan. Sie können das Spiel auch zu einem späteren Zeitpunkt als Wiederholung einsetzen.
   Variante: Wenn Sie das Thema in den privaten Bereich übertragen wollen und auch möchten, dass sich die TN bewegen, verteilen Sie die Kopiervorlage zu C3 (im Internet).

PHONETIK **Arbeitsbuch 22–24:** Sicher haben die TN im Lauf der Deutschkurse ein Gefühl für den Wortakzent deutscher Wörter entwickelt. Die Systematik weicht bei Fremdwörtern oft ab, da zum Beispiel aus dem Französischen übernommene Wörter auch hinten betont werden (alle Wörter auf „-(t)ion"). Die TN lesen die Wörter in Übung 22 und versuchen selbstständig eine Aussprache. Fragen Sie auch, wie die Wörter in der Muttersprache heißen, damit die TN vergleichen können. Spielen Sie dann die CD vor, die TN hören die „deutsche" Aussprache der Wörter. Sie hören noch einmal und markieren den Wortakzent. Sie sprechen die Wörter nach.
Erklären Sie, dass Wörter auf „-ieren" im Allgemeinen aus den romanischen Sprachen übernommen sind. Die TN hören die Beispiele und sprechen sie nach. Sie hören noch einmal und klopfen den Rhythmus mit. Fragen Sie, wo die Betonung bei diesen Verben liegt (*Lösung:* Auf der Endung „-ieren"). Kennen die TN andere Wörter mit dieser Endung? Sammeln Sie im Kurs. Wer Lust hat, kann versuchen, ein kleines Gedicht mit diesen Verben zu schreiben. Jede Zeile endet auf eines der Verben.

D1 **Leseverstehen: Einen Zeitungsartikel zum Thema Gesundheit lesen**

1. Schreiben Sie die Überschrift des Zeitungsartikels an die Tafel. Die Bücher bleiben geschlossen. Die TN äußern ihre Vermutungen über den Inhalt des Artikels.
2. Die TN lesen den Text. Klären Sie, wenn nötig, neue Wörter.
3. Die TN lesen den Text noch einmal und lösen die Aufgabe dazu.
4. Abschlusskontrolle im Plenum. *Lösung:* 1 falsch; 2 richtig; 3 falsch; 4 falsch
5. Die TN sprechen über Herrn Dinzingers Einstellung zu einem gesunden Leben. Regen Sie das Gespräch mit Nachfragen an: Warum ist viel Sport gesund / nicht gesund? Zwei Stunden am Tag joggen: realistisch oder nicht? usw.

Arbeitsbuch 25: als Hausaufgabe

D2 **Sprechen: Ein Partnerinterview zu einem gesunden Leben**

1. Die TN stellen sich in Partnerarbeit die Fragen des Fragebogens und notieren die Antworten der Partnerin / des Partners in den Spalten. Geübte TN erfinden weitere Fragen, die sie ihrer Partnerin / ihrem Partner stellen.
2. *fakultativ*: Die TN schreiben einen kurzen Text über ihre Partnerin / ihren Partner, in dem sie die Antworten aus dem Interview in beschreibender Form wiedergeben.

D3 **Eine Kursstatistik erstellen**

1. Schreiben Sie die Fragen aus D2 an die Tafel. Stellen Sie den TN die Fragen. Da jeder die Fragen schon beantwortet hat, können die TN sich nun rasch entscheiden und per Handzeichen angeben, zu welcher Gruppe sie jeweils gehören (regelmäßig, manchmal, selten, nie).
2. Weisen Sie die TN auf den Infospot hin. Erklären Sie die Begriffe „Hälfte“, „Drittel“ und „Viertel“, indem Sie drei „Torten“ an die Tafel zeichnen und diese halbieren, dritteln usw.
3. Die TN sprechen über die Statistik und versuchen, die Redemittel aus dem Kursbuch zu verwenden.

Arbeitsbuch 26–27: in Stillarbeit oder als Hausaufgabe

D4 **Aktivität im Kurs: Gesundheitstipps**

1. Die TN überlegen jeder für sich, was sie für eine gute Gesundheit und ein langes Leben tun. Geben Sie Zeit, damit die TN sich ein paar Notizen machen können und ggf. ein paar Wörter nachschlagen können. Gehen Sie herum. Wenn die TN Schwierigkeiten haben, über die schon besprochenen Dinge hinaus (Lernschritt A und D2) Tipps zu finden, bitten Sie sie, von Tipps zu berichten, die sie gelesen haben und gern einmal ausprobieren würden.
2. Die TN erzählen über ihre eigenen Tipps und Vorschläge.
3. *fakultativ:* Mit Kopiervorlage L3/D4 können Sie die TN auf die schriftliche Aufgabe des *Zertifikat Deutsch* vorbereiten. Die TN schreiben als Hausaufgabe einen Brief, in dem sie die im Unterricht besprochenen Tipps anwenden können. Sammeln Sie die Briefe ein und korrigieren Sie sie.

Materialien
E2 Kopiervorlage L3/E2 auf Folie
E5 Kopiervorlage zu E5 (im Internet)
Test zu Lektion 3

Aus der Wissenschaft

Thesen zur Gesundheit
Lernziel: Die TN können wissenschaftliche Thesen kommentieren.

E1 **Thesen zur Gesundheit: Vermutungen äußern**

1. *fakultativ*: Bevor Sie über die Thesen sprechen, bietet sich eine kurze Wiederholung von Komparativ und Superlativ an. Die Bücher sind geschlossen. Notieren Sie „... ist am gesündesten" an der Tafel. Bitten Sie die TN, den Satz sinnvoll zu ergänzen. Halten Sie einige Beispiele an der Tafel fest. Verfahren Sie mit „... sind klüger als ..." ebenso. Wiederholen Sie anhand der Beispiele „gesund" und „klug" den Komparativ und Superlativ. Die Komparation kennen die TN bereits aus *Schritte international 2*, Lektion 13, und *Schritte international 4*, Lektion 9. Wenn die TN noch unsicher im Gebrauch sind, schreiben Sie drei Nomen an die Tafel, z.B. Löwe, Porsche, Maus. Die TN vergleichen diese drei Dinge miteinander und notieren ihre Ergebnisse.
2. Die TN lesen die Thesen im Buch und entscheiden, ob sie sie für wahr oder falsch halten. *Lösung*: siehe E3

E2 **Sprechen: Eine Entscheidung begründen**

1. Wiederholen Sie mit den TN noch einmal die wichtigen Redemittel für eine Diskussion, indem Sie die Kopiervorlage L3/E2 auf eine Folie kopieren. Schneiden Sie die Redemittel unten auf der Kopiervorlage einzeln aus. Legen Sie die Tabelle auf und verteilen Sie die ausgeschnittenen Redemittel an die TN. Sie legen die Redemittel in die richtige Spalte. Auf diese Weise können alle TN verfolgen, welcher Satz wohin gelegt wird, und sie können für sich überlegen, ob das stimmt.
2. Abschlusskontrolle im Plenum.
   Lösung: Nach der Meinung fragen: Was meinst du / meinen Sie? Was ist deine/Ihre Meinung? Was sagst du / sagen Sie dazu? Sie haben noch gar nichts dazu gesagt. Was hältst du / halten Sie davon? Die Meinung sagen: Ich bin der Meinung, dass ... Ich meine, dass ... Ich glaube, dass ... Ich bin sicher, dass ... Es ist wichtig, dass ... Zustimmen: Ja, das denke/meine ich auch. Das ist richtig. Genau. Ich bin ganz deiner/Ihrer Meinung. Das stimmt. Widersprechen: Ja, das ist schon möglich, aber ... Vielleicht hast du recht, aber ... Nein, das glaube ich nicht. Das ist nicht richtig. Er/Sie hat nicht recht. Unsicherheit ausdrücken: Ich weiß nicht. Vielleicht. Dazu kann ich wenig/nichts sagen. Keine Ahnung. Kann sein.
3. Die TN sitzen in Gruppen von sechs TN zusammen und diskutieren ihre Entscheidungen aus E1. Lassen Sie dabei zur Orientierung den Tageslichtprojektor mit den Redemitteln eingeschaltet.

E3 **Hörverstehen 1: Ein Radioquiz verstehen**

1. Die TN hören zunächst nur den Einstieg in die Sendung (bis „der Firma Discoland im Wert von 400 Euro"). Klären Sie mit den TN den Typ der Radiosendung und die Spielregeln des Quiz.
2. Die TN hören die Sendung ganz und kreuzen ihre Lösungen an.
3. Abschlusskontrolle im Plenum.
   Lösung:

	wahr	nicht wahr	Jenny	Martin
1	X		X	
2		X		X
3	X		X	
4	X		X	

4. Fragen Sie die TN, ob ihre Vermutungen über die Thesen gestimmt haben.

E4 **Hörverstehen 2: Beim Hören Notizen machen**

1. Die TN lesen die Beispielsätze im Buch und tragen ggf. ein, was sie vom Radioquiz noch wissen. Geübte TN schließen das Buch und machen selbst Notizen zum Radioquiz. Sie schreiben auf, woran Sie sich bei den Ergebnissen der Wissenschaft erinnern.
2. Die TN hören die Sendung noch einmal und ergänzen ihre Notizen.
3. Abschlusskontrolle im Plenum. Die geübten TN vergleichen mit ihren Notizen.
   Lösung: 1 So gesund ...; 2 Die ersten Stunden Schlaf sind ...; 3 41 % ..., 29 % ..., Frauen ...; 4 ... schlechte Zähne, ... Chemie im Mund, ... Zahnerkrankungen
4. Was die TN hier vor sich haben, sind nur Notizen. Zu zweit bilden die TN aus diesen Notizen vollständige Sätze.
5. *fakultativ*: Wenn die TN am Thema interessiert sind, können Sie noch einmal eine Diskussion anregen: Finden die TN die Begründungen der Wissenschaft plausibel? Warum (nicht)? Kannten sie die Thesen und/oder die Gründe dafür schon? usw.

E5 **Aktivität im Kurs: Über Thesen zur Gesundheit sprechen**

1. Zunächst notieren die TN auf kleine Zettel andere Thesen zur Gesundheit, die sie kennen. Wenn die TN nur wenige Ideen dazu haben, verteilen Sie die Kärtchen der Kopiervorlage zu E5 (im Internet).
2. Die TN setzen sich zu viert zusammen und legen ihre Thesen verdeckt in die Mitte. Ein TN zieht eine These und liest sie vor. Der TN, der diese These aufgeschrieben hat, sagt, was er noch darüber weiß und woher er diese These kennt. Anschließend diskutieren die TN die Thesen in der Kleingruppe.
3. *fakultativ*: Jede Gruppe stellt ihre interessanteste oder umstrittenste These im Plenum zur Diskussion.

Arbeitsbuch 28: im Kurs

PRÜFUNG **Arbeitsbuch 29:** Diese Übung entspricht dem Prüfungsteil Hören, Teil 3, des *Zertifikat Deutsch*. Der Prüfungsteil Hörverstehen setzt sich aus drei Teilen zusammen, die die verschiedenen Hörstile (Globalverstehen, Detailverstehen und selektives Verstehen) abdecken. Für alle drei Teile haben die TN etwa 30 Minuten Zeit. In der hier vorliegenden Übung wird das Detailverstehen der TN geprüft. In der Prüfung gibt es zehn Ansagen, hier sind es exemplarisch nur fünf. Aber genau wie in der Prüfung hören die TN die Ansagen zweimal, dann müssen sie ihre Entscheidung getroffen haben. Bitten Sie die TN, vor dem Hören die Aufgabenstellung und die Sätze genau zu lesen. Wörterbücher sind nicht erlaubt.

Einen Test zu Lektion 3 finden Sie auf Seite 118 f. Weisen Sie die TN auf die interaktiven Übungen auf ihrer Arbeitsbuch-CD hin. Die TN können mit diesen Übungen den Stoff der Lektion selbstständig wiederholen und sich ggf. auch auf den Test vorbereiten.

Zwischenspiel 3
Operation Schönheit

Landeskunde: Informationen zum Thema Schönheitsoperationen

1 **Leseverstehen/Landeskunde: Schönheitsoperationen in Deutschland**

1. Präsentieren Sie den ersten Satz des Textes auf einer Folie und verteilen Sie die Kopiervorlage „Zwischenspiel zu Lektion 3". Die TN lesen den Satz und bearbeiten zur Wiederholung Übung 1 der Kopiervorlage.
2. Abschlusskontrolle im Plenum. *Lösung:* a) lang; b) rund; c) rund; d) kurz; e) schief
3. Die TN lesen den Text und bearbeiten zur Verständniskontrolle Übung 2 der Kopiervorlage.
4. Abschlusskontrolle im Plenum. *Lösung:* a, c, g, h
5. *fakultativ:* Geben Sie weitere Informationen zum Thema (siehe Länder-Info unten).
6. Die TN machen den Test. Geben Sie Hilfestellung bei Wortschatzfragen.
7. Die TN sprechen in Kleingruppen von 3–4 TN über ihr Testergebnis: Passt es? Was sagen die anderen dazu: Hatten sie bisher vom jeweiligen TN genau diesen Eindruck, den das Testergebnis widerspiegelt?
8. Die TN lesen noch einmal die Sprichwörter in Frage 4 des Tests. Mithilfe von Übung 3 der Kopiervorlage machen sie sich die Bedeutung bewusst. Geübte TN erhalten die Übung nicht, sondern überlegen sich eine Erklärung mit eigenen Worten.
9. Die geübten TN präsentieren ihre Erklärungen, die anderen TN vergleichen anhand der Übung. *Lösung:* Echte Schönheit kommt von innen: d; Wer schön sein will, muss leiden: b; Schönheit und Verstand sind selten verwandt: e
10. Die TN diskutieren über die Sprichwörter: Stimmen sie oder stimmen sie nicht? (Übung 4 der Kopiervorlage)

LÄNDER INFO

Die Top Ten der Schönheitsoperationen aus rein ästhetischen Gründen sind bei den Deutschen: Brustverkleinerung und Bruststraffung, Brustvergrößerung, Fettabsaugung, Gewebeunterfütterung, Ohrkorrektur, Lidstraffung, Bauchdeckenstraffung, Injektionen mit Botox, Gesichtslifting, Nasenkorrektur. Die meisten Patienten sind im mittleren Alter zwischen 21 und 50 Jahren, ein Drittel sind Personen ab 50 Jahre. Die meisten Patienten sind weiblich, Männer machen international erst zehn bis 15 Prozent aus, aber mit steigender Tendenz. Für Cremes und Kosmetika werden in Deutschland jährlich 750 Millionen Euro ausgegeben.

2 **Diskussion: Pro und Contra Schönheitsoperationen**

1. Die TN wählen für sich eine Rolle aus dem Kursbuch und finden sich mit den Partnern, die die gleiche Meinung vertreten, zu einer Gruppe zusammen. Jede Gruppe sucht nach Argumenten für ihren Standpunkt. Achten Sie darauf, dass alle sich die Argumente notieren. Sie brauchen sie später in den neuen Gruppen!
2. Die TN finden sich zu neuen Gruppen zusammen, in denen immer jeweils ein Vertreter jeder „Rolle" ist – am besten also zu Dreier- oder Sechsergruppen, damit das Verhältnis gleichmäßig ist.
3. Die TN diskutieren ihre unterschiedlichen Standpunkte.
4. Führen Sie die TN abschließend in einer Plenumsdiskussion zusammen, vielleicht, indem Sie einen Kreis bilden. Die TN können über Argumente berichten, die ihnen besonders einleuchtend erschienen, oder auch, ob sie ihren Standpunkt nach der Diskussion beibehalten oder geändert haben und warum.

Weitere Materialien für noch mehr Abwechslung im Unterricht finden Sie unter www.hueber.de/schritte-international.

Materialien
1 Stadtpläne; Folie; Kopiervorlage L4/1

1 **Vor dem Hören: Über Straßennamen sprechen**

1. Bringen Sie Stadtpläne – finden Sie auch im Internet – von Großstädten aus den deutschsprachigen Ländern mit in den Kurs. Sprechen Sie mit den TN über die Straßennamen. Zu welchen Themenbereichen gibt es Straßennamen (z.B. Blumen, berühmte Personen ...)?
2. Diktieren Sie den TN zur Übung verschiedene Straßennamen. Ein geübter TN schreibt auf eine Folie. Die anderen TN kontrollieren ihre Diktate anschließend anhand der Folie.
3. Verteilen Sie die Kopiervorlage L4/1. Die TN bearbeiten sie als Hausaufgabe. Besprechen Sie die Lösung in der nächsten Stunde. Bei der Internetrecherche ist es nicht wichtig, dass die TN zu den gleichen Ergebnissen kommen. Sie tauschen sich in Kleingruppen über ihre Erkenntnisse zu deutschen Straßennamen aus.
   Lösung: b) Merkurstraße; c) Berliner Platz; d) Erich-Kästner-Weg; e) Kochstraße; f) Leipziger Straße; g) An der Schule; h) Bürgermeister-Weber-Platz
4. Fragen Sie die TN, welche Planeten sie kennen.
5. Die TN öffnen ihr Buch und lösen die Aufgabe wie angegeben. Klären Sie auch die Bedeutung der Straßennamen, die nichts mit Planeten zu tun haben. *Lösung*: Jupiterstraße; Merkurstraße; Marsstraße; Venusstraße

LÄNDER INFO

Hinweis: Vor allem in neueren Wohngebieten kommen die Namen häufig aus demselben Bereich. Manchmal wird sogar das Viertel nach dem Bereich benannt, z.B. Dichterviertel, Vogelviertel usw. Alte wichtige Straßen tragen häufig den Namen der Stadt, in deren Richtung sie führen, z.B. Wetzlarer Straße.
Sprechen Sie mit den TN auch über die Schreibung von Straßennamen. Grundsätzlich wird das erste Wort eines Straßennamens groß geschrieben, ebenso wie alle zum Namen gehörenden Zahlwörter und Adjektive, z.B. Zum Schwarzen Wasser, Zu den Drei Eichen. Namen mit der Endung *-er*, die sich auf eine Stadt oder Landschaft beziehen, werden groß- und getrennt geschrieben, z.B. Kölner Straße, aber Kölnstraße. Straßennamen, die sich aus mehrteiligen Namen zusammensetzen, werden mit Bindestrichen geschrieben, z.B. Karl-Maria-von-Weber-Straße, aber Weberstraße. Weitere Regeln finden Sie im Duden zur deutschen Rechtschreibung.

2 **Vor dem Hören: Vermutungen äußern**

1. Die TN sehen sich die ersten beiden Fotos an und sprechen über Nasseers Problem.
2. Die TN sehen sich die Fotos 3 und 4 an und machen sich zu zweit Notizen für einen Dialog zur Wegbeschreibung.
3. Einige TN spielen ihren Dialog im Plenum vor.
4. Sammeln Sie mit den TN an der Tafel die Redemittel, die die TN in ihren Dialogen zum Thema „Nach dem Weg fragen" benutzt haben. Fragen Sie auch nach weiteren Redemitteln. Wegbeschreibungen haben die TN schon in *Schritte international 2* geübt.

3 **Beim ersten Hören**

1. Die TN äußern Vermutungen darüber, warum der Mann zu Nasseer in das Auto steigt.
   Hinweis: Wenn Sie mit den TN über das Verhalten des Mannes diskutieren möchten, fragen Sie die TN, ob sie auch mal eben schnell bei jemandem einsteigen würden, um den Weg zu zeigen. Wie würden die TN es empfinden, wenn jemand zu ihnen ins Auto steigen würde?
2. Die TN hören die Foto-Hörgeschichte.
3. Abschlussgespräch im Plenum. *Lösungsvorschlag*: Der Mann steigt zu Nasseer ins Auto, weil er auch in die Marsstraße muss und ihm so den Weg direkt zeigen kann.

4 **Nach dem ersten Hören: Die Kernaussagen der Geschichte zusammenfassen**

1. Die TN lesen die angefangenen Sätze im Buch und ergänzen sie selbstständig.
2. Abschlusskontrolle im Plenum.
   Lösungsvorschlag: a) ... genau dort ein Loch in seinem Stadtplan ist. b) ... einen Mann nach der Marsstraße. c) ... dieser stark erkältet ist und nicht richtig sprechen kann. d) ... alle Straßennamen in der Gegend nach Planeten heißen. e) ... er dort zur Marsapotheke möchte.
3. *fakultativ*: Sammeln Sie in Kursen mit überwiegend geübten TN an der Tafel Nebensatz-Konjunktionen, die die TN bereits kennen. Zu zweit schreiben die TN mit jeder Konjunktion einen Satz zur Foto-Hörgeschichte. Danach schreiben sie auf einen neuen Zettel nur ihre Satzanfänge und die Konjunktion wie in Aufgabe 4. Die Paare tauschen diese Zettel und ergänzen die Sätze auf dem neuen Zettel. Anschließend besprechen sie die Lösung mit dem Paar, das den Zettel geschrieben hat.

5 **Nach dem Hören: Über Verständigungsschwierigkeiten sprechen**

Regen Sie im Kurs ein Gespräch darüber an, in welchen Situationen die TN selbst jemanden nicht verstanden haben.

Wenn Sie etwas deutlicher sprechen würden, ...

Irreale Bedingungssätze
Lernziel: Die TN können über Irreales sprechen.

A1 **Präsentation der irrealen Bedingungssätze**

1. Die TN sehen sich die Beispielsätze im Buch an und versuchen eine Zuordnung. Da die Beispiele vom Wortschatz her einfach und eindeutig sind, werden die TN damit keine Schwierigkeiten haben.
2. Abschlusskontrolle im Plenum.
   Lösung: b) Wenn mein Stadtplan nicht kaputt wäre, müsste ich Sie nicht nach dem Weg fragen. c) Wenn Sie nicht so erkältet wären, dann könnte ich mich mit Ihnen unterhalten. d) Wenn ich Halstabletten dabeihätte, würde ich Sie Ihnen schenken.
3. Schreiben Sie Beispiel d) an die Tafel. Anhand der Position der Verben im Satz erkennen die TN den Haupt- und den Nebensatz. Der Konjunktiv II ist den TN bereits aus *Schritte international 4*, Lektion 8, bekannt. Rufen Sie den TN in Erinnerung, dass der Konjunktiv II für Wünsche, Träume und für alles, was (noch) nicht real ist, benutzt wird.
4. Die TN lösen Übung 1 im Arbeitsbuch.
5. Fragen Sie die TN, was die wirkliche Situation von Nasseer ist, und schreiben Sie diese (= Er hat keine Halstabletten) an die Tafel. Erklären Sie: Im Nebensatz mit „wenn" wird eine Bedingung genannt, die zurzeit nicht erfüllt ist. Im Hauptsatz folgt dann, was passieren würde, wenn die Bedingung erfüllt wäre. Weisen Sie die TN darauf hin, dass der Hauptsatz auch mit „dann" eingeleitet werden kann. Am Sinn ändert das nichts. Wenn nötig, besprechen Sie weitere Beispiele.

Wirklichkeit: Ich habe keine Halstabletten, ich kann sie Ihnen also nicht schenken.

Wenn ich Halstabletten dabei hätte, (dann) würde ich sie Ihnen schenken.

Nebensatz	**Hauptsatz**
Bedingung, nicht erfüllt	**das würde passieren**

A2 **Anwendungsaufgabe zu den irrealen Bedingungssätzen**

1. Die TN sehen sich die Beispiele an und notieren ihre Lösungen.
2. Abschlusskontrolle im Plenum.
   Lösung: a) Wenn ich nicht erkältet wäre, könnte ich mich jetzt mit ihm unterhalten. b) Wenn ich seinen Job hätte, würde ich den ganzen Tag Pizza essen. c) Wenn ich mit ihm reden könnte, würde ich mit ihm über sein Heimatland sprechen. d) Wenn ich sein Auto hätte, würde ich damit in den Urlaub fahren und darin übernachten.
3. Überlegen Sie mit den TN, was Herr Böhmke noch denken könnte. Notieren Sie einen Bedingungssatz an der Tafel. Die TN nennen Alternativen für den Hauptsatz.
4. Bereiten Sie zu Hause Kopien vor, auf denen jeweils der Bedingungssatz von b), c) oder d) steht. Die TN bilden Dreiergruppen und erhalten je Gruppe eine Kopie mit einem Bedingungssatz. Die Gruppen sollen zehn Möglichkeiten notieren, wie der Bedingungssatz sinnvoll weitergehen kann. Die Gruppe, die zuerst zehn Sätze gefunden hat, ruft „Stopp" und beendet das Spiel. Sie liest ihre Sätze vor, die anderen TN hören zu und kontrollieren, ob die Sätze korrekt und sinnvoll sind. Danach können noch andere Gruppen ihre Ergebnisse vorstellen.

Arbeitsbuch 2–4: in Stillarbeit oder als Hausaufgabe

A3 **Aktivität im Kurs: Einen Text über Irreales schreiben**

1. Die Bücher sind zunächst geschlossen. Notieren Sie „Wenn Lehrer Schüler wären, ..." an der Tafel. Fordern Sie die TN auf, den Satz fortzuführen, und notieren Sie den Vorschlag der TN. Schreiben Sie aus diesem Vorschlag einen neuen Bedingungssatz und warten Sie wiederum auf eine Fortführung aus dem Plenum. Machen Sie ggf. so lange damit weiter, bis die TN das Prinzip der Aufgabe verstanden haben.
2. Die TN sitzen in Kleingruppen von vier TN zusammen. Sie sehen sich die Beispiele im Buch an. Die Kleingruppen suchen sich einen der Übungsvorschläge aus oder denken sich eine eigene „Was wäre, wenn"-Bedingung aus und schreiben einen Text. Wenn Sie an die Kleingruppen Plakate und Filzstifte verteilen, können Sie die Texte später im Kursraum aufhängen.
3. *fakultativ*: Wenn Sie die Bedingungssätze noch weiter mit den TN üben möchten, geben Sie jedem TN ein Kärtchen der Kopiervorlage L4/A3 (eine etwas einfachere Variante finden Sie auf der Kopiervorlage zu A3 im Internet.). Die TN suchen sich eine Partnerin / einen Partner und stellen sich eine Frage mit „wenn", wie sie durch das Kärtchen impliziert wird. Die Partnerin / Der Partner antwortet frei, dann tauschen die TN ihre Kärtchen und suchen sich neue Partner.

! Bevor die TN diese freie Übung machen, sollten sie die Übungen im Arbeitsbuch bearbeiten.

Arbeitsbuch 5–7: in Stillarbeit oder als Hausaufgabe

PHONETIK **Arbeitsbuch 8–10:** Die Konjunktiv-Formen sind bei den Modalverben, „haben", „sein" und „werden" den Präteritum-Formen sehr ähnlich. Das kann Probleme bei der Lautdiskriminierung machen. Sie brauchen die Übungen aber nur zu machen, wenn Sie in einem Land unterrichten, wo die TN mit der Diskriminierung von „u" und „ü", „o" und „ö" oder der Aussprache dieser Laute Schwierigkeiten haben. Gehen Sie vor, wie im Arbeitsbuch beschrieben.

Meinen Sie damit, dass ich ...

Nachfragen
Lernziel: Die TN können nachfragen, wenn Sie etwas nicht verstehen.

Materialien
B1 auf Folie
B3 *Variante:* die Sätze 1–6 auf einem Zettel

B1 Präsentation von Redemitteln zur Verständnissicherung

1. Erinnern Sie die TN an die Verständnisschwierigkeiten, die Nasseer mit dem erkälteten Mann hatte. Eine Situation, die alltäglich ist und die jedem jederzeit passieren kann. Man muss dazu nicht Ausländer sein und wenig Deutsch sprechen. Ein einfaches Beispiel für Verständnisschwierigkeiten auch unter Einheinmischen sind zum Beispiel Dialekte oder eine regional geprägte ungenaue Aussprache, die sich von der Standardsprache, die die TN lernen, unterscheidet.
2. Die TN ergänzen die Gespräche. Dann hören sie die Gesprächsausschnitte aus der Foto-Hörgeschichte und kontrollieren ihre Lösungen.
   Lösung: a) ... können Sie mir sagen, wo hier die Marsstraße ist? ... Wie bitte? ... Ach so! b) Ach! Goethestraße! ... Meinen Sie damit ...?
3. Bereiten Sie vorab eine Folie der Aufgabe vor, auf der Sie die Lösungen bereits eingetragen haben. Legen Sie die Folie auf. Sprechen Sie mit den TN darüber, wie Nasseer sein Nicht-Verstehen deutlich macht.
   Lösungsvorschlag: In Gespräch b) wiederholt er, was er verstanden hat. In a) fragt er „Wie bitte?" Beides führt dazu, dass der Mann seine Worte wiederholt.
4. Sprechen Sie mit den TN auch darüber, wie Nasseer überprüft, ob er richtig verstanden hat.
   Lösungsvorschlag: In Gespräch b) sagt Nasseer „Meinen Sie damit, dass ...", in a) sagt er „Ach so!" und hängt an, was er verstanden hat. Den TN sollte deutlich werden, dass Nasseer verschiedene Herangehensweisen benutzt, um sein Verständnis zu sichern.

B2 Hörverstehen: Den Inhalt global verstehen

1. Die TN lesen vor dem Hören die Aufgabe a).
2. Sie hören die Dialoge und kreuzen ihre Lösung an.
3. Abschlusskontrolle im Plenum.
   Lösung a): 1 Die Frau versteht ein kompliziertes Wort nicht. Der Beamte versteht das Problem nicht. 2 Die beiden wollen einen Termin vereinbaren. Das ist schwierig, aber es klappt am Ende doch.
4. Übertragen Sie die Tabelle aus dem Buch an die Tafel. Die TN nennen zunächst aus dem Gedächtnis Redemittel, die sie in den Dialogen gehört haben. Tragen Sie diese Redemittel in der passenden Spalte ein.
5. Die TN hören die Dialoge noch einmal und vervollständigen die Tabelle an der Tafel.
6. Abschlusskontrolle im Plenum.
   Lösung b):

etwas nicht oder nicht ganz verstanden haben	um Wiederholung bitten	zurückfragen, ob man richtig verstanden hat
Das letzte Wort habe ich nicht verstanden.	Sie sprechen so schnell. Könnten Sie das bitte noch mal langsamer sagen?	Bedeutet das, dass ich das jetzt alles bezahlen muss?
Tut mir leid, aber ich kann Sie so schlecht verstehen.	Könnten Sie die Termine bitte noch einmal wiederholen?	Entschuldigung, meinten Sie jetzt, ich kann morgen kommen?
Tut mir leid, aber ich verstehe Sie immer noch nicht.		Das heißt also, ich kann doch schon morgen kommen?
Was soll das heißen? Was meinen Sie damit?		
Können Sie mir das nicht mit einem einfacheren Wort erklären?		

7. Ergänzen Sie auf Zuruf Redemittel, die die TN sonst noch kennen. Sprechen Sie mit den TN auch über die Intonation dieser Rückfragen. Je nachdem, wie man sie ausspricht, können sie freundlich oder sehr unfreundlich wirken.
8. Die TN spielen zu zweit einige Gespräche, wie in c) vorgeschlagen, und überlegen sich auch eigene Situationen.
   Variante: Lassen Sie die TN jeweils eine freundliche und eine unfreundliche Variante der Gespräche spielen, damit die TN ein Gefühl für die Bedeutung der Intonation bekommen.

Arbeitsbuch 11–13: in Stillarbeit oder als Hausaufgabe

B3 **Landeskunde: Gesten**

1. Die TN sehen sich die Fotos an und ordnen ihnen die Ausrufe zu.
   Variante: Die Bücher sind geschlossen. Schreiben Sie die sechs Sätze so auf einen Zettel, dass man sie einzeln ausschneiden kann. Machen Sie von dem Zettel so viele Kopien, wie Sie TN haben. Verteilen Sie die Kopien, die TN schneiden die Sätze auseinander. Machen Sie eine Geste vor. Die TN halten den zu dieser Geste passenden Satz hoch. Fahren Sie so mit den Gesten fort. Wenn Sie wollen, können Sie auch noch andere in Deutschland übliche Gesten hinzufügen.
2. Abschlusskontrolle im Plenum. *Lösung*: B 6; C 2; D 4; E 1; F 5
3. Die TN schreiben in Partnerarbeit ein kurzes Gespräch, in dem eine der Gesten vorkommt. Wer es sich zutraut, versucht in Partnerarbeit, ein Gespräch zu schreiben, in dem alle sechs Gesten vorkommen. Wer Lust hat, kann sein Gespräch mit Gesten vorspielen.
4. Fragen Sie die TN, welche Gesten aus anderen Ländern sie noch kennen.

Arbeitsbuch 14: im Kurs

B4 **Aktivität im Kurs: Pantomime**

1. Geben Sie den TN Zeit, die Aufgabenstellung zu lesen und sich eine Geste zu überlegen.
2. Die TN spielen ihre Gesten im Plenum vor, die anderen überlegen, was sie bedeuten könnten.

Darum denke ich mir, dass die Marsstraße hier irgendwo sein muss.

Konjunktionen *darum, deswegen*
Lernziel: Die TN können etwas begründen.

Materialien
C1 Folie mit Beispielsätzen
C3 Plakate und Filzstifte
C4 auf Folie
C5 Plakate
C6 Plakate und Zettel; Kopiervorlage L4/C6

C1 **Präsentation der Konjunktion *darum***

1. Die Konjunktionen „deshalb“ und „trotzdem“ wurden bereits in Lektion 2 wiederholt. Wenn Sie mit den TN noch weiter üben möchten, bereiten Sie zu Hause eine Folie vor, auf der Sie etwa zehn einfache Sätze wie „Morgen komme ich nicht zum Deutschkurs.“ oder „Gestern war ich nicht einkaufen.“ vorgeben. Teilen Sie den Kurs in zwei Hälften, eine „Trotzdem“-Hälfte und eine „Deshalb“-Hälfte. Präsentieren Sie den ersten Satz der Folie. Jeweils ein TN aus jeder Gruppe nennt einen passenden Satz mit der Konjunktion der eigenen Gruppe. Gehen Sie so nacheinander die Sätze durch. Ermuntern Sie die TN, auch die Satzstellung zu verändern.
   Hinweis: Wenn Sie die Satzstellung steuern möchten, notieren Sie jeweils eine Eins oder eine Drei hinter den Sätzen, sodass die TN die Konjunktion gezielt an die erste oder die dritte Position stellen müssen.
2. Die TN lösen die Aufgabe im Buch.
3. Abschlusskontrolle im Plenum. *Lösung*: *Deshalb* denke ich, ...
4. Erklären Sie den TN, dass „deshalb“ und „darum“ bedeutungsgleich sind. Es sind zwei Möglichkeiten, eine Folge auszudrücken. Auch „darum“ kann auf die Position 3 wandern. Achtung: Bei reflexiven Verben steht die Konjunktion hinter dem Reflexivpronomen: Ich denke mir darum, ...
5. *fakultativ*: Um die neue Konjunktion einzuschleifen, legen Sie noch einmal die Folie mit Ihren Beispielsätzen auf. Die TN machen mündlich oder schriftlich Beispiele mit „darum“.

C2 **Hörverstehen: Eine Umfrage verstehen**

1. Die TN lesen vor dem Hören die Aufgabe a).
   Hinweis: Versuchen Sie, die TN daran zu gewöhnen, die Aufgabentexte selbstständig und allein vor dem Hören zu lesen. Das ist eine wichtige Strategie für die Prüfung *Zertifikat Deutsch*.
2. Die TN hören die Anmoderation der Sendung und kreuzen ihre Lösung an.
3. Abschlusskontrolle im Plenum. *Lösung*: Fremdsprachen lernen – wieso?
4. Die TN lesen die Aufgabe b) und hören die Interviews einmal durchgehend.
5. Abschlusskontrolle im Plenum. *Lösung*: A Spanisch; B Spanisch; C Deutsch; D Arabisch; E Türkisch
6. Die TN lesen die komplette Aufgabe c). Erst dann hören sie die Interviews ein zweites Mal.
7. Abschlusskontrolle im Plenum. *Lösung*: C; (A und) B; D; E
8. Bitten Sie die TN, in den Beispielsätzen alle Sätze zu unterstreichen, die einen Grund nennen: Deswegen besuche ich diesen Kurs. Wegen meines Freundes. Daher lerne ich diese Sprache. Auch aus diesem Grund sind wir mit dem Kurs zufrieden.
9. Zeigen Sie auf den Infospot und weisen Sie die TN darauf hin, dass diese Wörter beliebig ausgetauscht werden können.
10. Lenken Sie die Aufmerksamkeit der TN auf den Satz „Wegen meines Freundes ...“ und notieren Sie ihn an der Tafel. Fragen Sie die TN, wie man das anders formulieren kann. Die TN sollten erkennen, dass „wegen“ einen Grund angibt. Die Präposition „wegen“ steht mit dem Genitiv.

Arbeitsbuch 15–17: in Stillarbeit oder als Hausaufgabe; **18–19:** im Kurs; **20–21:** in Stillarbeit oder als Hausaufgabe

C3 **Sprechen: Über die eigenen Fremdsprachenkenntnisse berichten**

1. Bringen Sie leere Plakate mit in den Kurs. Auf ein Plakat schreiben Sie oben mit einem dicken Filzstift „Deutsch“. Fragen Sie die TN, welche Fremdsprachen Sie sonst noch gelernt haben oder gern lernen würden. Erstellen Sie für jede von den TN genannte Fremdsprache ein Plakat. Hängen Sie die Plakate im Raum auf und verteilen Sie Filzstifte an die TN.
2. Die TN gehen herum und notieren auf den für sie relevanten Plakaten in Stichworten die Gründe, warum sie diese Sprache gelernt haben oder gern lernen würden. Hinter diese Stichpunkte schreiben sie in Klammern ihren Namen. Auch Sie können sich beteiligen und ihre Sprachlernerfahrungen einbringen.
3. Wählen Sie ein beliebiges Plakat aus und bitten Sie die TN, deren Namen dort stehen, von den Gründen zu erzählen. Heben Sie sich das Deutsch-Plakat für den Schluss auf. Hier können Sie die TN gezielt zuerst zu Wort kommen lassen, die noch nicht viel erzählt haben, weil sie keine weiteren Fremdsprachen gelernt haben oder lernen wollen.

C4 **Leseverstehen: Ein Quiz über das Fremdsprachenlernen lösen**

1. Die Bücher sind geschlossen. Bereiten Sie eine Folie mit dem Text aus dem Buch vor und präsentieren Sie den Text so, dass nur der Titel und die Zeichnungen zu sehen sind. Die TN überlegen, worum es in diesem Text gehen könnte. Fragen Sie die TN, was die Bildchen mit Sprachenlernen zu tun haben: Was machen die Leute, um Deutsch zu lernen?
2. Die TN öffnen ihr Buch, lesen den Text und lösen das Quiz.
3. Abschlusskontrolle im Plenum. *Lösung:* Kursbuch, Seite 49

C5

Über das eigene Lernen sprechen

1. Bereiten Sie zu Hause zu jedem der fünf Lerntypen aus C4 ein Plakat vor und kleben Sie das jeweils passende Bild aus C4 darauf. Hängen Sie die Plakate auf. Die TN gehen herum und notieren auf dem Plakat, von dem Sie denken, dass es ihrem Lerntyp entspricht, ihren Namen. Selbstverständlich können die TN ihren Namen auf verschiedenen Plakaten notieren, wenn mehrere Beschreibungen auf sie zutreffen. Durch die Bilder und die Aktivität des Schreibens haben die Lerner einen haptischeren Zugang zum Thema, als wenn sie sich theoretisch und reflektierend damit befassen würden. Die Auseinandersetzung mit dem eigenen Lernen wird „be-greif-barer".
2. Die TN bleiben bei „ihrem" Plakat stehen und sprechen im Plenum über ihre Selbsteinschätzung. Fragen Sie auch, wie und wo die TN am liebsten lernen und welche Dinge sie dazu brauchen.

LERN TAGEBUCH

Arbeitsbuch 22: Geben Sie den TN Zeit, die Fragen für sich zu beantworten. Das kann auch als Hausaufgabe geschehen. Sprechen Sie dann im Plenum über die Schwierigkeiten und die Probleme, die die TN für sich erkannt haben oder für die sie besondere Hilfe benötigen. Versuchen Sie nicht, die Diskussion an sich zu ziehen, lassen Sie die TN sich gegenseitig Tipps geben. Oft nehmen TN Tipps von gleich zu gleich lieber an.

PRÜFUNG

Arbeitsbuch 23–24: Der schriftliche Teil des *Zertifikat Deutsch* besteht aus einem persönlichen Brief, den die TN beantworten sollen. Es ist ein Brief zu einem allgemeinen Thema, als Hilfe gibt es vier Stichpunkte, zu denen die TN etwas schreiben sollen. Die TN haben dafür 30 Minuten Zeit. In die Bewertung fließen eine sinnvolle Reihenfolge ebenso ein wie die Bearbeitung aller Stichpunkte, die formale Richtigkeit, die sinnvolle Verknüpfung der Sätze, eine angemessene Ausdrucksweise und die Richtigkeit der Formalia. Es ist also wichtig, mit den TN immer wieder kleine Briefe zu üben. Besprechen Sie anhand der Übung exemplarisch die Vorgehensweise. Es ist wichtig, die TN an diese Reihenfolge zu gewöhnen, weil sie das Schreiben des Briefes in der Prüfung erleichtert: 1. Stichwörter zu den Stichpunkten notieren; 2. eine Reihenfolge festlegen; 3. den Brief schreiben; 4. die Formalia überprüfen

C6

Aktivität im Kurs: Lerntipps

1. Hängen Sie ein Plakat mit dem Titel „Lerntipps" an die Wand. Verteilen Sie Zettel an die TN, auf denen sie ihre persönlichen Lerntipps notieren können.
2. Der erste TN klebt seinen Tipp auf das Plakat und stellt ihn vor. Sie/Er sollte auch über eigene Erfahrungen damit berichten. Dann klebt der zweite TN seinen Tipp auf und berichtet usw.
3. *fakultativ*: Die TN sitzen in Vierergruppen zusammen. Kopieren Sie die Kopiervorlage L4/C6 für jede Gruppe einmal auf DIN A3. Die TN ergänzen zunächst weitere Stichpunkte auf der Vorlage. Geben Sie eine Bearbeitungszeit von circa zehn Minuten vor. Die Gruppen einigen sich auf zehn Stichpunkte, die für sie die wichtigsten sind, und nummerieren sie auf ihrer Kopiervorlage. Die Gruppen stellen ihre Ergebnisse im Plenum vor. Überlegen Sie gemeinsam, welche Wünsche Sie zukünftig in diesem Kurs berücksichtigen können/möchten.

In zwei Sprachen zu Hause

Buchauszug: Erfahrungen einer Migrantin
Lernziel: Die TN können über Zweisprachigkeit sprechen.

Materialien
Test zu Lektion 4
Wiederholung zu Lektion 3 und Lektion 4,
Spielfiguren, Würfel

D1 **Über die Bedeutung von Sprache sprechen**

1. Die TN lesen die Zitate. Fragen Sie sie, was mit den einzelnen Zitaten ausgedrückt wird. Die TN versuchen eine Paraphrasierung in eigenen Worten.
2. Die TN sprechen darüber, welches Zitat ihnen gefällt und warum. Haken Sie ggf. mit Fragen nach, um ein möglichst interessantes Kursgespräch in Gang zu bringen: Warum verbinden Sie Sprache mit Heimat? Was bedeutet für Sie „Seele"? usw.

D2 **Leseverstehen: Einen Buchauszug lesen**

1. Die TN lesen die Informationen zur Autorin. Geben Sie diese Informationen zum Buchtitel: Hans war früher ein typisch deutscher Männername, dadurch kennzeichnet die Autorin schon, dass es in ihrem Buch auch um das typisch Deutsche geht. Natürlich kann man keinen Hans bestellen, sondern es handelt sich um eine Verfremdung von „Einmal Currywurst mit scharfer Soße". Auch die Currywurst wird ja als typisch deutscher Imbiss sehr stark mit Deutschland in Verbindung gebracht (vgl. *Schritte international 3*, Lektion 3).
2. Die TN lesen die Fragen zum Text und dann den Text. Sie lösen die Fragen in Stillarbeit.
3. Abschlusskontrolle im Plenum.
   Lösung: a) findet es ganz normal, dass sie sehr gut Deutsch spricht. b) fast kein Deutsch. c) eine Mischung aus Deutsch und Türkisch.
4. Sprechen Sie mit den TN über das Thema Einwanderung. Was wissen die TN in Bezug auf die deutschsprachigen Länder zu diesem Thema und den Problemen? Gibt es in ihrem Land auch Einwanderer? Aus welchen Ländern? In welcher Sprache kommunizieren sie mit den Einheimischen?

LÄNDER INFO

Die Türken stellen die größte Migrantengruppe in Deutschland (ca. 26% aller Einwohner ausländischer Staatsangehörigkeit, Stand 2006). Manche leben schon in der dritten Generation dort. Viele, die in Deutschland geboren und aufgewachsen sind, sprechen perfekt Deutsch und Türkisch und bewegen sich in beiden Kulturen, wie Hatice Akyün oder der bekannte Regisseur Fatih Akin. Aber es gibt auch Probleme, weil viele Kinder aus Migrantenfamilien vor der Schulzeit kein Deutsch lernen (können), daher schlecht Deutsch sprechen und später schlechte Chancen auf dem Arbeitsmarkt haben. Die zweitgrößte Migrantengruppe sind die Russlanddeutschen, die seit dem Mauerfall 1989 nach Deutschland kommen.

D3 **Über Zweisprachigkeit sprechen**

Die TN erzählen über Menschen, die zweisprachig aufgewachsen sind. Vielleicht sind ja TN im Kurs, die selbst zweisprachig sind und von ihren eigenen Erfahrungen berichten können. Wenn die TN wenig über Bekannte oder Eigenerfahrungen berichten können, stellen Sie allgemeine Fragen zum Thema: Was sind die Vorteile von Zwei- oder Mehrsprachigkeit? Was sind Nachteile?

Arbeitsbuch 25–26: im Kurs: Diese Übungen beziehen sich auf einen Wettbewerb aus dem Jahr 2004. Gesucht wurde das schönste deutsche Wort. Sieger war das Wort „Habseligkeiten".

Einen Test zu Lektion 4 finden Sie auf Seite 120 f. Weisen Sie die TN auf die interaktiven Übungen auf ihrer Arbeitsbuch-CD hin. Die TN können mit diesen Übungen den Stoff der Lektion selbstständig wiederholen und sich ggf. auch auf den Test vorbereiten. Wenn Sie mit den TN den Stoff von Lektion 3 und Lektion 4 wiederholen möchten, verteilen Sie die Kopiervorlage „Wiederholung zu Lektion 3 und Lektion 4" (Seite 110–111).

Zwischenspiel 4
Klingel! Klingel! Endlich Pause!

Inflektive

1 **Leseverstehen: Die Bildung und Bedeutung von Inflektiven**

1. Die TN lesen den Infotext zu den Inflektiven und über Erika Fuchs und bearbeiten dazu Übung 1 der Kopiervorlage „Zwischenspiel zu Lektion 4".
2. Abschlusskontrolle im Plenum. *Lösung:* die Endung „-en" vom Infinitiv weglassen; Comic-Strip, Internet, E-Mail, SMS; Erikativ
3. Die TN lesen noch einmal alle Inflektive. Stellen Sie sicher, dass ihre jeweilige Bedeutung allen TN klar ist. Die TN finden sich paarweise zusammen und suchen sich einen oder mehrere Inflektive aus, den sie pantomimisch darstellen wollen.
4. Die TN gehen paarweise herum und zeigen anderen Paaren ihre Pantomime. Die anderen Paare raten, welcher Inflektiv gemeint ist.
   Variante: In kleinen Kursen kann die Übung natürlich in Einzelarbeit durchgeführt werden.
5. Bevor Sie zu der freien Kursbuchaufgabe 2 übergehen, sollten die TN Übung 2 der Kopiervorlage bearbeiten. Wer schnell fertig ist, kann sich weitere SMS oder Mini-Dialoge überlegen, in denen die bereits bekannten Inflektive vorkommen.
6. Abschlusskontrolle im Plenum. Wer noch Zusatzbeispiele erfunden hat, darf diese dabei ebenfalls vorstellen.
   Lösung: a) Seufz; b) schwitz; c) Freu; d) grübel; e) Ächz; f) nick

2 **Neue Inflektive bilden**

1. Die TN finden sich in Kleingruppen von 2–3 TN zusammen. Sie überlegen sich weitere Inflektive und überlegen sich Situationen für ihre Inflektive. Das ist wichtig, denn bilden kann man den Inflektiv von jedem Verb, aber nicht alle ergeben einen Sinn. Je nachdem, was die TN bevorzugen, überlegen sie sich also eine Erklärung für die Anwendungsweise oder kurze Dialoge für ihre Inflektive.
2. Die TN schreiben die Erklärungen oder die Mini-Dialoge auf großes Papier und hängen es im Kursraum auf. Spielfreudige TN können ihre Dialoge auch vorspielen.
3. Die TN gehen mit einem Farbstift in der Hand herum und sehen sich die verschiedenen Inflektive an. Sie haben drei Punkte frei, die sie an die in ihren Augen schönsten Inflektive vergeben können. Das können drei Punkte für einen einzigen Inflektiv sein oder zwei für einen und einen Punkt für einen anderen Inflektiv oder eben je ein Punkt für drei verschiedene Inflektive. Maximal können also drei Inflektive mit Punkten versehen werden. Ihre Punkte malen die TN mit dem Stift auf das Papier. Am Ende wird zusammengezählt: Welcher Inflektiv hat die meisten Punkte bekommen? Applaudieren Sie den „Erfindern".

3 **Leseverstehen 2: Fragen zum Text**

1. Die TN lesen noch einmal die Informationen über Erika Fuchs.
2. Sie finden sich in Dreiergruppen zusammen und stellen sich gegenseitig Fragen über Erika Fuchs. Alternativ können geübte TN versuchen, eine Richtig-/Falsch-Aufgabe oder Mehrfachauswahlaufgabe zum Text zu entwickeln, die die anderen TN dann lösen.
3. Die TN sehen sich das Comic-Bild genauer an und lesen noch einmal das Zitat aus Wilhelm Tell. Sie machen sich seine Bedeutung mithilfe von Übung 3 der Kopiervorlage bewusst.
   Lösung: Wir kommen alle aus demselben Land, deshalb helfen wir uns auch in den schlimmsten Situationen.
4. Regen Sie einen kurzen Meinungsaustausch an: Wie gelungen finden die TN die Übertragung des Wilhelm-Tell-Zitats auf den Comic?
5. *fakultativ:* Eine andere berühmte und kongeniale Übersetzerin ist Gudrun Penndorf, die Asterix und Lucky Luke übersetzt hat. Die TN suchen im Internet Informationen über Gudrun Penndorf und stellen sie im Kurs vor.

LÄNDER INFO

Das Zitat in Schillers „Wilhelm Tell" stellt den berühmten Rütlischwur dar. Er besagt, dass Abgesandte aus den drei Urkantonen der Schweiz auf dem Rütli, einer abgelegenen Alpwiese am Vierwaldstättersee, einen Schwur leisteten, der ein Schutz- und Trutz-Bündnis besiegelte und später als Gründungsdatum der Schweiz betrachtet wurde. Als dieses Datum galt lange Zeit der 8. November 1307, im 19. Jahrhundert wurde allerdings der 1. August 1291 als Gründungsdatum festgelegt. Wilhelm Tell, der heute als Nationalheld der Schweiz gilt, soll einer der Abgesandten am Rütli gewesen sein.

Weitere Materialien für noch mehr Abwechslung im Unterricht finden Sie unter www.hueber.de/schritte-international.

1 **Vor dem Hören: Eine Person beschreiben**

1. Weisen Sie auf die Lektionstitel hin und sprechen Sie mit den TN zunächst über den Unterschied von Job und Beruf. Im Gegensatz zu Beruf ist ein Job eine vorübergehende Tätigkeit, um Geld zu verdienen. Der Beruf ist die Tätigkeit, die man gelernt hat und für die man in der Regel Zeugnisse besitzt, z.B. Sekretärin, Lehrerin, Mechaniker usw. Weisen Sie die TN darauf hin, dass man auch als Arbeitsloser einen Beruf hat. Der Beruf hängt nicht mit dem aktuellen Status zusammen!
   Hinweis: In der gesprochenen Sprache wird heute oft das Wort „Job" benutzt, obwohl der eigene „Beruf" gemeint ist, z.B. „Mein Job macht mir großen Spaß." Umgekehrt ist es aber nicht möglich, für einen Job „Beruf" zu sagen.
2. Die Bücher sind geschlossen. Es bietet sich an, zunächst Adjektive zur Personenbeschreibung zu wiederholen: Diktieren Sie den TN die Überschrift „Personen beschreiben". Dann zeichnen die TN eine Tabelle mit drei Spalten in ihr Heft, die erste Spalte für „positive Eigenschaften", die zweite für „negative Eigenschaften" und die dritte für „Aussehen". Erklären Sie, dass Sie nun Wörter diktieren werden, die die TN selbstständig in die passende Spalte eintragen sollen. Beginnen Sie mit bekannten Wörtern, z.B. freundlich, sympathisch, groß, blond usw. Fragen Sie dann die TN nach weiteren Beispielen, die in die Tabelle eingetragen werden. Für die Kontrolle können Sie einen TN auf eine Folie schreiben lassen, die Sie abschließend im Plenum besprechen.
3. Legen Sie eine Folie von Foto 1 auf. Die TN sitzen in Kleingruppen von vier TN zusammen und beschreiben den Mann. Sie diskutieren über seinen Beruf.
4. Eine Gruppe stellt ihr Ergebnis im Plenum vor. Regen Sie die anderen TN dazu an, ihre Ergebnisse und ihre Meinungen einzubringen.

2 **Vor dem Hören: Vermutungen äußern**

Die TN öffnen ihr Buch und sehen sich die Fotos 6–8 an. Sie stellen Vermutungen über das Päckchen an und überlegen, was damit passiert bzw. passieren soll.

3 **Beim ersten Hören**

1. Bitten Sie die TN, sich beim Hören auf die Frage zu konzentrieren, ob ihre Vermutungen über den Beruf des Mannes richtig waren.
2. Die TN hören die Foto-Hörgeschichte.
3. Kurzes Gespräch im Plenum über Herrn Bohnemanns Beruf. *Lösungsvorschlag*: Herr Bohnemann ist bei der Mafia. / Herr Bohnemann handelt mit Drogen.

4 **Nach dem ersten Hören: Fragen zur Geschichte beantworten**

1. Die TN lesen die Fragen im Buch und machen sich in Partnerarbeit Notizen dazu.
2. Einzelne TN stellen ihre Ergebnisse im Plenum vor. Regen Sie ein Gespräch an.
   Lösungsvorschlag: a) Sehr bestimmt, er will sich durchsetzen. b) Zuerst: Er denkt, dass Nasseer etwas verkaufen will und macht die Tür vor Nasseers Nase zu. Danach: Sehr freundlich. c) Er soll ein Päckchen zu einer bestimmten Adresse bringen. d) Zuerst: Er nimmt das Päckchen und will zu der Adresse fahren. Dann: Er klingelt bei Herrn Bohnemann und gibt das Päckchen und das Wechselgeld zurück.

5 **Nach dem Hören: Kernaussagen verstehen**

1. Die TN lesen die Fragen und ordnen ihnen die jeweils passende Antwort zu.
2. Die TN hören die Foto-Hörgeschichte noch einmal und kontrollieren ihre Ergebnisse.
3. Abschlusskontrolle im Plenum.
   Lösung: b) Na ja, es geht. c) Manche Leute verdienen weniger als ich, aber das sind bestimmt nicht viele. d) Ich verdiene nicht einmal halb so viel. e) Na ja, manchmal denke ich: Es wäre schon toll, etwas mehr zu verdienen.

6 **Nach dem Hören: Freie Diskussion über die Geschichte**

1. Fragen Sie die TN, wie eine Pizza Mafioso wohl schmeckt, wie sie belegt ist und warum sie diesen Namen hat. Warum passt sie gut zu Herrn Bohnemann, der sich genau diese Pizza bestellt hat? Das internationale Wort „Mafia" kennen die TN sicher und haben auch Assoziationen dazu, die sie ins Gespräch einbringen können. Die TN können auch weiter spekulieren und überlegen, was in dem geheimnisvollen Päckchen ist und wer der Empfänger ist.
2. *fakultativ:* Wenn die TN sehr interessiert an der Geschichte sind, können sie sich selbst eine Fortsetzung ausdenken, aus der hervorgeht, was im Päckchen ist und was für eine Funktion Herr Bohnemann hat. Die TN schreiben die Geschichte allein oder zu zweit. Hängen Sie sie nach der Korrektur zur Ansicht für alle im Kursraum auf.

Materialien
A1 Kopiervorlage L5/A1
A2 Kopiervorlage L5/A2

Ich habe keine Lust, Ärger **zu** bekommen.

Infinitiv mit *zu*
Lernziel: Die TN können über Typen sprechen.

A1 **Präsentation des Infinitivs mit *zu***

1. Die TN hören den Ausschnitt aus der Foto-Hörgeschichte und ergänzen die Lücken.
2. Abschlusskontrolle im Plenum.
   Lösung: a) Also hör endlich auf, Probleme zu machen. b) Ist das nicht ziemlich stressig, den ganzen Tag quer durch die Stadt zu fahren?
3. Schreiben Sie den ersten Satz an die Tafel und markieren Sie wie im Tafelbild unten. Erklären Sie den TN, dass bei Satzerweiterungen mit einem zweiten Verb dieses am Ende des Satzes und mit „zu" steht. Notieren Sie weitere Beispiele für Infinitivkonstruktionen an der Tafel. Außer bei Modalverben und einigen wenigen Ausnahmen stehen Ergänzungen mit Verb im Deutschen mit „zu" + Infinitiv.

   Ich habe keine Lust → *auf Ärger.*
   Ich habe keine Lust → *, Ärger zu bekommen.*

   Weisen Sie die TN auch auf den Grammatikspot im Buch hin, wo noch eine Reihe anderer Ausdrücke und Verben mit Infinitiv mit „zu" genannt werden. Machen Sie mit den TN für jeden Ausdruck einen Beispielsatz. Zeigen Sie dabei, dass die Erweiterung mit „zu" und Verb mit einem Komma steht. Falls im Unterricht ein trennbares Verb auftaucht, erklären Sie den TN, dass bei diesen Verben „zu" zwischen der Vorsilbe und der Stammform des Verbs steht. Diese Verben werden trotzdem zusammengeschrieben: fernzusehen, anzufangen ...
4. Kopieren Sie den oberen Teil der Kopiervorlage L5/A1 einmal auf Folie, sodass Sie ihn bis zum Beispielsatz auf den Tageslichtprojektor legen können. Die TN sitzen in Vierergruppen zusammen und erhalten je Gruppe einen Satz mit Kärtchen der Kopiervorlage L5/A1. Der erste TN einer Gruppe zieht eine Karte, sucht sich einen passenden Satzanfang aus und bildet einen Satz wie im Beispiel. Dann ist der nächste TN an der Reihe.

Arbeitsbuch 1–3: in Stillarbeit: Mit Übung 1 und 2 haben die TN die Möglichkeit, sich selbstentdeckend mit dem Infinitiv mit „zu" auseinanderzusetzen.

A2 **Leseverstehen: Einen Sachtext lesen**

1. Die TN lesen den ersten Absatz und markieren alle Textstellen, die Aussagen über den Erfolg oder Misserfolg von Teams machen.
2. Abschlusskontrolle im Plenum. *Lösung:* die Zusammensetzung eines Teams; man braucht verschiedene „Spieler", deren Stärken und Schwächen einander ergänzen.
3. Die TN übertragen die Tabelle im Kursbuch auf ein extra Blatt Papier. Sie lesen den Text bis zum Ende und machen sich allein oder zu zweit Notizen zu den einzelnen Team-Typen. Gehen Sie herum und achten Sie darauf, dass die TN nicht vollständige Sätze abschreiben, sondern sich wirklich nur Stichpunkte machen. Helfen Sie auch individuell bei Wortschatzfragen.
4. Die TN vergleichen ihre Notizen im Plenum.
   Lösungsvorschlag: der Kreative: arbeitet gern selbstständig, manchmal Probleme mit anderen; der Überzeuger: offen für neue Ideen, kann andere begeistern, vertritt das Team nach außen; der Bewerter: kann die Ergebnisse und die Leistung gut einschätzen, mag Routinearbeiten nicht; der Entscheider: ist ein Organisationstalent, kümmert sich um Termine und Ziele, kann schwierige Entscheidungen treffen; der Macher: macht gern Routinearbeiten; ist zuverlässig und präzise; der Bewahrer: hilft und berät andere Teammitglieder, mag Veränderungen nicht so gern.
5. *fakultativ:* Der Text eignet sich sehr gut für das Wortschatztraining und die Erweiterung der Ausdrucksmöglichkeiten. Verteilen Sie die Kopiervorlage L5/A2. Die TN bearbeiten Übung 1 in Stillarbeit. Schnelle TN bearbeiten auch Übung 2. Abschlusskontrolle im Plenum.
   Lösung: 1 a) Der Überzeuger ist offen für neue Ideen. / Neue Ideen interessieren den Überzeuger sofort. b) Er kann andere begeistern. / Es ist kein Problem für ihn, andere zu begeistern. c) Der Bewerter mag keine Routinearbeiten. / Der Bewerter macht Routinearbeiten nicht gern. d) Der Entscheider ist ein echtes Organisationstalent. / Der Entscheider ist sehr gut im Organisieren. 2 (*Lösungsvorschlag*) a) Der Macher macht alle Routinearbeiten. b) Der Bewahrer hilft schwächeren Teammitgliedern. c) Er mag keine Veränderungen. / Er ist nicht offen für Veränderungen.

Arbeitsbuch 4–5: als Hausaufgabe

A3 **Anwendungsaufgabe zum Infinitiv mit *zu***

1. Die TN bearbeiten die Aufgabe, wie im Kursbuch beschrieben.
2. Abschlusskontrolle im Plenum.
   Lösung: Verben (+ es): es fällt leicht, es interessiert; Nomen-Verb-Verbindungen: Lust haben, das Talent haben, den Mut haben

Arbeitsbuch 6–9: in Stillarbeit oder als Hausaufgabe

A4 **Aktivität im Kurs: Über Typen im Team sprechen**

1. Die TN überlegen für sich, welche Rolle im Team sie üblicherweise einnehmen. Da die TN sich im Lauf des Kurses auch in Teamarbeit kennenlernen konnten, können sie vielleicht auch die Rollen der anderen beurteilen. Diskutieren Sie mit den TN im Plenum.
   Variante: In Kursen ab 20 TN können Sie zwei Gruppen bilden.
2. *fakultativ:* Die TN schreiben als Hausaufgabe einen kurzen Text über ihre Teamrolle: Was ist ihnen wichtig, wenn sie mit anderen zusammenarbeiten? Wie arbeiten sie am liebsten? Welche Aufgaben übernehmen sie gern? Was fällt ihnen schwer? usw. Sammeln Sie die Texte zur Korrektur ein.

Sie **brauchen** gar **nicht** weiter**zu**reden.

nicht/nur brauchen + Infinitiv mit *zu*
Lernziel: Die TN können über Geschäftsideen sprechen.

B1 **Präsentation von *brauchen* + Infinitiv mit *zu***

1. Die TN lesen die Zitate aus der Foto-Hörgeschichte und ergänzen die Lücken.
2. Die TN hören die Zitate und kontrollieren sich selbstständig.
3. Abschlusskontrolle im Plenum. *Lösung*: weiterzureden; hinzubringen; abzugeben
4. Schreiben Sie die Beispiele mit „brauchen" an die Tafel. Markieren Sie zunächst nur „zu" in den beiden trennbaren Verben.
   ! Sollten Sie „zu" bei trennbaren Verben noch nicht thematisiert haben, weisen Sie die TN an dieser Stelle darauf hin, dass „zu" bei trennbaren Verben zwischen die Vorsilbe und die Stammform des Verbs rutscht. Das Verb wird weiterhin zusammengeschrieben.
5. Unterstreichen Sie dann „brauchen nicht" und „brauchen nur" in den Beispielsätzen. Erklären Sie den TN, dass „brauchen" hier die Bedeutung von „müssen" hat: Im Unterschied zu „müssen" wird„brauchen" mit „zu" + Infinitiv benutzt.
   Hinweis: Oft benutzt man auch die Form „Ich muss heute nicht einkaufen gehen." Das ist grammatikalisch korrekt, aber die Form mit „brauchen" („Ich brauche heute nicht einkaufen zu gehen.") klingt in deutschen Ohren eleganter. Weisen Sie auch darauf hin, dass in der Umgangssprache „zu" oft wegfällt. Erklären Sie den TN außerdem, dass man „brauchen" auch als Vollverb benutzen kann, z.B. „Ich brauche Geld." Hier hat es die Bedeutung von „Ich möchte oder muss Geld haben."

Arbeitsbuch 10–11: in Stillarbeit

B2 **Anwendungsaufgabe zu *brauchen* + Infinitiv mit *zu***

1. Die TN machen in Partnerarbeit Sätze mithilfe der Beispiele im Kasten.
   Geübte TN versuchen zusätzlich, eigene Beispiele zu finden, und notieren sie als Stichworte wie im Kasten. Lassen Sie diese TN ihre eigenen Beispiele im Kurs vorlesen. Die anderen TN bilden daraus Sätze wie in B2.
2. *fakultativ:* Als Hausaufgabe oder, wenn Sie genug Zeit haben, in Stillarbeit schreiben die TN einen Brief an ihre Eltern. Geben Sie den Briefbeginn an der Tafel vor: „Liebe Eltern, es hat geklappt. Ich habe meinen eigenen kleinen Friseurladen. Ich bin selbstständig. Jetzt ..." Die TN sollen ihre neue berufliche Situation beschreiben. Dabei können sie auf die Beispiele aus B2 zurückgreifen.

Arbeitsbuch 12–14: in Stillarbeit und als Hausaufgabe

B3 **Aktivität im Kurs: Über eine Geschäftsidee sprechen**

1. Die TN entscheiden sich mit ihrer Partnerin / ihrem Partner für eine Geschäftsidee und erstellen eine Liste wie im Buch angegeben.
2. Ohne die Geschäftsidee zu nennen, stellen die Paare vor, was sie brauchen und was sie nicht brauchen. Die anderen raten, welches Geschäft diese TN eröffnen möchten.
3. Stimmen Sie im Kurs darüber ab, welche Geschäftsidee den TN am besten gefällt. Diskutieren Sie mit den TN darüber, wie realistisch die Idee ist, ob man davon leben können wird, ob es genug Kunden geben wird usw.
4. Verteilen Sie die Kopiervorlage L5/B3, Spielfiguren und Würfel. Die TN spielen zu viert und bilden Sätze. Das Spiel ist zu Ende, wenn alle TN im Ziel angelangt sind.

PHONETIK **Arbeitsbuch 15–17:** Die Auslautverhärtung, also die Artikulation von „b", „d", „g" als „p", „t" bzw. „k" am Silben- und Wortende ist für viele TN ein Problem, da sie das Schriftbild irritiert: Sie sprechen die Konsonanten so aus, wie sie sie als Buchstaben sehen, nämlich als weiche Konsonanten. Oder es gibt Schwierigkeiten bei der Rechtschreibung, da die TN einen harten Laut hören und deshalb einen harten Laut schreiben. Mit diesen Übungen können die TN die Besonderheit der Auslautverhärtung entdecken. Spielen Sie die Übungen, wie im Arbeitsbuch vorgegeben, so oft wie nötig vor und lassen Sie die TN die Regeln möglichst selbstständig finden. Sie sollten auch erkennen, dass die Konsonanten „b", „d", „g" durchaus weich realisiert werden, sobald sie an einen Silbenanfang rutschen. Wer Lust hat, lernt das Gedicht in Übung 17 auswendig und versucht, es möglichst gut – was die Auslautverhärtung angeht – vorzutragen.

Materialien
C2 Kopiervorlage L5/C2; Tageszeitungen

C1 **Leseverstehen: Ein Bewerbungsschreiben verstehen**

1. Sprechen Sie mit den TN kurz über das Thema Bewerbung. Was muss eine Bewerbung ihrer Meinung nach enthalten? Was sollte in einem Bewerbungsschreiben stehen bzw. auch nicht stehen? Helfen Sie ggf. mit den Informationen unten. Gehen Sie nicht zu sehr ins Detail, das Gespräch dient nur der Einstimmung auf die Thematik und dem Aktivieren von Vorwissen.
2. Die TN lesen die Stellenanzeige. Fragen Sie die TN, was das Unternehmen anbietet und wie sie sich den Bewerber vorstellt.
3. Die TN übertragen die Tabelle aus C1 auf ein extra Blatt Papier und lesen das Bewerbungsschreiben. Dabei ordnen sie die Aussagen des Bewerbers nach den Kategorien der Tabelle.
4. Abschlusskontrolle im Plenum.
   Lösung: Ausbildung: Wirtschaftspsychologie; berufliche Erfahrungen: Praktikum in einem Personalbüro, Semesterarbeiten als Projekte; besondere Kenntnisse ...: selbstständiges Arbeiten, kann sich auf Gedanken und Ideen von anderen einstellen, beherrscht alle üblichen Computerprogramme, entwickelt selbst Computerspiele; spricht Spanisch, Deutsch, Englisch, Portugiesisch
5. Falls nötig, weisen Sie noch einmal darauf hin, dass die Beschreibung von Ausbildung, Berufserfahrung und Stärken Gegenstand eines guten Bewerbungsschreiben sind.

LÄNDER INFO
Eine Bewerbungsmappe besteht in Deutschland üblicherweise aus dem Anschreiben, in dem die eigenen Vorzüge und Berufserfahrungen dargelegt werden, einem chronologischen Lebenslauf, der heute meistens mit dem aktuellen Status beginnt und die Lebensstationen rückwärts nennt, und den wichtigsten Arbeitszeugnissen. Bei Berufsanfängern gehört auch das Abschlusszeugnis dazu. Immer mehr große Firmen wünschen eine Online-Bewerbung: Die Bewerber füllen dabei vorgegebene Felder aus. Wenn Firmen eine „Kurzbewerbung" fordern, genügen Anschreiben und Lebenslauf.

Arbeitsbuch 18–20: in Stillarbeit oder als Hausaufgabe

C2 **Eine Bewerbung schreiben**

1. Verteilen Sie die Kopiervorlage L5/C2. Die TN ergänzen die Lücken.
2. Abschlusskontrolle im Plenum.
   Lösung: auf die Stellenanzeige; Ihr Stellenangebot; als Kellnerin; zu meinen Aufgaben; meine Deutschkenntnisse; die Prüfung zum Zertifikat Deutsch; Es macht mir Freude; Über eine Einladung
3. Die TN lösen die Übungen 21 und 22 im Arbeitsbuch.
4. Die TN erstellen eine Tabelle wie in C1 und füllen sie mit ihren Angaben aus. Gehen Sie herum und helfen Sie individuell bei Wortschatzfragen.
5. Die TN suchen im Internet nach einer Stellenanzeige, auf die sie antworten möchten. Alternativ können Sie auch große deutsche Tageszeitungen, die es oft an Flughäfen und Bahnhöfen zu kaufen gibt, mitbringen und die TN suchen sich eine Anzeige aus. Sie schreiben eine Bewerbung. Dabei arbeiten sie ihre Punkte aus der Tabelle nacheinander so ab, dass ein zusammenhängender und sinnvoller Text entsteht. Sammeln Sie die Briefe zur Korrektur ein.
6. *fakultativ:* Die TN sitzen in Kleingruppen von vier TN zusammen und erhalten je vier Anschreiben, möglichst nicht die eigenen. Sie lesen die Briefe und notieren zu jedem Brief, was sie positiv daran finden und wo sie noch Verbesserungsvorschläge haben. Sie begründen ihre Entscheidungen. Am Ende erhält jeder seinen Brief mit den Kommentaren der anderen zurück und versucht, die Verbesserungsvorschläge einzuarbeiten.

LERN TAGEBUCH
Arbeitsbuch 23: a) Die TN sehen sich die Lektion 5 noch einmal an und notieren alle Wörter zum Thema „Ausbildung und Beruf", die sie neu gelernt haben. Sprechen Sie im Plenum noch einmal über die Bedeutung der Wörter, indem Sie einzelne TN bitten, ein Wort zu erklären. b) Die TN notieren weitere Wörter, die sie zu diesem Thema kennen. c) Die TN schlagen in ihren Wörterbüchern bereits bekannte Wörter zum Thema nach, sehen sich an, welche Wörter davor und danach stehen, lesen die Erklärungen und versuchen dabei, weitere passende Wörter und Wendungen zum Thema zu finden.

D1 **Hörverstehen: Ein Bewerbungsgespräch verfolgen**

1. Die Bücher sind geschlossen. Fragen Sie die TN, ob sie sich schon einmal telefonisch irgendwo beworben haben. Welche Fragen sind ihnen gestellt worden? Notieren Sie einige dieser Fragen an der Tafel und bitten Sie die TN, in Partnerarbeit weitere mögliche Fragen zu notieren. Besprechen Sie die Fragen im Plenum, indem Sie mit den TN erörtern, was übliche Fragen sind und welche Fragen eventuell unverschämt sind, weil sie zu persönlich sind.
2. Die TN sehen sich die Stellenangebote im Kursbuch an und überlegen, welche Stelle sie interessieren könnte. Sie hören die Gespräche am Telefon.
3. Die TN lesen Aufgabe b) und die Fragen. Danach hören sie die Dialoge noch einmal und notieren ihre Lösungen.
4. Abschlusskontrolle im Plenum.
   Lösung: A Welche Sprachen sprechen Sie? Haben Sie einen Führerschein? Wie lange können Sie denn für uns arbeiten?
   B Sie können doch am Wochenende arbeiten? Und was machen Sie zurzeit? Darf ich fragen, wie alt Sie sind?
5. Die TN lesen Aufgabe c). Dann hören sie die Dialoge ein drittes Mal und machen sich Notizen zu den Antworten der Bewerber.
6. Abschlusskontrolle im Plenum.
   Lösung: A 22 Jahre; Stadtführer für Freunde; Englisch, Französisch, Spanisch, Italienisch; Führerschein ja; Juli und August;
   B 19 Jahre; macht gerade Abitur; kann am Wochenende arbeiten

D2 **Aktivität im Kurs: Rollenspiel**

1. Die Bücher sind geschlossen. Bitten Sie die TN, in ihrem Heft eine Tabelle mit drei Spalten anzulegen. Diktieren Sie als Überschriften für die Spalten „ein Gespräch beginnen“, „darauf reagieren“ und „ein Gespräch beenden und einen Termin vereinbaren“. Diktieren Sie den TN Wendungen aus D2 und vervollständigen Sie die Sätze dabei exemplarisch. Die TN schreiben die Sätze in die richtige Rubrik. Beschränken Sie sich auf etwa acht Sätze, sonst dauert die Übung zu lange. Lassen Sie einen TN auf eine Folie schreiben, sodass Sie eine Vorlage für die Kontrolle im Plenum haben.
2. Abschlusskontrolle im Plenum. Korrigieren Sie auf der Folie auch Rechtschreib- und Grammatikfehler.
3. Die TN öffnen ihr Buch und lesen die Rollenbeschreibungen. In Partnerarbeit einigen sich die TN auf ihre Rollen und spielen einen Dialog. Anschließend wechseln sie die Rollen. Wenn Sie eine Variante der Aufgabe probieren wollen, verteilen Sie die Kopiervorlage zu D2 (im Internet).

Arbeitsbuch 24: in Stillarbeit oder als Hausaufgabe

PRÜFUNG **Arbeitsbuch 25:** Diese Aufgabe bereitet auf den Prüfungsteil Hören, Teil 2, des *Zertifikat Deutsch* vor. In diesem Teil geht es um das Detailverstehen. Die TN hören das Gespräch zweimal hintereinander und notieren ihre Lösungen. Weisen Sie die TN darauf hin, dass sie vor dem Hören die Aufgabenstellung und die vorgegebenen Aussagen genau lesen und Schlüsselwörter markieren sollen.

Kreativität

Einen Artikel lesen
Lernziel: Die TN lernen Kreativitätstechniken kennen.

Materialien
Test zu Lektion 5

E1 **Vorentlastung: Über das Thema Kreativität sprechen**

1. Die TN lesen die Fragen im Kursbuch. Sie versuchen zunächst eine Definition des Wortes „kreativ" (z.B. viele Ideen haben, gut malen, schreiben, sprechen können ...). Es gibt keine eindeutige Lösung, die TN sollen frei ihre Assoziationen zum Begriff nennen.
2. Die TN unterhalten sich zwanglos im Plenum oder in Kleingruppen von 5–6 TN über die Fragen.

E2 **Leseverstehen 1: Das Thema erfassen**

1. Die TN lesen die Zeilen 1–6 des Artikels, wenn nötig auch noch den zweiten Absatz, und kreuzen ihre Lösung an.
2. Abschlusskontrolle im Plenum. *Lösung:* Um Techniken, wie man im Berufsleben kreative Lösungen finden kann.

E3 **Leseverstehen 2: Die Kernaussagen verstehen**

1. Die TN lesen zuerst die Fragen zum Text, dann den Text. Geben Sie Gelegenheit zu Wortschatzfragen.
2. Die TN kreuzen ihre Lösungen an.
3. Abschlusskontrolle im Plenum.
   Lösung: a) richtig; b) falsch; c) falsch; d) falsch; e) richtig
4. Die TN erzählen, ob sie auch Kreativitätstechniken kennen, ob sie sich auch schon einmal in ihrer Kreativität gehemmt fühlten und warum. Was halten die TN von Kreativitätstechniken? Hilfreich? Sinnlos? Usw.

Arbeitsbuch 26–27: als Hausaufgabe **28:** in Stillarbeit oder als Hausaufgabe

E4 **Aktivität im Kurs: Kreativitätstechniken ausprobieren**

1. Die TN finden sich in Gruppen von sieben TN zusammen. Jeder übernimmt eine der Rollen der dritten Kreativitätstechnik und notiert einen für diese Rolle möglichst typischen Vorschlag für einen Kursausflug.
2. Die TN vergleichen ihre Antworten und bemühen sich dann um eine Einigung für ein Ausflugsziel. Das Argumentieren und Einigen auf eine gemeinsame Aktivität haben die TN schon in Lektion 2 geübt, sie können ihre Kenntnisse hier wiederholen und vertiefen.

Einen Test zu Lektion 5 finden Sie auf Seite 122 f. Weisen Sie die TN auf die interaktiven Übungen auf ihrer Arbeitsbuch-CD hin. Die TN können mit diesen Übungen den Stoff der Lektion selbstständig wiederholen und sich ggf. auch auf den Test vorbereiten.

Zwischenspiel 5
Lust, mitzusingen?

Landeskunde: Umgang mit Druck am Arbeitsplatz

1 **Vor dem Hören: Assoziationen sammeln**

1. Die TN betrachten das Foto im Kursbuch. Sie überlegen allein oder in Partnerarbeit, was die Personen jeweils denken könnten, und schreiben für jeden eine Gedankenblase. TN, die sehr kognitiv orientiert sind und Dinge lieber beschreiben und reflektieren, unterhalten sich mithilfe von Übung 1 der Kopiervorlage „Zwischenspiel zu Lektion 5" über die Personen. Gehen Sie herum und helfen Sie bei Wortschatzfragen.
2. Einige TN stellen exemplarisch ihre Sprechblasen vor. Regen Sie einen Meinungsaustausch an: Sind die anderen einverstanden? Hatten sie andere Vorstellungen über die Gedanken der Person? Insbesondere TN, die sich über die Wirkung der Personen unterhalten haben, können hier sicher zur Vertiefung beitragen.
   Variante: Sie können die TN auch bitten, die in Übung 1 der Kopiervorlage vorgegebenen Adjektive den Sprechblasen zuzuordnen, als Zusammenfassung in einem Wort oder als Überschrift.

2 **Hörverstehen: Ein Lied**

1. Spielen Sie das Lied einmal vor. Die TN hören zu und lesen den Text mit.
2. Beim zweiten Hören können die TN mitsingen oder mitklatschen. Weitere Vorschläge für den Umgang mit Liedern im Unterricht finden Sie in *Schritte international 1*, Lehrerhandbuch, Seite 27.
3. Der Liedtext enthält viele Wendungen, die den TN vielleicht noch nicht bekannt sind. Sie lesen die Wendungen in Übung 2 der Kopiervorlage und versuchen mithilfe der Stichwörter eine Bedeutungserklärung. Eine Übersetzungshilfe zu geben, anderen ein Wort oder einen Ausdruck zu erklären, ist übrigens ein Lernziel nach dem Europäischen Referenzrahmen. Hier können die TN mithilfe der vorgegebenen Redemittel üben.
   Musterlösung: a) Ihr denkt, sagt, macht immer wieder das Gleiche und kommt trotzdem zu keinem Ergebnis. b) Euch sollte nicht mehr alles egal sein. c) Seid nicht mehr so langweilig. d) Probiert doch mal etwas Neues aus. e) Habt ihr kein Problem damit zu tun, was andere sagen? f) Ihr solltet am besten sofort damit anfangen.
4. Die TN finden in Übung 3 der Kopiervorlage die passenden Ausdrücke aus Übung 2. Diese Übung kann auch als Hausaufgabe gemacht werden.
5. Abschlusskontrolle im Plenum.
   Lösung: a) Es ist Zeit, mal endlich aufzuwachen! b) Ihr solltet keine Zeit verlieren. c) Ihr dreht euch dauernd nur im Kreis! d) Macht's euch denn nichts aus, immer nur zu funktionieren?
6. Das Lied trifft Aussagen über das Verhalten vieler Menschen im Berufsleben – aus einer deutschen Perspektive und deshalb über deutsche Personen. Daher kann das Lied in Ihrem Kurs Anlass zur Diskussion geben: Vielleicht können die TN ja aus ihrer Kultur ein so lethargisches Verhalten nicht nachvollziehen, weil Eigeninitiative immer gern gesehen ist, oder – umgekehrt – der Aufruf zu mehr Kreativität und dem Verlassen ausgetretener Pfade führt zu Unverständnis, weil die TN so etwas aus der eigenen Kultur nicht so kennen. Ermuntern Sie die TN in einem freien Gespräch zur Auseinandersetzung mit dem Inhalt des Liedes.

3 **Eigene Änderungsvorschläge**

1. Die TN finden in Kleingruppen von 3–4 TN selbst Änderungsvorschläge für ihren Job, das Studium oder den Deutschunterricht. Die Vorschläge werden schriftlich festgehalten.
2. Jede Gruppe liest ihre Sätze einer anderen Gruppe vor. Die beiden Gruppen diskutieren, inwiefern die Vorschläge reine Wunschträume sind oder ob sie realisierbar sind und wie.

Weitere Materialien für noch mehr Abwechslung im Unterricht finden Sie unter www.hueber.de/schritte-international.

KUNDENWÜNSCHE

Folge 6: *Kundenkontakt*
Einstieg in das Thema: Kundenberatung, Kundengespräche

Materialien
1 kleine Zettel

1 **Vor dem Hören: Vermutungen äußern**

1. Die Bücher sind geschlossen. Bitten Sie die TN, sich vorzustellen, sie seien beim Friseur. Fragen Sie die TN, worüber sie sich beim Friseur unterhalten. Notieren Sie die Themen in Stichpunkten an der Tafel (z.B. Wetter, Politik, Kinder, Beruf, Mode, Kosmetik, Gesundheit ...). Diskutieren Sie mit den TN die folgenden Fragen: Gibt es typische Männer- und Frauenthemen? Worüber sprechen die TN selbst gern / nicht gern? Sprechen Sie überhaupt?
2. Üben Sie mit den TN solche Smalltalk-Situationen, indem Sie die Themen von der Tafel auf kleine Zettel übertragen, pro Thema einen Zettel. Sie brauchen halb so viele Zettel, wie Sie TN haben. Stellen Sie für die Hälfte der TN Stühle in einer Reihe auf. Die Hälfte des Kurses spielt Friseurkunden und nimmt auf den Stühlen Platz, die andere Hälfte ist Friseur / Friseurin. Je ein Friseur / eine Friseurin stellt sich zu einem Kunden. Die Paare ziehen einen Zettel mit einem Thema. Auf Ihr Zeichen hin unterhalten sich die Paare zwei Minuten lang über dieses Thema. Anschließend tauschen die TN ihre Rollen und ihre Partnerin / ihren Partner. Verteilen Sie erneut die Themen.
3. Die TN öffnen ihr Buch und sehen sich die Fotos an. Sie spekulieren darüber, worüber sich Nasseer und die anderen Personen unterhalten.
   Variante: Die TN sehen sich zuerst die Fotos im Buch an, überlegen, worüber sich Nasseer und die anderen Personen unterhalten, und berichten im Anschluss, worüber sie sich selbst beim Friseur unterhalten.

2 **Vor dem Hören: Schlüsselwörter verstehen**

1. Klären Sie mit den TN den Begriff „Pharma-", indem Sie auf die Worterklärung verweisen. Sprechen Sie darüber, was ein Pharmavertreter macht. Auch die Bedeutung von „Marketing" sollten Sie ggf. erläutern.
2. Die TN lesen die Aufgabe im Buch und tragen ihre Lösungen ein.
3. Abschlusskontrolle im Plenum.
   Lösung: Frau Walther: Schnitt/Shampoo; Herr Kugler: Pharmabranche/Marketing; Nasseer: Gastronomiebranche/Spezialitäten

3 **Beim ersten Hören**

1. Die TN konzentrieren sich beim Hören darauf, welche Gemeinsamkeiten Nasseers und Herrn Kuglers Berufe haben.
2. Die TN hören die Foto-Hörgeschichte.
3. Kurzes Gespräch im Plenum über die Gemeinsamkeiten.
   Lösungsvorschlag: Beide müssen viel Auto fahren. Beide haben viel Kontakt mit Kunden.

4 **Nach dem ersten Hören: Meinungen über das Verhalten der Protagonisten äußern**

1. Die TN sitzen in Kleingruppen von vier Personen zusammen und lesen die Aufgaben. In der Gruppe äußern die TN ihre Meinung zu den Fragen. Geben Sie den TN dafür fünf Minuten Zeit.
2. Abschlussgespräch im Plenum.
   Lösung: a) seine Arbeit, die Wirtschaft, Leute, die seiner Meinung nach nicht genug arbeiten, seine Kundenkontakte; c) Indem sie bei allgemeinen Begriffen bleibt. Sie sagt nichts Konkretes. Sie tut das, weil sie findet, dass Herr Kugler ein Angeber ist. d) Frau Walter findet Herrn Kugler unsymphatisch. Sie hält ihn für einen Angeber.
3. *fakultativ*: Wenn die TN Spaß daran haben, lassen Sie sie doch einmal nach dem abstrakten Prinzip von Frau Walther einen Metzger/Fleischer und einen Tierarzt vergleichen. Natürlich können die TN auch andere Berufe für einen solchen Vergleich wählen.
   Lösungsvorschlag: Beide arbeiten mit Tieren. Beide müssen sehr präzise schneiden können. Beide haben Kundenkontakt. Beide verdienen mit Tieren ihr Geld. ...

5 **Nach dem Hören: Offenes Kursgespräch über Erfahrungen als Kunde**

1. Sprechen Sie mit den TN über die Bedeutung des Sprichwortes „Der Kunde ist König!" und fragen Sie, ob es diesen oder einen ähnlichen Spruch in ihrer Muttersprache auch gibt.
2. Diskutieren Sie mit den TN darüber, ob dieser Satz stimmt. Welche Erfahrungen haben die TN als Kunden gemacht? Wenn TN schon einmal ein deutschsprachiges Land besucht haben, können Sie über ihre Eindrücke als Kunden erzählen.

Materialien
A1 Kopiervorlage L6/A1 auf Folie
A3 Kopiervorlage zu A3 (im Internet)

Man muss heute direkt zum Kunden gehen, **um** Erfolg **zu** haben.

Finalsätze
Lernziel: Die TN können über eine Statistik sprechen.

A1 **Präsentation der Konjunktion *damit* und des Infinitivs mit *um ... zu***

1. Die TN hören die Gespräche und markieren ihre Lösungen.
2. Abschlusskontrolle im Plenum.
   Lösung: a) ..., um Erfolg zu haben. b) ..., damit seine Kinder die Großeltern sehen können.
3. Notieren Sie die Lösungssätze aus A1 an der Tafel. Fragen Sie die TN, welches Fragewort man braucht, um „um Erfolg zu haben" als Antwort zu bekommen. Schreiben Sie die Lösung „Warum?" an die Tafel. Erklären Sie den TN, dass „um ... zu" einen Zweck nennt. Diese Konstruktion wird immer mit dem Infinitiv benutzt. Erläutern Sie den TN, dass auch „damit" einen Zweck nennt. Machen Sie den TN mithilfe des Tafelbilds deutlich, dass beide Konstruktionen dieselbe Bedeutung haben, man aber „damit" benutzen muss, wenn Hauptsatz und Nebensatz unterschiedliche handelnde Personen (= Subjekte) haben. Bitten Sie die TN, zur Veranschaulichung den ersten Beispielsatz mit „damit" umzuformen, und schreiben Sie ihn ebenfalls an die Tafel.

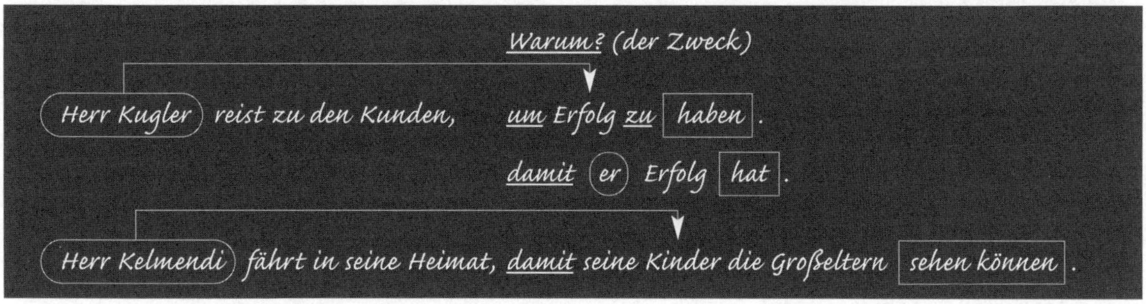

4. Kopieren Sie die Kopiervorlage L6/A1 auf Folie. Decken Sie die Beispiele mit einem Blatt ab und zeigen Sie sie nacheinander. Fragen Sie die TN bei jedem Beispiel zuerst, ob hier „um ... zu" oder „damit" passt. Die TN bilden Sätze mit „um ... zu", „damit" oder – wenn möglich – beiden Möglichkeiten.

Arbeitsbuch 1: in Stillarbeit oder als Hausaufgabe: Die TN erkennen die Bedeutung der Infinitivkonstruktion mit „um ... zu".

A2 **Anwendungsaufgabe zu *damit* und *um ... zu***

Die TN lesen die Aufgabenstellung und sprechen die Sätze abwechselnd in Partnerarbeit. Geübte TN überlegen sich weitere Beispiele und formulieren die Sätze.
Lösung: ..., um den Kontakt nicht zu verlieren. ..., damit meine Frau sich erholen kann. ..., um meine ganze Familie zu sehen / damit ich meine ganze Familie sehe.

Arbeitsbuch 2–6: in Stillarbeit oder als Hausaufgabe

A3 **Aktivität im Kurs: Über eine Statistik sprechen**

1. Die Bücher sind geschlossen. Fragen Sie die TN, wie sie am liebsten ihren Urlaub verbringen und was für sie im Urlaub am wichtigsten ist. Erstellen Sie an der Tafel eine Liste der Antworten. Stimmen Sie im Plenum über diese Stichpunkte ab – Wie viele TN finden was am wichtigsten? – und notieren Sie die Ergebnisse.
2. Nennen Sie den TN eine Zahl, z.B. zehn. Fragen Sie einen TN, was doppelt so viel ist. Fragen Sie weiter, wie viel von der neuen Zahl jeder Zweite ist. Verfahren Sie so auch mit den anderen Beispielen aus dem Infospot. Nach einigen Beispielen können die TN sich auch gegenseitig befragen.
3. Kommen Sie dann auf die Umfrage an der Tafel zurück. Sprechen Sie mit den TN mithilfe der neuen Redemittel im Plenum über die Kursstatistik. Eine ähnliche Aufgabe haben die TN schon in Lektion 3, Seite 37, bewältigt. Erinnern Sie die TN ggf. an die dort aufgeführten Redemittel.
4. Die TN öffnen ihr Buch, sehen sich die Statistik an und sprechen in Partnerarbeit darüber. Begrenzen Sie die Sprechzeit auf fünf Minuten. Wenn Sie das Sprechen über eine Statistik noch intensiver vorbereiten möchten oder den TN eine Hilfestellung geben möchten, verteilen Sie die Kärtchen von Kopiervorlage zu A3 (im Internet) an je zwei TN.

PRÜFUNG **Arbeitsbuch 7:** Diese Aufgabe bereitet auf den Prüfungsteil Sprechen, Teil 2, des *Zertifikat Deutsch* vor. In diesem Teil geht es darum, dass zwei TN ein Gespräch über ein vorgegebenes Thema führen. Dazu erhält jeder TN ein Blatt mit Informationen über das Thema. Jeder der beiden TN erhält verschiedene Informationen, sodass sie sich zuerst ihre Informationen gegenseitig mitteilen müssen. Im Anschluss sollen beide TN ihre Meinung zu diesem Thema darlegen. Insgesamt dauert dieser Teil der Prüfung etwa sechs Minuten.

Arbeitsbuch 8–9: in Stillarbeit (Übungen zur Nachbereitung der Prüfungsaufgabe)

B Man muss was tun, **statt** nur **zu** reden.

Infinitiv mit *statt ... zu* und *ohne ... zu*
Lernziel: Die TN können über gute Vorsätze sprechen.

Materialien
B3 Kopiervorlage L6/B3, Zettel
B4 Plakate und Stifte

B1 **Präsentation des Infinitivs mit *statt ... zu***

1. Schreiben Sie Beispiel a) an die Tafel. Ziehen Sie Pfeile wie im Tafelbild.

Man muss was tun. Aber man redet nur! → *Man muss was tun, statt nur zu reden.*

2. Die TN sehen sich im Buch Beispiel b) an und versuchen eine Lösung. Notieren Sie die Lösung an der Tafel.
3. Die TN sehen sich Beispiel c) an und notieren ihre Lösung im Buch.
4. Abschlusskontrolle im Plenum.
   Lösung: b) Man sollte immer wieder Pausen machen, statt die ganze Zeit zu arbeiten. c) Man sollte sich gesund ernähren, statt dauernd Kaffee zu trinken.
5. Markieren Sie in den Beispielen an der Tafel die Infinitivkonstruktion „statt ... zu" farbig. Erklären Sie den TN, dass wie bei „um ... zu" die handelnde Person (= Subjekt) im Haupt- und im Nebensatz gleich ist. Mit „statt ... zu" passiert etwas anderes, als man erwartet (hat). Haupt- und Nebensatz bilden einen Gegensatz.

Arbeitsbuch 10–11: in Stillarbeit

B2 **Präsentation des Infinitivs mit *ohne ... zu***

1. Die TN sehen sich zunächst nur das Bild an und beschreiben die Situation. Sprechen Sie über Probleme, die es zwischen der Chefin und ihrer Sekretärin geben könnte.
2. Die TN schreiben in Partnerarbeit einen kleinen Dialog zu dem Bild. Damit die TN leichter einen Einstieg finden, geben Sie zwei Anfänge vor (z.B. Chefin: Ach, Frau Müller, ich weiß, Sie haben gleich Feierabend, aber könnten Sie noch schnell ... / Chefin: Also, Frau Müller, ich habe Ihnen schon hundertmal gesagt, dass ...). Die Partner einigen sich auf einen Dialoganfang.
3. Im Plenum spielen die TN ihren Dialog frei vor.
4. Die TN lesen die Aussagen im Buch. Sie hören das Gespräch und markieren ihre Lösungen.
5. Abschlusskontrolle im Plenum.
   Lösung: a) ... eine Dienstreise nicht gut vorbereitet hat. b) ... eine Hotelreservierung nicht schriftlich bestätigt. ... ihrer Chefin eine wichtige Nachricht nicht mitgeteilt. ... einen falschen Rückflug gebucht. c) ... ohne sie vorher zu fragen. d) ... zu viele private Telefongespräche führt.
6. Schreiben Sie das Beispiel aus dem Grammatikspot an die Tafel. Markieren Sie „ohne" und „zu". „Ohne ... zu" zeigt, dass eine Erwartung nicht eintritt / eingetreten ist oder verwirklicht wird. Auch in diesem Infinitivsatz ist die handelnde Person im Hauptsatz und im Nebensatz gleich. Deshalb braucht das Subjekt im Nebensatz nicht extra genannt zu werden.

Arbeitsbuch 12–16: in Stillarbeit oder als Hausaufgabe

B3 **Anwendungsaufgabe zum Infinitiv mit *ohne ... zu* und mit *statt ... zu***

1. Die TN ordnen die Sätze zu.
2. Abschlusskontrolle im Plenum. *Lösung*: 1 nur im Hotel anrufen; 2 die Nachricht auf den Schreibtisch legen; 3 sie darüber nicht informieren; 5 einfach einen Flug buchen; 6 private Telefongespräche führen
3. Die TN sprechen die Beispiele in Partnerarbeit mit „ohne ... zu" oder „statt ... *zu*". In Kursen mit überwiegend ungeübten TN sollten die TN zuerst markieren, welche Sätze mit „ohne ... zu" und welche mit „statt ... zu" gebildet werden.
   Lösung: ohne ... zu: 3, 4, statt ... zu: 1, 2, 5, 6
4. Die TN finden sich paarweise zusammen. Jedes Paar erhält einen Kartensatz der Kopiervorlage L6/B3. Die Kärtchen liegen verdeckt auf dem Tisch. Erklären Sie den TN, dass Paul eine neue Arbeit hat. Der neue Chef ist sehr streng und erklärt ihm ganz genau, was er wie und warum machen muss. Die Paare entscheiden, wer Paul ist und wer den Chef spielt. Der TN, der den Chef spielt, zieht ein Kärtchen und gibt Paul Anweisungen, indem er den Satzanfang auf dem Kärtchen sinnvoll ergänzt. Der TN, der Paul spielt, wiederholt den Satz zum Zeichen, dass er verstanden hat. Spielen Sie ein Beispiel mit einem TN vor. Später tauschen die Partner ihre Rollen. Sie können auch neue Paare zusammenstellen.

B4 **Aktivität im Kurs: Über gute Vorsätze sprechen**

1. Die TN sitzen in Vierergruppen zusammen. Jede Gruppe erhält ein Plakat und einen Filzstift. Die TN notieren auf dem Plakat gute Vorsätze für die nächsten Wochen und Monate und erzählen, was sie dafür in Zukunft nicht mehr tun wollen.
2. Die Gruppen tauschen die Plakate aus. Sie lesen und korrigieren die neuen Plakate. Lassen Sie jedes Plakat von zwei oder drei Gruppen korrigieren. Denn erstens schleift sich durch das wiederholte Lesen die neue Struktur ein und zweitens diskutieren die TN so über die Struktur und die Gruppe wiederholt manche Regel ganz von selbst.
3. Die Plakate werden im Kursraum aufgehängt. Gehen Sie in der Pause oder während einer Stillarbeitsphase noch einmal herum und korrigieren Sie die Fehler, die die TN nicht gefunden oder falsch korrigiert haben.

C1/C2 **Leseverstehen 1: Das Thema erfassen**

1. Die Bücher sind geschlossen. Legen Sie mehrere Kreidestücke oder Tafelstifte bereit. Schreiben Sie das Wort Traumurlaub groß an die Tafel. Fordern Sie die TN auf, an die Tafel zu kommen und zu notieren, was für sie zu einem Traumurlaub gehört. Zur Einstimmung legen Sie eine CD mit passender Sommermusik auf, während die TN ihre Ideen notieren.
2. Besprechen Sie die Notizen im Plenum, indem Sie die TN fragen, was für sie das Wichtigste ist.
3. Legen Sie eine Folie von C1 auf. Klären Sie mit den TN anhand der Weltkarte auf der hinteren, inneren Umschlagseite des Kursbuchs, wo Oman liegt. Fragen Sie die TN, worum es in diesem Text wohl geht. Notieren Sie die Antworten in Stichpunkten auf der Folie.
4. Die TN öffnen ihr Buch und lesen den Text. Sprechen Sie mit den TN kurz darüber, welche ihrer Vermutungen richtig war.
5. Verweisen Sie auf die Infospots und erläutern Sie den TN, dass „es" hier eine rein grammatische Funktion hat, weil ein Satz im Deutschen ein Subjekt braucht. Besonders anschaulich ist das bei dem Verb „regnen". Die Frage „Wer oder was regnet denn da?" macht keinen Sinn und kann nicht sinnvoll beantwortet werden. Aber der Satz braucht ein Subjekt, um vollständig zu sein. Zum Vergleich schreiben Sie folgende Sätze an die Tafel: „Mensch, das ist ein tolles Radio. Ich muss es einfach haben." Hier ist „es" das Personalpronomen und steht für „Radio". In den anderen Beispielen ist die Bedeutung von „es" „leer".
6. Fragen Sie die TN nach weiteren Wendungen mit „es". (Es schneit. / Es freut mich, ... / Es ärgert mich, ...)

C3 **Leseverstehen 2: Die Kernaussagen verstehen**

1. Die TN lesen die Fragen zum Text und notieren ihre Lösungen.
2. Abschlusskontrolle im Plenum. *Lösung* (von oben nach unten): 1 – 6 – 2 – 5 – 3
3. Die TN beantworten schriftlich die Fragen zum Text.
4. Abschlusskontrolle im Plenum.
   Lösung: 1 Die Touristen sitzen auf feuchten Decken, ihre Kleider sind nass. Es ist nicht einfach zu grillen. Aber die Menschen freuen sich und sind dankbar. 2 Er wartet auf den Regen. 3 Sie fahren nach Hause. 4 Sie wollen wissen, ob es schon angefangen hat zu regnen. 5 Etwa die Hälfte der Touristen kommt aus Oman, die andere Hälfte aus Nachbarstaaten. 6 Sein Hotel ist ausgebucht, weil die Touristen vor der Hitze fliehen und Sehnsucht nach einer anderen, grünen Landschaft haben.
5. Die TN notieren in Partnerarbeit fünf weitere Fragen zum Text. Jeder der Partner muss die Fragen aufschreiben.
6. Bilden Sie neue Paare. Die beiden TN stellen sich gegenseitig ihre Fragen und die Partnerin / der Partner beantwortet sie.

Arbeitsbuch 17: in Stillarbeit; **18–19:** in Stillarbeit oder als Hausaufgabe

C4 **Partnergespräch über das „Lieblingswetter" und die „Lieblingslandschaft"**

1. Die TN lesen die Fragen und die Beispiele. Sie sprechen in Partnerarbeit über ihr Lieblingswetter. Wenn Sie eine anregende Atmosphäre schaffen wollen, legen Sie noch einmal die CD mit der Sommermusik auf. Stoppen Sie nach kurzer Zeit die Musik, die TN suchen sich neue Partner und beginnen beim Start der Musik ein neues Gespräch.
2. Verfahren Sie mit Aufgabe b) genauso.

C5 **Aktivität im Kurs: Ein Land/Reiseziel vorstellen**

1. Die TN suchen sich mehrere Partner aus, die sich für dasselbe Land interessieren wie sie selbst. Die Gruppen erstellen ein Plakat, auf dem sie in Stichpunkten ihr Land beschreiben, das Klima, die Landschaft, die Sehenswürdigkeiten usw.
   Verteilen Sie an ungeübte TN als Hilfestellung die Kopiervorlage zu C5 (im Internet). Die TN beantworten die Fragen und strukturieren so ihre Notizen.
2. Die Gruppen stellen ihr Land im Plenum vor.
3. Die TN sitzen zu viert zusammen. Verteilen Sie an jede Gruppe einen Spielplan der Kopiervorlage L6/C5, einen Würfel und Spielfiguren. Die TN spielen nach den Regeln auf dem Spielplan.

Kundengespräche

Verkaufsgespräche

Lernziel: Die TN können Verkaufsgespräche führen.

Materialien
D1 weicher Ball oder Tuch
D2 zwei Plakate; Kopiervorlage L6/D2
D3 Folie des Dialoggerüstes, Kärtchen, Zettel
Test zu Lektion 6
Wiederholung zu Lektion 5 und Lektion 6

D1 Hörverstehen: Kundengespräche verstehen

1. Die Bücher sind geschlossen. Die TN werfen sich einen weichen Ball oder ein Tuch zu. Wer den Ball bekommt, muss einen Beruf mit direktem Kundenkontakt nennen.
   Variante: Die TN erstellen in Kleingruppen von vier Personen eine Liste von Berufen mit direktem Kundenkontakt. Welche Gruppe hat zuerst zehn solcher Berufe gefunden?
2. Die TN öffnen ihr Buch und sehen sich die Fotos an. Fragen Sie die TN, wo die Personen gerade sind. Notieren Sie die Vorschläge an der Tafel und erstellen Sie mit den TN eine kleine Liste, was man in diesen Geschäften macht bzw. machen kann.
   Lösungsvorschlag: A Beim Optiker: eine Brille aussuchen, die Brille reparieren lassen; Beim Friseur: die Haare schneiden lassen, sich kämmen lassen; C Im Reisebüro: eine Reise buchen, sich nach Flugpreisen erkundigen
3. Die TN lesen die Aufgabenstellung zu a) und hören die Gespräche. Sie notieren ihre Lösungen.
4. Abschlusskontrolle im Plenum. *Lösung*: A1; B2; C3
5. Die TN lesen die Aufgabenstellung zu b) und markieren die Schlüsselwörter in den vier Aussagen. Achten Sie darauf, dass es so wenig wie nötig sind. Erklären Sie den TN, dass das eine wichtige Strategie für die Prüfung *Zertifikat Deutsch* ist. Beim Hören sollten sie sich nur auf die Informationen zu den Schlüsselwörtern konzentrieren.
6. Die TN markieren ihre Lösungen.
7. Abschlusskontrolle im Plenum. *Lösung*: 1 richtig; 2 falsch; 3 falsch

D2 Redemittel für Kundengespräche

1. Bereiten Sie zu Hause zwei Plakate mit der Überschrift „Typische Fragen/Antworten im Geschäft: Was Kunden und Verkäufer oft sagen“ vor. Notieren Sie in der oberen Hälfte „Verkäufer/Verkäuferinnen“, in der unteren Hälfte „Kunden/Kundinnen“. Die Bücher sind geschlossen. Teilen Sie den Kurs in zwei Gruppen. Jede Gruppe erhält ein Plakat und einen Stift. Die TN notieren typische Wendungen für Kundengespräche.
2. Die Gruppen stellen ihre Ergebnisse im Plenum vor.
3. Die TN öffnen ihr Buch. Sie ordnen die Redemittel den verschiedenen Kategorien zu. Zwei schnelle TN ergänzen, soweit nötig, die Plakate der beiden Gruppen (Punkt 1) mit den Redemitteln aus D2.
4. Abschlusskontrolle im Plenum.
   Lösung: den Kunden ansprechen: Sie wünschen? Haben Sie einen (bestimmten) Wunsch? um Hilfe/Informationen bitten: Dürfte ich Sie etwas fragen? Ist es möglich ...? Ich hätte gern ... dem Kunden etwas anbieten: Kann ich sonst noch etwas für Sie tun? Wie wär's mit ...? sich nicht entscheiden können: Das muss ich mir noch überlegen. Es kommt darauf an, was es kostet. Ich kann mich noch nicht entscheiden. das Gespräch beenden: Das ist mir zu teuer / zu ... Vielen Dank für Ihre Mühe/Hilfe.
5. Üben Sie diese Redemittel auf spielerische Art und Weise mit Hilfe von Kopiervorlage L6/D2. Die TN sitzen in Vierergruppen zusammen. Jede Gruppe erhält einen Satz Dominosteine und legt passende Steine aneinander. Ungeübte TN spielen Domino wie angegeben. Geübte TN antworten auf die Frage der Dominokarte, die sie gelegt haben.

Arbeitsbuch 20: als Hausaufgabe

D3 Aktivität im Kurs: Ein Kauf-/Verkaufsgespräch führen

1. Kopieren Sie das Dialoggerüst auf eine Folie und legen Sie die Folie auf. Entwerfen Sie eine Beispielsituation, z.B. im Friseurladen. Der Kunde möchte ein Shampoo gegen fettiges Haar. Erstellen Sie mit den TN einen Beispieldialog an der Tafel.
2. Kopieren Sie die Situationsvorschläge aus Aufgabe a) auf kleine Kärtchen. Sie brauchen für die Hälfte der TN je ein Kärtchen. Die anderen TN erhalten große Zettel mit den passenden Geschäftsnamen. Sie stellen sich hinter ihren Tischen auf, die jetzt Verkaufstische sind. Die TN mit den Kärtchen suchen einen TN mit dem passenden Laden aus und führen mit ihm ein Gespräch nach dem Muster des Dialoggerüstes. Anschließend tauschen Verkäufer und Kunde die Plätze. Verteilen Sie die „Ladenzettel“ und die Kärtchen neu. Wieder führen die TN Verkaufsgespräche.
3. *fakultativ*: Die TN schreiben eigene Ladenschilder und kleine Zettel mit Gegenständen, die gekauft werden müssen.

Arbeitsbuch 21–23: in Stillarbeit oder als Hausaufgabe

LERN TAGEBUCH

Arbeitsbuch 24: Eine gute Methode, das passende Wort / den passenden Satz parat zu haben, besteht darin, sich gebräuchliche Wendungen für bestimmte Situationen zu merken. Die TN notieren für die Beispielsituation Sätze, die sie gern sagen würden oder die ihnen gefallen. Die TN sehen sich die Foto-Hörgeschichten von Lektion 1–6 an und wählen in Partnerarbeit ein Foto / eine Situation aus. Sie notieren wie im Beispiel des Lerntagebuchs Redemittel, die zu dieser Situation passen. Gehen Sie herum und helfen Sie den TN, Kategorien / Rubriken für die Redemittel zu finden und diese dort einzusortieren.

Arbeitsbuch 25–26: in Stillarbeit

PHONETIK

Arbeitsbuch 27: Mit dieser Übung können die TN das emotionale Sprechen trainieren. Spielen Sie die CD vor und erklären Sie, dass durch Intonation und Sprechpausen eine Emotion ausgedrückt werden kann, ohne dass sie explizit genannt wird. Die TN sprechen nach.

Einen Test zu Lektion 6 finden Sie auf Seite 124 f. Weisen Sie die TN auf die interaktiven Übungen auf ihrer Arbeitsbuch-CD hin. Die TN können mit diesen Übungen den Stoff der Lektion selbstständig wiederholen und sich ggf. auch auf den Test vorbereiten. Wenn Sie mit den TN den Stoff von Lektion 5 und Lektion 6 wiederholen möchten, verteilen Sie die Kopiervorlage „Wiederholungen zu Lektion 5 und Lektion 6" (Seite 112–113).

Zwischenspiel 6
Schnell, schnell ...

Landeskunde: Umgang mit dem Thema „Zeit"

Materialien
2 Kopiervorlage „Zwischenspiel zu Lektion 6"

1 **Hörverstehen 1: Assoziationen sammeln**

1. Die TN betrachten das Bild mehrere Minuten. Sie besprechen zu zweit, wo sich die Situation abspielt, und überlegen, was die einzelnen Personen auf dem Bild denken, tun oder vorhaben. Die TN suchen sich dazu ein bis zwei Personen auf dem Bild aus, die sie interessieren, und schreiben ein kurzes Gespräch oder eine kleine Geschichte über sie.
2. Weisen Sie die TN darauf hin, dass sie zu vier Situationen/Personen im Bild ein Gespräch hören. Damit die Zuordnung leichter fällt, sollten die TN vorab die gelben Buchstaben im Bild gefunden haben. Achtung: Den Buchstaben A gibt es viermal, weil die Person sich an verschiedenen Orten aufhält, die alle im Hörtext vorkommen. Spielen Sie erst dann die CD/Kassette so oft wie nötig vor. Die TN hören zu und ordnen zu.
3. Abschlusskontrolle im Plenum. *Lösung:* 1 C; 2 D; 3 B; 4 A

TIPP

Sogenannte Wimmelbilder eignen sich gut für Sprech- und Schreibanlässe. Es gibt sehr viel Unterschiedliches auf dem Bild zu sehen, sodass die Fantasie der TN angeregt wird. Sie können sich völlig frei für eine Person entscheiden und eine Geschichte um die Person „basteln": Wie ist ihr Charakter? Woher kommt sie? Wohin geht sie? Was ist dieser Person vor kurzer Zeit widerfahren? Was passiert als Nächstes?
Wenn die TN noch nicht so geübt sind, können Sie die Sprech- oder Schreibanlässe auch gezielt provozieren, indem Sie konkrete Aufgaben stellen. Für dieses Wimmelbild zum Beispiel: „Was für ein Typ ist der Junge mit dem Kassettenrekorder am Bahnsteig? Was sind seine Hobbys? Wie denkt er über Schule / über Mädchen? Wohin will er wohl fahren? Erzählen Sie." Oder: „Wer ist der Mann mit dem Rucksack links im Bild? Woher kommt er und wohin fährt er? Schreiben Sie eine kurze Geschichte über seine Reise und seine Reiseerlebnisse."
Sie können diese Wimmelbilder immer wieder einsetzen, zum Beispiel auch, wenn Sie das Präteritum oder das Perfekt wiederholen möchten, oder später, um das Futur zu üben (Die Frage lautet dann: „Was wird die Person als Nächstes tun?").

2 **Hörverstehen 2: Die Kernaussagen erfassen**

1. Verteilen Sie die Kopiervorlage „Zwischenspiel zu Lektion 6". Die TN lesen die Fragen zu Hörtext 1. Spielen Sie das Gespräch noch einmal vor und besprechen Sie die Lösung im Plenum.
   Lösung: 1 Schnelleres Arbeiten bringt nicht mehr Zeit. / Die Menschen sollen nicht mehr so hektisch sein und sich Zeit lassen.
2. Jetzt lesen die TN die Aufgabe zu Hörtext 1 im Kursbuch und erfinden Ratschläge mit den vorgegebenen Satzanfängen. Natürlich können sich die TN auch selbstständig weitere passende Satzanfänge überlegen.
3. Gehen Sie mit Hörtext 2 bis 3 ebenso vor: Die TN hören und bearbeiten zur Verständniskontrolle die Übung der Kopiervorlage, anschließend gehen sie zur freieren Aufgabe des Kursbuchs über.
   Lösung: 2 Er hat sehr viel Arbeit und kann sich nicht ausruhen. / Er muss immer wieder die Anti-Stress-Maske tragen. 3 Sein Zug fährt gleich ab. / Züge können nicht gehen und Menschen können nicht fahren.
4. Zu Hörtext 3 können die TN zusätzlich Übung 2 der Kopiervorlage im Kurs oder als Hausaufgabe bearbeiten.
5. Abschlusskontrolle im Plenum. *Lösung:* 1 a; 2 d; 3 e; 4 b; 5 c
6. Spielen Sie Hörtext 4 noch einmal vor und geben Sie den TN Gelegenheit zur Diskussion. Nutzen Sie zur Anregung die Leitfragen in Übung 3 der Kopiervorlage.
7. Erklären Sie, dass in der mündlichen Alltagssprache die Partikel „mal" oft vorkommt. Die TN kennen sie vermutlich schon in Verbindung mit „doch" und Imperativ: „Komm doch mal vorbei!", „Lass uns doch mal wieder ins Kino gehen!" Auch in Aufforderungen mit „schnell" und „kurz" wird gerne „mal" ergänzt, denn es macht die Aufforderung etwas weicher und höflicher. Bitten Sie die TN, Beispiele für solche Aufforderungen zu finden.
8. *fakultativ:* Zum Abschluss können die TN einen kurzen Text darüber schreiben, was Kurti an diesem Nachmittag so „mutterlos" noch unternimmt und wie es ihm dabei geht.

Weitere Materialien für noch mehr Abwechslung im Unterricht finden Sie unter www.hueber.de/schritte-international.

Materialien
1 Zeitungen mit Wohnungsanzeigen
5 Kopiervorlage L7/5

RUND UMS WOHNEN

Folge 7: *Die Traumwohnung*
Einstieg in das Thema: Wohnen

1 **Vor dem Hören: Wiederholung des Wortfeldes „Wohnung“**

1. Zeichnen Sie einen Wortigel an die Tafel. Die TN nennen alle Wörter, die ihnen zum Thema „Wohnung“ einfallen. Fragen Sie auch nach Wörtern, die wiederum zu den gesammelten Wörtern passen, und erstellen Sie so ein richtiges Wortnetz.
2. *fakultativ:* Wenn Sie viele Quereinsteiger im Kurs haben oder wenn Sie das Lesen von Wohnungsanzeigen mit den TN üben möchten, bringen Sie Zeitungen mit Wohnungsanzeigen mit und verteilen Sie die Zeitungen an die TN. Die TN wählen in Partnerarbeit 3–4 beliebige Anzeigen und notieren, welche Abkürzungen in „ihren“ Anzeigen vorkommen (z.B. NK, KM, TG ...). Sammeln Sie die Abkürzungen der TN abschließend an der Tafel und klären Sie ihre Bedeutung.

2 **Vor dem Hören: Vermutungen äußern**

1. Die TN sehen sich die Fotos 1–5 an und äußern ihre Meinung über das Gebäude. Helfen Sie ggf. mit gezielten Fragen: Handelt es sich um ein modernes, teures, billiges ... Haus? Würden die TN gern dort wohnen? Warum (nicht)?
2. Bitten Sie die TN, sich dann auf die Fotos 6–8 zu konzentrieren und Vermutungen darüber anzustellen, was wohl passiert ist. Geben Sie keine Hilfen und bewerten Sie die Vorschläge der TN nicht! Die TN können beim anschließenden Hören ihre Vermutungen selbst überprüfen.

3 **Beim ersten Hören**

Die TN hören die Foto-Hörgeschichte einmal durchgehend und vergleichen die Geschichte mit ihren Vermutungen.
Lösungsvorschlag: Nasseer hat von dem wunderschönen Haus nur geträumt.

4 **Nach dem ersten Hören: Die Geschichte nacherzählen**

1. Schreiben Sie die Fragen aus dem Buch an die Tafel und bitten Sie die TN, zunächst nur die Fragen kurz zu beantworten.
2. Die TN erzählen Nasseers Traum gemeinsam nach: Ein TN beginnt, der TN rechts daneben setzt die Geschichte fort usw., bis die Geschichte zu Ende erzählt ist.
3. Spielen Sie die Foto-Hörgeschichte noch einmal vor. Die TN überprüfen, ob sie bei ihrer Nacherzählung alle wesentlichen Punkte berücksichtigt haben. Sie tragen ggf. noch fehlende Informationen nach.

5 **Nach dem Hören: Über eine Traumwohnung oder ein Traumhaus sprechen**

1. TN, die gerne zeichnen und viel Fantasie haben, fertigen ein Bild ihrer Traumwohnung oder ihres Traumhauses an. TN, die nicht gern zeichnen oder noch Hilfestellung bei freien Aufgaben benötigen, erhalten die Kopiervorlage L7/5 und suchen sich ein Bild aus.
2. Die TN stellen im Plenum ihre Traumwohnung oder ihr Traumhaus mithilfe ihrer Zeichnung oder eines Bildes von Kopiervorlage L7/5 vor. Hängen Sie die Zeichnungen im Kursraum auf.
   Variante: Wenn Sie wenig Zeit im Kurs haben, lassen Sie die Zeichnungen als Hausaufgabe anfertigen. Im Kurs findet dann nur die Vorstellung der Traumwohnungen statt.

Arbeitsbuch 1: in Stillarbeit oder als Hausaufgabe

Die Wohnung ist nämlich **nicht nur** sehr groß, **sondern auch** sehr billig.

Zweiteilige Konjunktionen
Lernziel: Die TN können übertreiben und Erstaunen ausdrücken.

Materialien
A1 Zeichnungen der TN oder Kopiervorlage L7/5
A3 Kopiervorlage zu A3 (im Internet); Kaffeegeschirr für vier Personen

A1 **Präsentation der zweiteiligen Konjunktionen**

1. Die TN hören die Zitate aus der Foto-Hörgeschichte und ergänzen die Lücken.
2. Nutzen Sie die Zeichnungen, die die TN für die Aufgabe 5 zur Foto-Hörgeschichte angefertigt haben, oder die Kopiervorlage L7/5, um die Bedeutung der zweiteiligen Konjunktion „nicht nur – sondern auch" deutlich zu machen: Gehen Sie zu den einzelnen Zeichnungen im Kursraum, zeigen Sie auf die jeweilige Wohnung und machen Sie Beispiele: „Diese Wohnung ist nicht nur individuell, sondern auch sehr gemütlich." usw. Bitten Sie dann die TN, analog zu diesem Muster ebenfalls Beispiele zu finden.
3. Verfahren Sie bei den Konjunktionen „zwar – aber" („Diese Wohnung ist zwar klein, aber sehr gemütlich.") und „entweder – oder" („Mit dieser Wohnung kann man entweder an einem Ort bleiben oder man kann sie mitnehmen.") genauso.

Arbeitsbuch 2: in Stillarbeit

A2 **Hörverstehen: Anwendungsaufgabe zu den zweiteiligen Konjunktionen**

1. Die TN sehen sich die Fotos im Buch an und überlegen in Partnerarbeit, wie diese Häuser genannt werden. Sie ordnen die Fotos den Begriffen rechts neben den Fotos zu.
2. Abschlusskontrolle im Plenum. *Lösung:* A Altbau; B Neubau; C Reihenhaus; D Hochhaus
3. Fragen Sie die TN, in was für einem Haus sie wohnen, und sammeln Sie weitere Begriffe wie Einfamilienhaus, Doppelhaushälfte usw. an der Tafel.
4. Die TN lesen Aufgabe b) und hören das erste Gespräch so oft wie nötig. Die TN notieren ihre Lösung und hören das zweite Gespräch. Sie notieren ihre Lösung.
5. Abschlusskontrolle im Plenum. *Lösung:* Altbau; Reihenhaus
6. Die TN hören die Gespräche noch einmal und füllen die Lücken aus, geübte TN füllen zuerst die Lücken aus und kontrollieren sich dann beim Hören.
   Lösung: 1 entweder – oder; zwar – aber; nicht nur – sondern ; 2 sowohl – als auch; zwar – aber; entweder – oder
7. Regen Sie ein Kursgespräch über Wohnungsbesichtigungen an, indem Sie die TN zum Beispiel fragen, wie sie ihre aktuelle Wohnung gefunden haben, ob sie mehrere Wohnungen besichtigt haben und welche Erfahrungen sie dabei gemacht haben.

Arbeitsbuch 3–7: als Hausaufgabe: Stellen Sie Übung 6 als freiwillige Hausaufgabe für geübte TN.

A3 **Aktivität im Kurs: Wer übertreibt am schönsten?**

1. Bitten Sie die TN, sich vorzustellen, sie seien Immobilienmakler. Die TN sehen sich noch einmal ihre Traumwohnung- / ihre Traumhauszeichnung von Übung 5 (S. 73) an und machen ein paar Notizen dazu, wie sie die Wohnung positiv präsentieren können. Wenn die TN Anregungen brauchen, verteilen Sie die Kärtchen der Kopiervorlage zu A3 (im Internet).
2. Lesen Sie die Redemittel zu Übertreibung und Erstaunen im Buch vor und bitten Sie die TN, die Wendungen nachzusprechen. Achten Sie darauf, dass sie mit möglichst viel Emphase vorgetragen werden.
3. Die TN finden sich in Vierergruppen zusammen. Ein TN beginnt und schwärmt der Gruppe von seiner Traumwohnung vor. Die anderen versuchen zu reagieren.
4. *fakultativ:* Wenn die TN Freude an diesem Rollenspiel haben, können einige Gruppen die Situation im Plenum auch als Wohnzimmergespräch bei einem Kaffeeklatsch vorspielen. Die TN stellen sich vor, sie seien bei Freunden zu Kaffee und Kuchen eingeladen. Ein Gast hat eine neue Wohnung, von der er begeistert erzählt. Schaffen Sie dafür eine authentische Atmosphäre, indem Sie Kaffeegeschirr auf einem Tisch aufbauen. Die TN simulieren dann eine Kaffeeklatsch-Situation mit Gespräch über die Superwohnung.

Arbeitsbuch 8: als Hausaufgabe

Hätte ich doch bloß **weitergeträumt**!

Konjunktiv II der Vergangenheit
Lernziel: Die TN können ihr Bedauern über verpasste Möglichkeiten ausdrücken.

B1 **Präsentation des Konjunktiv II der Vergangenheit**

1. Die Bücher bleiben geschlossen. Spielen Sie den TN noch einmal den Schluss der Foto-Hörgeschichte vor (Track 38–39) und fragen Sie die TN, warum Nasseer sich ärgert. Was wünscht er sich?
   Lösungsvorschlag: Er ärgert sich, weil er aufgewacht ist. / weil er nicht mehr weiterträumt. Er wollte eigentlich weiterträumen.
2. Die TN öffnen ihr Buch und lesen die Sprechblasen. In Partnerarbeit ergänzen sie nach dem Schema im Grammatikspot die Lücken.
3. Abschlusskontrolle im Plenum. *Lösung*: a) wäre; b) Hätte; c) Hätte
4. Schreiben Sie an die Tafel:

   Nasseer hätte gern weitergeträumt. *Aber leider ist er aufgewacht.*
   ↓
   Das ist die Wirklichkeit! Weiterträumen ist nicht mehr möglich!

   Zeigen Sie anhand des Beispiels, wie mit „hätte" bzw. „wäre" und dem Partizip II, das die TN inzwischen ja sehr gut kennen, das Bedauern darüber ausgedrückt wird, dass eine Handlung nicht mehr erfüllbar ist, weil die Realität der Gegenwart dagegensteht.

   ! In der Form als Ausruf „Hätte/Wäre ich (doch) bloß ...!" kommt der Konjunktiv II der Vergangenheit besonders häufig vor. In *Schritte international 5* wird er daher nur in solchen Wendungen geübt. Vermeiden Sie es, an dieser Stelle weitere Verwendungsmöglichkeiten des Konjunktiv II (z.B. in „wenn"-Sätzen à la „Wenn ich weitergeträumt hätte, hätte ich ...") zu üben.
5. Schreiben Sie die Satzanfänge „Wie dumm, dass ..." und „Schade, dass ..." an die Tafel und bitten Sie einen TN, einen der Satzanfänge zu vervollständigen. Die anderen TN bilden dazu einen passenden Ausruf: „Hätte/Wäre ich doch bloß ...!" Wiederholen Sie dieses Vorgehen einige Male, um die neue Form einzuschleifen.

Arbeitsbuch 9: in Stillarbeit oder als Hausaufgabe

B2 **Anwendungsaufgabe zu Wunschsätzen mit dem Konjunktiv II der Vergangenheit**

1. Die TN sehen sich das Bild im Buch an und beschreiben die Situation. Was ist wohl passiert?
2. Weisen Sie die TN auf den Infospot hin. Wichtig: Die Wörter „bloß, doch, doch bloß, nur ..." gehören bei diesen formelhaften Ausrufen des Bedauerns immer mit dazu!

   ! Gehen Sie hier nicht auf das Thema Modalpartikeln ein. Es genügt, wenn die TN die Emotionalität dieser Ausrufe begreifen.
3. Lesen Sie die Sprechblase möglichst theatralisch vor, um den TN ein Beispiel zu geben. Bilden Sie zwei Gruppen. TN, die noch Schwierigkeiten mit der Formenbildung haben, schreiben die Ausrufe des Bedauerns zunächst auf. Gehen Sie herum und helfen Sie, wenn nötig. Geübte TN finden sich paarweise zusammen und sprechen abwechselnd die Ausrufe. Ermuntern Sie sie, noch weitere, über den Kasten hinausgehende Beispiele für die Enttäuschung des Mannes zu finden. Geben Sie abschließend den ungeübten TN Gelegenheit, ihre schriftlichen Sätze vorzulesen. Dabei können auch geübte TN noch einmal kontrollieren, ob sie selbst alles richtig gemacht haben.

Arbeitsbuch 10–14: in Stillarbeit oder als Hausaufgabe

PHONETIK **Arbeitsbuch 15–17:** im Kurs: Dass in *Schritte international* viel Wert auf die Intonation und die Satzmelodie gelegt wird, haben Sie sicher bereits festgestellt. Hier geht es um die Satzmelodie bei irrealen Wünschen. Die TN hören Übung 15 und sprechen die Sätze möglichst emotional nach. Sie formulieren die Wünsche in Übung 16 und sprechen sie in Partnerarbeit. In Übung 17 werden die zuvor trainierten Fertigkeiten verknüpft.

B3 **Aktivität im Kurs: Rollenspiel**

1. Die TN betrachten die Bilder zur Aufgabe und beschreiben die Unterschiede zwischen den beiden Wohnungen.
2. Die TN finden sich paarweise zusammen und lesen die Rollenkärtchen. Sie entscheiden sich jeweils für eine Rolle. Geben Sie auch genug Zeit, den Kasten mit den Beispielen zu lesen.
3. Die TN sprechen in Partnerarbeit, wobei sich die/der eine beklagt, die/der andere tröstet. Gehen Sie herum und helfen Sie, wenn nötig. Wer Lust hat, kann das Gespräch auch dem Plenum vorspielen.

Landeskunde: Zusammenleben mit Nachbarn
Lernziel: Die TN können Konflikte lösen.

Materialien
C2 Kopiervorlage L7/C2

LERN TAGEBUCH

Arbeitsbuch 18: Die TN können hier über ihr eigenes Leseverhalten reflektieren und üben wichtige Lesestrategien. Sie überlegen, wie sie Texte lesen, und kreuzen eine passende Antwort an. Fragen Sie nach, welche Methode(n) die TN beim Lesen anwenden und warum.
Die TN lesen die Zeitungsmeldung in Stillarbeit und ordnen die unterstrichenen Informationen im Text der jeweils passenden W-Frage zu. Abschlusskontrolle im Plenum. Machen Sie deutlich, dass es beim Lesen eines Textes oft nur auf ganz bestimmte Informationen ankommt, die man sich mithilfe von W-Fragen erschließen kann. Bitten Sie die TN, als Hausaufgabe einen Zeitungstext oder eine Meldung im Internet zu bearbeiten, wie hier geübt, und den Text in der nächsten Kursstunde mitzubringen. Die TN tauschen dann ihren Text mit einer Partnerin / einem Partner aus.

C1 **Hörverstehen: Konflikte: Freundlichkeit und Unfreundlichkeit von Aussagen erkennen**

1. Geben Sie den TN ausreichend Zeit, die Bilder zu betrachten. Die TN stellen Vermutungen an, wer wohl mit wem spricht. Sie hören die Gespräche unter den Nachbarn und verbinden die Gesprächspartner mit Linien.
2. Spielen Sie die CD/Kassette noch einmal vor, die TN kreuzen an, ob Sie die Gesprächspartner als freundlich oder unfreundlich empfinden. Stoppen Sie nach jedem Track und diskutieren Sie mit den TN über ihre Entscheidung: Woran haben die TN erkannt, dass die Person freundlich oder unfreundlich ist? Am Tonfall? An bestimmten Wörtern oder Ausdrücken? Lassen Sie auch unterschiedliche Meinungen gelten, denn es kann durchaus individuell sein, was als freundlich bzw. unfreundlich empfunden wird.
   Lösungsvorschlag: 1 beide Frauen freundlich; 2 Mann und Kinder unfreundlich; 3 Frau und Mann freundlich; 4 Frau freundlich, Mann unfreundlich; 5 Frau 1 freundlich, Frau 2 unfreundlich; 6 beide Männer freundlich
3. Die TN hören noch einmal und notieren das jeweilige Problem, das die Personen mit ihrem Nachbar haben. Sie notieren auch, ob und welche Lösungen die Nachbarn für den Konflikt vorschlagen und ob sie angenommen werden.
   Lösungsvorschlag: 1 Lisa wäscht nicht mehr nach 22 Uhr. 2 Ein Mann ärgert sich, weil Kinder im Treppenhaus spielen. *keine Lösung.* 3 Eine Frau hat ein Problem, weil der Nachbar auf dem Balkon raucht und der ganze Rauch in ihre Wohnung zieht. *Lösungsvorschläge:* Fenster zumachen, im Hof rauchen. 4 Die Fenster einer Frau werden nass und schmutzig, weil ihr Nachbar die Blumen so stark gießt. *keine Lösung.* 5 Eine Nachbarin findet, dass ihre Nachbarin zu laut geht. *Lösung:* sich an den Eigentümer wenden. 6 Ein Mann hat ein Problem mit seinem Nachbarn, weil er die Haustür nachts nicht absperrt. Herr Wimmer verspricht, in Zukunft ans Abschließen zu denken.

C2 **Aktivität im Kurs: Rollenspiel**

1. Bevor Sie mit den TN in das freie Rollenspiel einsteigen, sollten die TN die Übungen 19–20 im Arbeitsbuch bearbeiten. Abschlusskontrolle im Plenum.
2. Die TN finden sich paarweise zusammen und wählen eine Situation aus C1, die sie nachspielen möchten, oder denken sich selbst eine Situation aus. Geben Sie ausreichend Zeit, damit die TN ihre Rolle ein wenig skizzieren können und die Redemittel lesen können. Die TN sollten entscheiden, ob sie eine eher freundliche oder eine unfreundliche Person spielen möchten, sie wählen einige Redemittel für ihre Rolle und notieren diese in ihrem Heft.
3. Die TN spielen ihr Streitgespräch mit der Partnerin / dem Partner durch.
4. Bilden Sie je nach Kursgröße 2–4 Plenen. Die Paare eines jeden Plenums spielen ihrem Publikum ihr Streitgespräch vor.
5. *fakultativ:* Wenn Sie den TN landeskundliche Informationen zum Zusammenleben in deutschen Mehrfamilienhäusern oder Mietshäusern geben möchten, verteilen Sie die Kopiervorlage L7/C2.
   Lösung: 1 A Feste feiern; B Treppenhaus; C Tiere; D Kinder; E Grillen; 2 erlaubt ist: 1, 2
   Die TN lesen die Texte zu Regeln im Mehrfamilienhaus und ordnen die Themen den einzelnen Abschnitten zu. Sie bearbeiten die Fragen zum Text. Abschlusskontrolle im Plenum. Geben Sie abschließend Gelegenheit zur Diskussion: Wie sinnvoll oder unnütz finden die TN die Regeln? Welche Regeln gibt es in ihrem Land? Sind sie ähnlich wie in Deutschland?

Arbeitsbuch 21–22: im Kurs: Die TN finden sich paarweise zusammen und entscheiden selbst, ob sie Übung 21 oder Übung 22 bearbeiten möchten.

D1 **Leseverstehen 1: Das Thema erfassen**

1. Die TN lesen die Frage und überfliegen den Text. Sie üben wie im Lerntagebuch (Arbeitsbuch, Seite 156) das Lesen nach der W-Technik und versuchen herauszufinden, wer was, wann, wo und warum gemacht hat. Geben Sie wenig Zeit und erlauben Sie keine Wörterbücher!
2. Die TN sprechen in Partnerarbeit über die W-Fragen: Haben beide dieselben Informationen aus dem Text gefiltert?
   Lösung zu Frage D1: Um eine Wohnung für Studenten.

D2 **Leseverstehen 2: Hauptinformationen verstehen**

1. Die TN lesen den Text noch einmal in Ruhe. Sie machen sich jetzt mithilfe der Fragen im Kursbuch genauere Notizen zum Text, sodass sie beschreiben können wie ein Wohnwürfel aussieht und was die Vorteile sind. Gehen Sie herum und beantworten Sie individuell Wortschatzfragen.
2. Abschlusskontrolle im Plenum.
   Lösungsvorschlag: 1 eine kleine mobile Wohnung für Studenten in Würfelform (2,65 Meter lang, hoch und breit); 2 die Architekten Horden Cherry Lee, Lydia Haack, John Höpfner; weil die Grundstücke in München so teuer sind und das Studentenwerk freie Grundstücke für kurze Zeit nutzen möchte; 3 Er kann transportiert werden, er ist hell und hat Heizung, Klimaanlage, Dusche, Kochstelle, Internet, Fernseher und Stereoanlage, alle Möbel sind flexibel und haben mehrere Funktionen.
3. Weisen Sie auf den Infospot hin. Die TN kennen bereits die Präposition „wegen“ mit dem Genitiv. Erklären Sie, dass „trotz“ auch mit dem Genitiv steht und Nebensätze mit „obwohl“ ersetzt.

Arbeitsbuch 23–25: als Hausaufgabe

D3 **Aktivität im Kurs: Offenes Kursgespräch über den Wohnwürfel**

Die TN unterhalten sich im Plenum oder in Gruppen von 5 – 6 TN über das Konzept „Wohnwürfel“ und überlegen, ob sie auch in so einem Wohnwürfel wohnen möchten. Fragen Sie auch, ob die TN andere besondere Wohnkonzepte kennen und lassen Sie sie ggf. darüber berichten.

PRÜFUNG **Arbeitsbuch 26:** Diese Übung bezieht sich auf den Prüfungsteil Hören, Teil 1, des *Zertifikat Deutsch*. Die TN lesen zuerst die Aussagen, hören dann die Texte und kreuzen ihre Lösung an.

Wochenendbeziehungen

Eine Radiosendung

Lernziel: Die TN können Vor- und Nachteile zu einem Thema verstehen und über das Thema diskutieren

Materialien
Test zu Lektion 7

E1 **Vor dem Hören: Über die Gründe für das Pendeln sprechen**

1. Die TN lesen die Erklärung des Wortes „Pendler". Stellen Sie ggf. durch Nachfragen sicher, dass alle TN das Wort verstanden haben.
2. Die TN sammeln Gründe für das Pendeln. Vielleicht sind sie selbst Pendler oder kennen einen Pendler und können den Grund für das Pendeln nennen.

! Achten Sie darauf, dass die TN nicht schon an dieser Stelle über Vor- und Nachteile des Pendelns zu sprechen beginnen. Dazu haben sie in Aufgabe E4 Gelegenheit.

E2 **Hörverstehen 1: Eine längere Radiosendung verstehen**

1. Spielen Sie zunächst nur den Anfang von Track 51 vor, nämlich die Einleitung durch den Radiomoderator. Die TN beantworten die Fragen in Aufgabe a).
2. Abschlusskontrolle im Plenum. *Lösung:* 30 Millionen; 360000 Berufstätige
3. Die TN lesen die Fragen in Aufgabe b). Spielen Sie die Tracks 51 bis 53 so oft wie nötig vor und stoppen Sie nach jedem Track, um den TN Zeit für die Eintragung ihrer Lösungen zu geben.
4. Abschlusskontrolle im Plenum.
   Lösung: 1 Jutta ist in Frankfurt geblieben, weil ihre kranke Mutter dort lebt und weil sie ihren Arbeitsplatz mag. 2 Jutta ärgert sich über die zu kurzen Wochenenden. 3 Für Maren war es gar keine Frage, natürlich sollte Dieter nach Berlin gehen. 4 Maren und Dieter freuen sich immer auf das Wochenende. 5 30% der Wochenendpendler arbeiten nicht in ihrer Heimatstadt, weil sie woanders eine interessante und sehr gut bezahlte Stelle gefunden haben. 6 Nach drei Jahren suchen die meisten Paare eine andere Lösung.
5. Weisen Sie kurz auf die Informationen zu den Verben mit Präpositionen hin. Diese und die Pronominaladverbien sind den TN aus *Schritte international 3*, Lektion 5, bekannt. Neu ist hier nur, dass den TN bewusst wird, dass bei Fragen nach Personen kein Pronominaladverb benutzt wird, sondern die Präposition mit Fragewort. Dehnen Sie die Erklärung nicht zu sehr aus, das unterbricht den Unterrichtsablauf: Die TN sollen sich ganz auf das Thema „Wochenendbeziehung" und die Radiosendung konzentrieren können.

Arbeitsbuch 27–29: als Hausaufgabe

E3 **Hörverstehen 2: Vor- und Nachteile aus einem längeren Gespräch filtern**

1. Die TN hören die Radiosendung noch einmal und machen sich Notizen zu den Nachteilen bzw. Vorteilen, die die beiden interviewten Paare nennen, und zu den Informationen, die die Soziologin gibt.
2. Die TN vergleichen ihre Notizen, indem sie herumgehen und mit verschiedenen Partnern vergleichen.
   Lösung: Nachteile: zu kurze Wochenenden, Wochenende besteht aus Hausarbeiten, viel Herumfahren, zwei Wohnungen sind teuer, kein gemeinsames Zuhause; Vorteile: sich seltener sehen ist besser als täglich zusammen sein und Stress haben, Wochenende intensiv erleben; Fakten: 70% unfreiwillige Pendler (Gründe fürs Pendeln: Sie finden in der Heimatstadt keinen Job), nach drei Jahren werden andere Lösungen gefunden (Zurückkommen des Pendlers oder Nachzug des Partners in die neue Stadt,Wohnort in der Mitte, bei knapp 30 Prozent geht die Beziehung kaputt)
3. *fakultativ:* Fallen den TN noch mehr Vor- und Nachteile ein? Sammeln Sie gemeinsam.

Arbeitsbuch 30–35: als Hausaufgabe (oder in Stillarbeit nach E4)

E4 **Aktivität im Kurs: Freies Kursgespräch über das Pendeln**

Die TN unterhalten sich über das Pendeln. Wer pendelt oder früher gependelt ist, kann seine Erfahrungen einbringen.

Einen Test zu Lektion 7 finden Sie auf Seite 126 f. Weisen Sie die TN auf die interaktiven Übungen auf ihrer Arbeitsbuch-CD hin. Die TN können mit diesen Übungen den Stoff der Lektion selbstständig wiederholen und sich ggf. auch auf den Test vorbereiten. Die TN können jetzt auch ihren Kenntnisstand mit dem Fragebogen auf den Seiten 82–83 im Kursbuch überprüfen.

Zwischenspiel 7
Mach, Opa, mach!

Landeskunde: Deutsche Geschichte

1 **Leseverstehen 1: Die Kernaussagen verstehen**

1. Geben Sie den TN Gelegenheit, den Text im Buch kurz zu überfliegen und erste Wortschatzfragen zu klären.
2. Die TN lesen die Fragen im Buch und lesen den Text dann noch einmal. Sie machen sich dabei Notizen zu den Fragen.
3. Abschlusskontrolle im Plenum.
   Lösung: im Berliner Stadtteil Kreuzberg, direkt auf der Westseite der (ehemaligen) Grenzmauer; der türkische Gastarbeiter Osman Kalin; seit 1982; hässlich, Touristenattraktion
4. Die TN äußern ihre Meinung zu dem besonderen Häuschen.
5. Als Hausaufgabe bearbeiten die TN Übungen 1 und 2 der Kopiervorlage „Zwischenspiel zu Lektion 7".
   Lösung: 1 a) Wiedervereinigung; b) Niemandsland; c) Aufschwung; d) Gastarbeiter; 2 a) richtig; b) richtig; c) richtig; d) falsch; e) richtig; f) richtig

2 **Leseverstehen 2: Landeskundliche Fakten**

1. Die TN lesen den Text noch einmal und achten nun vorrangig auf die geschichtlichen Informationen, die gegeben werden. Sie machen sich Notizen.
2. Abschlusskontrolle im Plenum.
   Lösung: 1961: Die DDR-Regierung baut eine Mauer mitten durch Berlin: 60er-Jahre: Im Westen blüht die Wirtschaft, ausländische Arbeitskräfte kommen zur Unterstützung ins Land. 1989/1990: Deutschland wird wieder zu einem Land.
3. Die TN bearbeiten Übung 3 der Kopiervorlage.
4. Abschlusskontrolle im Plenum. *Lösung:* a) ca. 150.000; b) ca. ein Drittel; c) Türkei
5. Die TN erzählen, was sie noch über die politische Teilung der beiden deutschen Länder und die Wiedervereinigung wissen.
6. *fakultativ:* Wenn Sie das Thema ausführlicher behandeln möchten, regen Sie eine Internetrecherche an: Die TN sammeln weitere Informationen zu diesen historischen Ereignissen und berichten in der nächsten Unterrichtsstunde darüber.

TIPP

Mit Kurzreferaten zu landeskundliche Themen können die TN das freie Sprechen trainieren; außerdem bekommen sie zu den geschichtlichen Fakten einen persönlichen Bezug, wenn sie selbst recherchiert haben. So können Sie vorgehen:

1. Geben Sie den TN ein ganz konkretes Thema vor, zu dem sie Informationen sammeln sollen, am besten mit einigen Leitfragen. Hier zum Beispiel: Wie heißt der neue Nationalfeiertag, an dem die Wiedervereinigung seit 1990 gefeiert wird? An welchem Datum wird der Tag gefeiert? Wie feiern die Deutschen diesen Tag? Was finden Sie über den Vorschlag, den der ehemalige Bundeskanzler Schröder zu diesem Feiertag machte? (Die offiziellen Feierlichkeiten finden jedes Jahr in einer anderen Stadt statt. Viele Bürger interessieren sich nicht für den Tag, nutzen ihn als freien Tag wie einen Sonntag. Ex-Bundeskanzler Schröder schlug daher vor, den Feiertag vom 3. Oktober generell auf einen Sonntag zu verlegen, damit kein Arbeitstag verloren geht. Seine Idee kam allerdings nicht gut an.)
2. Helfen Sie den TN mit Vorschlägen, wie und wo sie die Informationen für ihren Kurzvortrag bekommen. Das können bestimmte Internetseiten sein, Bücher oder Zeitungsartikel, die Sie den TN zur Verfügung stellen können.
3. Üben Sie mit den TN, ihr Referat zu strukturieren:
   - Einleitung: Sie nennt das Thema. Sammeln Sie mit den TN Redemittel für den Anfang eines Referats.
   - Die Fakten darlegen und, wenn möglich, mit einer kleinen Anekdote oder Beispielen würzen. Die TN sollten jeden einzelnen Punkt ihres Referats auf ein extra Kärtchen schreiben. Die Kärtchen dienen dann beim Vortrag als Strukturhilfe. Auf die Kärtchen können sich die TN auch Formulierungen schreiben, die sie in ihrem Vortrag verwenden wollen. Es sollten aber wirklich nur Notizen sein und kein ausformulierter schriftlicher Vortrag, der dann abgelesen wird!
   - Eine persönliche Haltung zum Thema formulieren: Für die Zuhörer wird das Thema interessanter, wenn der Sprecher auch persönliche Kommentare abgibt, zum Beispiel, worüber er sich gewundert, geärgert, gefreut hat, was für ihn selbst besonders interessant war.
   - Abschluss: Sammeln Sie mit den TN Redemittel, mit denen sie ihr Referat abschließen können.

Am Anfang sollten die Referate nicht länger als 3–5 Minuten dauern, um die TN sprachlich nicht zu überfordern und damit sie lernen, sich auf das Wesentliche zu beschränken.

Weitere Materialien für noch mehr Abwechslung im Unterricht finden Sie unter www.hueber.de/schritte-international.

Als ich 12 Jahre alt war.

Als ich nach Deutschland gekommen bin.

Wann hast du / haben Sie Rad fahren gelernt?

Tut mir leid, das habe ich nie gelernt.

singen

laufen

Klavier spielen

schreiben

kochen

lesen

Auto fahren

küssen

dein/Ihr erstes Wort Deutsch lernen

mit dem Computer arbeiten

schwimmen

die Uhrzeit lesen

tanzen

stricken

deine/Ihre erste Fremdsprache sprechen

Kindheit	Deutschland	Hobby	Kindergarten
Hochzeit			Sprache
Schulzeit			Familie
Geburtstag			Wohnung
Deutschkurs			Freunde
letztes Wochen-ende			erste Liebe
Arbeit	Musik	Politik	Krankheit

Stellen Sie Ihre Spielfigur auf ein beliebiges Feld.

Würfeln Sie und ziehen Sie Ihre Spielfigur vor.

Erzählen Sie aus Ihrem Leben! Verwenden Sie dabei „wenn" oder „als".

Das Feld gibt Ihnen das Thema an.

Beispiel Kindergarten: „Als ich zum ersten Mal in den Kindergarten gehen musste, war ich unglücklich."

Die anderen dürfen auch Fragen stellen: „Warum warst du so unglücklich?"

1 **Hier sind 20 Verben im Präteritum versteckt. Sie stehen waagrecht (→) oder senkrecht (↓).**
Achtung: ß = SS, ä = AE, ö = OE, ü = UE

F	G	O	W	U	R	D	E	T	V
L	A	O	D	A	C	H	T	E	E
O	B	F	A	S	Y	X	W	I	R
G	I	N	G	S	S	T	A	R	B
L	T	I	S	P	C	S	R	A	R
I	R	Z	O	G	H	L	I	L	A
E	A	A	G	O	R	I	E	F	C
H	F	L	B	H	I	E	S	S	H
T	H	A	T	T	E	F	T	O	T
E	T	G	E	I	B	K	A	M	E

2 **Tragen Sie die Verben in die Tabelle ein und schreiben Sie den Infinitiv und die Perfektform dazu.**

Infinitiv	Präteritum	Perfekt
leihen	*lieh*	*hat geliehen*

Franz und Gabi sind ein ganz normales Ehepaar. Lukas (9) und Lena (14) sind zwei ganz normale Kinder. Nur manchmal sind sie anders als andere Leute. Lesen Sie und schreiben Sie, was vorher passiert ist.

a Im Kinderzimmer lagen gestern alle Schulsachen auf dem Boden. Vorher *hatte Lukas seine Hausaufgaben gemacht. Aber er hatte keine Lust gehabt und viele Fehler gemacht. Als seine Mutter gekommen war und geschimpft hatte, hatte er alle Sachen auf den Boden geworfen.*

b In der Küche stand heute Morgen das ganze Geschirr auf dem Küchentisch.

....

....

....

....

c Franz war schon in der Garage, wollte gerade ins Auto steigen, da merkte er, dass er noch seine Hausschuhe trug.

....

....

....

....

d Lena saß gestern mit Tränen in den Augen vor ihrem Kleiderschrank. Alle Kleidungsstücke lagen auf einem Berg neben ihr.

....

....

....

....

e Das ganze Badezimmer stand gestern unter Wasser.

....

....

....

....

Kopiervorlage „Zwischenspiel zu Lektion 1“

1 **Was bedeuten die Wörter? Ordnen Sie zu.**

a Im Glücksspiel	sind Geld: Man muss es an eine Bank oder eine Person zurückzahlen.
b Schulden	kann man das eigene Tun kontrollieren und Ziele erreichen.
c Wer süchtig ist,	sind giftig für den Körper, wie zum Beispiel Heroin und Kokain.
d Drogen	kann man viel Geld gewinnen, zum Beispiel an Spielautomaten.
e Ein Spieler	kann nicht aufhören, etwas zu tun, zum Beispiel zu rauchen.
f Mit Disziplin	möchte durch Spielen Geld bekommen.

2 **Lesen Sie die Geschichte von „Spiele Leben“ im Kursbuch. Ordnen Sie dann die Sätze.**

- ☐ Da entscheidet Manu, dass sie so nicht leben kann. Sie verlässt Kurt.
- [1] Manu und Kurt sind ein Paar. Er spielt. Sie arbeitet und hofft auf ein ganz normales Leben zu zweit – ohne Suchtprobleme und Spielschulden.
- ☐ Kurt lernt Tanja kennen. Sie hat nichts dagegen, dass Kurt spielt. Im Gegenteil: Sie macht mit.
- ☐ Tanja und Kurt spielen ihr Leben trotzdem weiter. Man weiß am Schluss nicht, ob die beiden sich ändern.
- ☐ Zusammen mit Franz gewinnen sie Geld. Doch dann ist Kurts Bekannter plötzlich damit weg.
- ☐ Aber Kurt hört nicht mit dem Spielen auf. Er glaubt an den Zufall und lässt schließlich einen Würfel über sein Leben entscheiden.

3 **Diskutieren Sie über den Film. Die Wörter rechts helfen Ihnen dabei.**

aufregend
unehrlich
langweilig und spießig
verantwortungsvoll
unzuverlässig
korrekt
faszinierend
...

a Was für ein Mensch ist Manu? Wie stellt sie sich das Leben und eine Beziehung mit einem Mann vor? Warum gibt es Probleme zwischen ihr und Kurt?

b Was für ein Mensch ist Kurt? Wie finden Sie das Verhalten von Kurt?

c Was findet Kurt an Tanja wohl so toll?

d Was denken Sie über Kurts „Bekannten“ Franz? Ist er ein Freund?

e Würden Sie den Film gern sehen? Warum ja? Warum nein?

Manu ist verantwortungsvoll und korrekt. Sie möchte ... .

Ja, im Gegensatz zu Kurt. Er ... .

4 **Lesen Sie das Gedicht von Erich Kästner. Was will der Autor hier sagen? Kreuzen Sie an.**

a ☐ Man kann im Leben nicht alles planen. Leben bedeutet Risiko.

b ☐ Wer viel riskiert, lebt gefährlich.

Schreiben Sie die Sätze einmal mit *obwohl* und einmal mit *trotzdem*.

Beispiel: mögen – ich – Nicole Kidman
viele Leute – finden – sie – arrogant

Ich mag Nicole Kidman, obwohl viele Leute sie arrogant finden.
Viele Leute finden Nicole Kidman arrogant. Trotzdem mag ich sie.

a viele junge Leute – kennen – „Winnetou"
der Film – schon alt – sein

....
....

b ich – finden – Johnny Depp – in dem Film „Irgendwo in Iowa" – viel besser
die meisten Leute – ihn – aus „Fluch der Karibik" kennen

....
....

c Ich – den neuen Film von Woody Allen – noch nicht – gesehen haben
er – sollen – wirklich gut – sein

....
....

d Kirsten Dunst – sein – in Deutschland – nicht so bekannt
sie – in „Spiderman" – eine Hauptrolle – spielen

....
....

e die Star-Wars-Filme – gefallen – mir – ziemlich gut
ich – keine Science-Fiction-Filme – mögen

....
....

Markieren Sie und schreiben Sie.

Beispiel:

Das ist **der Mann**. Er hat keinen Kaffee gekauft und muss jetzt ohne Kaffee ins Büro fahren.

Das ist der Mann, der keinen Kaffee gekauft hat und jetzt ohne Kaffee ins Büro fahren muss.

a Das sind **die Kinder**. Sie haben beim Spielen den Spiegel kaputt gemacht.

Das sind die Kinder, ……………………………………………………

……………………………………………………………………

b Das ist **der Mann**. Er hat sich auf seine Brille gesetzt.

Das ist der Mann, ……………………………………………………

……………………………………………………………………

c Das ist **der Junge**. Er hat Probleme in Mathe und muss jetzt mit seinem Vater üben.

……………………………………………………………………

……………………………………………………………………

d Das ist **der Mann**. Er ärgert sich immer über die Leute im Kino.

……………………………………………………………………

……………………………………………………………………

e Das ist **der Mann**. Er hat heute morgen den Bus verpasst.

……………………………………………………………………

……………………………………………………………………

f Das sind **die** jungen **Leute**. Sie haben sich in Paris kennengelernt.

……………………………………………………………………

……………………………………………………………………

g Das ist **das** junge **Paar**. Es hat letztes Wochenende geheiratet.

……………………………………………………………………

……………………………………………………………………

Hinweise:

1. Die TN finden sich zu Kleingruppen von 2–3 TN zusammen. Jede Gruppe erhält einen Stapel Satzkarten und legt diesen verdeckt in die Mitte.
2. Es wird reihum eine Karte gezogen. Wer an der Reihe ist, liest die Karte vor und formuliert dann die Frage mit Relativpronomen im Akkusativ. Die Nachbarin / Der Nachbar zur Linken antwortet.
3. Wenn die Frage richtig formuliert war, darf der TN die Karte behalten, wenn nicht, kommt sie wieder unter den Stapel und muss später noch einmal formuliert und beantwortet werden. Wer die Frage beantwortet hat, darf die nächste Karte ziehen.

Wie findest du das Kostüm? Bettina trägt es als Prinzessin Leia.

Wie findest du das Kostüm, ...?

Wie findest du die Winnetou-Filme? Viele Leute lieben sie heute noch.

Wie findest du ...?

Wie findest du den Film? Nasseer findet ihn langweilig.

Wie findest du ...?

STAR WARS

Wie findest du die Star-Wars-Filme? So viele Leute sehen sie im Kino an.

Wie findest du, ...?

Was denkst du über den Schutzengel? Nasser hat ihn im Auto dabei.

Was denkst du über ...?

Wie findest du Johnny Depp? Man kann ihn im Kino als Pirat erleben.

Was denkst du über ...?

Wie findest du Pizza? Man bestellt sie beim Homeservice.

Wie findest du ...?

Wie findest du die Geschichte? Nasseer erzählt sie im Auto.

Wie findest du ...?

Lesen Sie die Typbeschreibungen und die Programmausschnitte. Welcher Film bzw. welche Sendung passt zu welchem Fernsehtyp? Ordnen Sie zu.

A

Der Lustige liebt Komödien und Zeichentrickfilme. Er will sich beim Fernsehen amüsieren und vor allem viel lachen. Ernste Filme langweilen ihn.

B

Der Krimifan liebt es, wenn es spannend wird. Verbrechen aller Art wecken sein Interesse. Für einen guten Krimi lässt er alles stehen. Er sieht sehr konzentriert fern und möchte das Rätsel noch vor dem Detektiv lösen.

C

Der Ökotyp interessiert sich für Dokumentarfilme. Er möchte etwas über die Tiere in anderen Teilen der Welt erfahren. Aber er will auch wissen, wie er sich gesund ernähren kann.

D

Der Sportfan verpasst keine Sportsendung. Vor allem die Fußball-Weltmeisterschaft und die Formel 1 verfolgt er am Fernseher mit. Und wenn sein Lieblingsclub spielt, zieht er sogar das Clubtrikot an.

E

Der Sentimentale liebt nicht nur Liebesfilme, sondern auch Familienserien und Krankenhausserien. Wenn er sich mit den Schauspielern freuen kann, gefällt ihm der Film besonders gut. Er sieht am liebsten zu Hause fern, denn da kann er auch mal weinen, ohne dass es jemand sieht.

F

Der Professor sieht am liebsten Quizsendungen oder Wissenschaftsmagazine. Aber auch die Politik interessiert ihn sehr. Er rät bei Quizsendungen gern mit und möchte immer besser als die Kandidaten sein. Dann schaut er auch mal im Lexikon nach oder ruft schnell einen Kollegen an.

ARD	ZDF	Pro7	Arte
20.15 **Mord an der Spree** In Berlin wird ein Politiker tot in seinem Arbeitszimmer gefunden. Kommissar Finding will den Mörder möglichst schnell finden. Wer hat den Minister getötet? Ein Kollege, sein Chef oder seine Frau? Alle hätten ein Motiv. Die Suche beginnt.	***19.30*** **Der Preis** Vier Kandidaten kämpfen um den großen Preis. 100 000 Euro sind zu gewinnen. Raten Sie mit und gewinnen Sie per Telefon. Wer die heutige Quizfrage als Erster beantworten kann, gewinnt eine Traumreise nach Mauritius.	***15.40*** **Tom und Struwwel** Zwei Freunde machen sich auf die Suche nach Herrn Sandemann, der seit Tagen nicht nach Hause gekommen ist. Dabei erleben sie einige Abenteuer. Genau das Richtige für Zeichentrickfans.	***22.15*** **Ein Sommer in St. Nazaire** Madame Soigné reist allein in die Bretagne. Sie will sich erholen. Dort lernt sie in einem kleinen Fischerdorf Pierre, einen Maler, kennen. Die beiden verlieben sich ineinander, ganz gegen den Willen der schönen Marielle, die Pierre seit Langem liebt. Sie will die Liebe der beiden zerstören.

Typ	A	B	C	D	E	F
Film/Sendung						

1 **Lesen Sie die Biografie von Friedrich Glauser. Kreuzen Sie an: richtig oder falsch?**

	richtig	falsch
a Schon als Jugendlicher schrieb er Bücher.	❑	❑
b Er hatte viele verschiedene Berufe.	❑	❑
c Seine ersten Versuche als Schriftsteller waren wenig erfolgreich.	❑	❑
d In seinen Geschichten spielen die eigenen Lebenserfahrungen keine Rolle.	❑	❑
e Glauser hatte nur in den beiden letzten Lebensjahren Glück und Erfolg.	❑	❑

2 **Was bedeuten die Sätze? Kreuzen Sie an.**

a Glauser hatte die besten Voraussetzungen für den Schriftsteller-Beruf.
❑ Glauser hat viel erlebt und das ist für den Beruf als Schriftsteller nötig.
❑ Glauser hatte eine Ausbildung als Schriftsteller.

b Der Vater kam mit dem Jungen nicht zurecht.
❑ Der Vater hatte immer Recht, der Junge nie.
❑ Der Vater hatte Probleme mit dem Jungen.

c Er lernte die Orte von innen kennen.
❑ Er hat die Orte besichtigt.
❑ Er hat einige Zeit an diesen Orten verbracht und kann sagen, wie sie wirklich sind.

d Er ließ seine Geschichten bei den Menschen am Rand der Gesellschaft spielen.
❑ Im Zentrum seiner Geschichten waren Menschen, die die Gesellschaft nicht wirklich akzeptiert hat.
❑ Die Situationen für seine Geschichten fand er bei den Menschen im Zentrum der Gesellschaft.

e Bei den Kleinkriminellen kannte Glauser sich selbst aus.
❑ Glauser hatte Kontakte zu Kleinkriminellen und wusste, wie diese Leute leben.
❑ Die Kleinkriminellen kannten Glausers Erfahrungen.

3 **Was erfahren Sie über Glausers Bücher? Ergänzen Sie.**

a Was für Bücher (= Genre)? ....
b Wie viele Bücher? ....
c Name und Beruf der Hauptperson? ....
d Charakter der Hauptperson? ....
e Erfolg im Ausland? ....
f 1939? ....
g Erinnerung an ihn? ....

1 **Für bestimmte Beschwerden gibt es bestimmte Ärzte. Ihre internationalen Namen kennen Sie vielleicht. Aber wie heißen die Ärzte auf Deutsch? Ordnen Sie zu und ergänzen Sie auch die Arztbezeichnungen in Ihrer Sprache.**

Frauenarzt   Herzspezialist   Facharzt für innere Medizin   Hautarzt   Kinderarzt   Nervenarzt

	Deutsche Bezeichnung	Meine Sprache
a Dermatologe	....	....
b Gynäkologe	....	....
c Kardiologe	....	....
d Pädiater	....	....
e Neurologe	....	....
f Internist	....	....

2 **Welcher Arzt ist für welche Körperteile und welche Krankheiten zuständig? Ergänzen Sie die Tabelle. Benutzen Sie auch Ihr Wörterbuch!**

Karies   Kurzsichtigkeit   Hals-Nasen-Ohren-Arzt   Bandscheibenvorfall   Urologe   Augen
Tennisarm   Zahnarzt   Niere   Nierenstein   Grüner/Grauer Star   Zahnfleischbluten
Knochen   Gelenke   Blasenentzündung

Arzt	Körperteil(e)	Krankheiten/Beschwerden
	Hals, Nasen, Ohren	Mittelohrentzündung, Rachenmandeln
Augenarzt		
	Prostata,	
	Zähne, Kiefer	
Orthopäde		

Ein Arbeitstag im Krankenhaus

Was muss/kann/darf/soll getan werden?

Sie brauchen einen Würfel und eine Spielfigur für jede Spielerin / jeden Spieler. Gehen Sie die gewürfelten Felder vor. Machen Sie Sätze. Auf einem Pause-Feld müssen Sie nichts tun.

Beispiel: in Zimmer 15 um 7 Uhr Fieber messen – In Zimmer 15 muss um 7 Uhr Fieber gemessen werden.

START →	in Zimmer 15 um 7 Uhr Fieber messen	jeden Morgen frische Handtücher aufhängen	Herrn Sommer keinen Kaffee zum Frühstück bringen	am Mittwoch um 8 Uhr Frau Bertil röntgen	vor dem Mittag- essen dem Mann auf Zimmer 17 eine Spritze geben	um 12 Uhr Essen austeilen
						Pause
Herrn Czernys Bein hochlegen	der alten Frau von Zimmer 43 beim Essen helfen	Sabines Gips entfernen	**Pause**	Kopfhörer zum Radiohören in der Küche abholen	bei Frau Müller das Bett machen	auf dem Flur und in den Zimmern nicht rauchen
um 13 Uhr die Tabletts vom Mittagessen einsammeln						
bei Herrn Kalender und Frau Zucker Blutdruck messen	**Pause**	um 15 Uhr Sabine in den Operations- saal fahren	Herrn Müller keinen Kuchen wegen Diabetes geben	in Zimmer 12 bis 18 neue Fernseher installieren	in Zimmer 112 die Glühbirne auswechseln	**Pause**
						schmutzige Wäsche sortieren und in die Reinigung geben
ZIEL	um 6 Uhr alle Patienten wieder wecken	**Pause**	einen Kontrollgang machen	um 3 Uhr eine halbe Stunde schlafen	um 22 Uhr die Fenster schließen	um 21 Uhr Schlaftabletten ausgeben

Liebe/r ...,
wir haben lange nichts mehr voneinander gehört. Ich war schwer krank, es ging einfach nichts mehr. Mein Arzt sagte, dass ich dringend mein Leben ändern muss – mich gesünder ernähren, mehr Sport machen und so. Na ja, froh war ich über so eine Nachricht natürlich nicht. Aber ich will auch nicht in ein paar Jahren nur noch mit Medikamenten leben. Also habe ich mich radikal umgestellt. Ich gehe jetzt regelmäßig ins Fitness-Studio und mache Yoga zur Entspannung. Mein Arzt meinte nämlich, dass ich zu gestresst bin und nach der Arbeit für Entspannungsphasen sorgen muss. Aber den Job aufgeben, geht natürlich nicht. Also Yoga! Außerdem habe ich mit Basenfasten begonnen. Das heißt: morgens nur Obst, mittags einen Salat oder eine Gemüsesuppe und abends warmes Gemüse. Kein Kaffee, kein Alkohol, keine Milchprodukte und kein Fleisch. Es klappt ganz gut, nur Schokolade brauche ich zwischendurch unbedingt. Ohne kann ich nicht!
Ich hoffe, Dir geht es gut. Ich würde mich freuen, bald mal wieder von Dir zu hören.
Viele Grüße
Ines

Antworten Sie auf den Brief von Ines.

Überlegen Sie sich einen passenden Anfang und Schluss und schreiben Sie etwas zu diesen Fragen:
- Was tun Sie für Ihre Gesundheit?
- Worauf können Sie nicht verzichten, auch wenn das ungesund ist?
- Welche Gesundheitstipps haben Sie für Ines?

Nach der Meinung fragen	Die Meinung sagen	Zustimmen	Widersprechen	Unsicherheit ausdrücken

Was meinst du / meinen Sie?	Was ist deine / Ihre Meinung?	Was sagst du / sagen Sie dazu?	Sie haben noch gar nichts dazu gesagt.	Was hältst du / halten Sie davon?
Ich bin der Meinung, dass ...	Ich meine, dass ...	Ich glaube, dass ...	Ich bin sicher, dass ...	Es ist wichtig, dass ...
Ja, das denke / meine ich auch.	Das ist richtig.	Genau.	Ich bin ganz deiner / Ihrer Meinung.	Das stimmt.
Ja, das ist schon möglich, aber ...	Vielleicht hast du recht, aber ...	Nein, das glaube ich nicht.	Das ist nicht richtig.	Er / Sie hat nicht recht.
Ich weiß nicht.	Vielleicht.	Dazu kann ich wenig / nichts sagen.	Keine Ahnung.	Kann sein.

1 Welches Wort passt nicht? Streichen Sie.

a der Bauch: dick, flach, lang, groß, klein
b die Beine: lang, kurz, dünn, dick, rund
c die Nase: lang, schmal, rund, gerade, schief
d das Gesicht: schmal, rund, breit, kurz, schön
e die Hände: schief, groß, klein, breit, schmal

2 Was steht im Text? Lesen Sie und kreuzen Sie an.

a ❑ Viele Menschen finden sich selbst nicht attraktiv genug.
b ❑ Die eigene Gesundheit ist diesen Menschen aber immer noch wichtiger als Schönheit.
c ❑ Trotzdem lassen sich immer mehr Menschen operieren, weil sie besser aussehen möchten.
d ❑ Es sind mehrere Hunderttausend, die sich pro Jahr operieren lassen.
e ❑ Denn eine Schönheitsoperation wird in Deutschland von der Krankenkasse bezahlt.
f ❑ Schönheitschirurgen haben normalerweise viel Erfahrung.
g ❑ Mit Schönheitsoperationen kann ein Arzt viel Geld verdienen.
h ❑ Eine Schönheitsoperation gelingt nicht immer.

3 Lesen Sie die Sprichwörter im Test (Frage 4). Was bedeuten sie? Wählen Sie die passende Erklärung aus und ordnen Sie zu.

Echte Schönheit kommt von innen. ❑ Wer schön sein will, muss leiden. ❑
Schönheit und Verstand sind selten verwandt. ❑

a Schönheit kommt durch eine gesunde Ernährung.
b Für ein gutes Aussehen muss man etwas tun und Schmerzen akzeptieren.
c Kluge Menschen sehen meistens auch sehr gut aus.
d Ein guter Charakter ist wichtiger als Schönheit.
e Schöne Menschen sind oft nicht besonders intelligent.
f Schönheit bringt viele Vorteile mit sich.

4 Was denken Sie über diese Sprichwörter? Diskutieren Sie.

„Echte Schönheit kommt von innen“? Das ist oft ein bisschen ironisch gemeint, oder?

Ja, wenn das jemand über sich selbst sagt, ist das bestimmt ganz lustig. Aber zu einem anderen würde ich das lieber nicht sagen.

1 **Schreiben Sie die Straßennamen richtig.**

schrittewegmerkurstraßeberlinerplatzerichkästnerwegkochstraßeleipzigerstraßeanderschule-bürgermeisterweberplatz

a Schritteweg

b

c

d

e

f

g

h

2 **Suchen Sie im Internet nach Stadtplänen zu diesen Städten (z.B. www.meinestadt.de). Was für Straßennamen finden Sie? Ergänzen Sie die Beispiele in der Tabelle.**

- Aachen
- Heidelberg
- Ulm

Namen bekannter Personen	Dichter/ Schriftsteller	Vornamen	Blumen	Sonstige interessante Namen	Tiere	andere Städte
Gottlieb-Daimler-Straße						Augsburger Straße

Hinweis:
Kopieren Sie die Kopiervorlage auf festen Karton und schneiden Sie die Kärtchen aus. Wenn Sie mehr als zwanzig TN haben, kopieren Sie die Vorlage zweimal, weil Sie pro TN ein Kärtchen benötigen.

morgen regnen	die Sonne nie mehr scheinen
genug Geld haben	du/Sie morgen die Zertifikatsprüfung machen können
im Lotto gewinnen	eine Villa erben
plötzlich alle deine/Ihre Möbel weg sein	heute keinen Deutschkurs haben
noch ein Kind sein	plötzlich perfekt Deutsch sprechen können
morgen die Sonne scheinen	dein/Ihr Freund mit Familie in deine/Ihre Wohnung einziehen
einen interessanten Mann/eine interessante Frau im Internet kennenlernen	nur schlechte Noten im Zeugnis haben
ein berühmter Schriftsteller sein	einen Tag lang Politik in Deutschland machen können
nie mehr fernsehen dürfen	dein/Ihr Auto/Fahrrad kaputt sein
morgen der Kurs zu Ende sein	heute nach Zürich fliegen

Zu welchen Zeiten sollte Ihr Deutschkurs sein?

- zweimal in der Woche, morgens
- jeden Tag zwei Stunden
- …

Was wünschen Sie sich außerdem?

- mehr Kontaktmöglichkeiten zu Deutschen
- weniger Grammatikerklärungen
- …

Der ideale Sprachkurs

Wie würden Sie gern lernen?

- mehr mit dem Computer
- mal einen Film sehen
- …

Wann sollten Prüfungen sein?

- immer am Ende einer Lektion
- am Ende eines Kurses
- gar nicht
- …

Was sollte Ihr Kursraum / Ihre Schule haben?

- eine Cafeteria für die Pausen
- eine Bücherei
- …

Welche Themen würden Sie sich wünschen?

- mehr aktuelle Themen, z.B. aus den Nachrichten
- Texte über Österreich und die Schweiz
- …

Was sollte im Kursbuch sein?

- viele Bilder
- vor allem Lesetexte
- …

1 **Lesen Sie die Texte und machen Sie Notizen.**

Wie werden Inflektive gebildet? ....

Wo kommen sie vor allem vor (Beispiele)? ....

Wie wird der Inflektiv noch genannt? ....

2 **Welcher Inflektiv passt? Ergänzen Sie.**

Freu nick Ächz Seufz schwitz grübel

a Hallo Bine, na, bist Du mit Deiner Seminararbeit schon fertig? Ich muss noch wahnsinnig viel machen und hab im Moment überhaupt keine Motivation. .... ! Aber es hilft ja nichts. Gestresste Grüße von Amelie

b Hallo Ralf, es ist unglaublich! Seit Tagen haben wir hier in Athen über 40 Grad, ich muss jeden Tag dreimal duschen – .... ! Ist es bei Euch auch so heiß? Viele Grüße von Dimitra

c Hi Daniel, stell Dir vor, Jana hat Ja gesagt. Wir heiraten im Sommer. .... ! :-) Ich kann es noch gar nicht richtig glauben! Dein überglücklicher Hannes

d Britta, Du erzählst in Deinem letzten Brief so viel von Martin. Ich habe wirklich überlegt ;-) Aber .... und studier: Wer ist Martin? Ich habe echt keine Ahnung. Liebe Grüße Nina

e Hallo Ronny, ob wir mit dem Umzug fertig sind? Leider nein! Ich trage täglich Kisten in den 4. Stock – ohne Aufzug. .... ! Sind die schwer! Aber ich hab schon richtige Muskeln gekriegt. Gruß Flo

f Hi Steffi, ob ich zu Deiner Party komme? Ganz großes .... Klar komme ich! Evi

3 **Lesen Sie das Zitat aus „Wilhelm Tell“ und sehen Sie sich das Comic-Bild an.**

a Was bedeutet das Zitat?
- ❑ Wir kommen alle aus demselben Land, deshalb helfen wir uns auch in den schlimmsten Situationen.
- ❑ Wir sind alle Geschwister, nur Gefahren können uns trennen.

b Wie finden Sie die Änderung, die Erika Fuchs für den Comic erfunden hat? Was gefällt Ihnen daran (nicht)?

Machen Sie Sätze.

(keine) Lust haben   versuchen   (kein) Interesse haben   vergessen   (keine) Zeit haben   anfangen   (keine) Angst haben   aufhören

Beispiel: Ich habe keine Lust, die Grammatik zu üben.

die Grammatik üben	allein zu Hause sein
die Hausaufgaben machen	morgen pünktlich bei dir/Ihnen sein
das Geschirr in den Schrank stellen	eine Diät machen
regelmäßig Sport treiben	endlich ein Buch lesen
einen Französischkurs besuchen	rauchen
heute Abend essen gehen	von großen Hunden gebissen werden
mir alleine etwas Warmes kochen	die unregelmäßigen Verben auswendig lernen
über das Wetter schimpfen	nachts allein im Park spazieren gehen
jeden Tag wenigstens einen Apfel oder anderes Obst essen	einmal in der Woche meine Eltern besuchen
dich/sich über deinen/Ihren Sohn ärgern	meine Wohnung renovieren

1 **Wie kann man auch sagen? Es sind immer zwei Möglichkeiten korrekt.**

a Neuen Ideen gegenüber ist der Überzeuger aufgeschlossen.

- ❑ Der Überzeuger ist offen für neue Ideen.
- ❑ Der Überzeuger hat viele gute Ideen.
- ❑ Neue Ideen interessieren den Überzeuger sofort.

b Es gelingt ihm, andere zu begeistern.

- ❑ Er kann andere begeistern.
- ❑ Es ist kein Problem für ihn, andere zu begeistern.
- ❑ Er lässt sich gern von anderen begeistern.

c Der Bewerter hat nie Lust, Routinearbeiten zu erledigen.

- ❑ Der Bewerter mag keine Routinearbeiten.
- ❑ Der Bewerter beschwert sich über Routinearbeiten.
- ❑ Der Bewerter macht Routinearbeiten nicht gern.

d Der Entscheider hat das Talent, alles perfekt zu organisieren.

- ❑ Der Entscheider will die Organisation an Talente delegieren.
- ❑ Der Entscheider ist ein echtes Organisationstalent.
- ❑ Der Entscheider ist sehr gut im Organisieren.

2 **Wie kann man hier auch sagen? Schreiben Sie die Sätze anders.**

a Der Macher erledigt sämtliche Routinearbeiten.

....

b Der Bewahrer unterstützt schwächere Teammitglieder.

....

c Er steht Veränderungen reserviert gegenüber.

....

Was brauchen Sie? Was brauchen Sie nicht zu tun? Was müssen/können Sie tun? Machen Sie Sätze.

Beispiel: Als Lehrer braucht man viel Geduld.

START →	als Lehrer viel Geduld	als Maler viele Farben	als Polizist gute Nerven	als Verkäufer nicht reisen	als Maler keine Bilder malen	als Sekretärin Kaffee kochen
als Kranken-schwester medizinische Fach-ausdrücke kennen	als Taxifahrer Führerschein	als Koch selten Computer-kenntnisse	als Gärtner an der frischen Luft arbeiten	als Personalchef Menschen-kenntnis	als Firmenchef nie um Erlaubnis fragen	als Kranken-schwester nicht operieren
als Koch in der Küche arbeiten	als Koch Gewürze	als Mechaniker keine Fremd-sprache sprechen	als Anwalt keinen Kaffee kochen	als Kunstmaler keine Wände streichen	als Tischler viel mit Holz arbeiten	als Tierarzt Tiere mögen
als Koch eine feine Zunge	als Arzt Blut sehen können	als Sekretärin keinen Führerschein haben	als Bauer mit Tieren umgehen können	als Tischler nicht im Büro arbeiten	als Arzt nicht im Freien arbeiten	als Seemann die Welt sehen
als Pfarrer die Menschen lieben	als Dachdecker bei Schnee nicht auf Dächern arbeiten	als Verkäufer nie nachts arbeiten	als Chef keine dummen Fragen beantworten	als Friseur keine guten Nerven	als Friseur den Laden fegen	als Taxifahrer gute Ortskenntnisse
					ZIEL	als Verkäufer am Wochenende arbeiten

Ein Bewerbungsschreiben. Ergänzen Sie die Lücken.

als Kellnerin   auf die Stellenanzeige   Über eine Einladung   meine Deutschkenntnisse
Ihr Stellenangebot   zu meinen Aufgaben   die Prüfung zum Zertifikat Deutsch
Es macht mir Freude

Barbara Frattini
Riesenstr. 47
46145 Oberhausen

Café „Bellwinkel"
Frau Gisela Funke
John-Lennon-Platz 40
46045 Oberhausen

Oberhausen, 12. August 20..

Bewerbung .... „Aushilfskellnerin für die Sommermonate" in der Rheinischen Post

Sehr geehrte Frau Funke,

.... interessiert mich sehr. Ich habe Erfahrung .... , denn in meiner Heimat Italien habe ich schon als Jugendliche in der Pizzeria meines Vaters geholfen. Es gehörte .... , die Bestellungen aufzunehmen und die Getränke an der Theke einzuschenken.
Seit drei Monaten studiere ich in Deutschland. Da ich schon in der Schulzeit Deutsch gelernt habe, sind .... sehr gut. Ich habe auch .... abgelegt.
.... , mit Menschen umzugehen, und ich kann mir deshalb sehr gut vorstellen, in meinen Semesterferien in Ihrem Café zu arbeiten.
.... zu einem persönlichen Gespräch würde ich mich freuen.

Mit freundlichen Grüßen
Barbara Frattini

1 **Sehen Sie das Bild im Kursbuch an und beschreiben Sie die Personen. Wie wirken sie? Sprechen Sie mit Ihrer Partnerin / Ihrem Partner.**

gelangweilt skeptisch motiviert neugierig neutral begeistert konzentriert aufmerksam abwesend ...

Die Frau, die steht und spricht, wirkt auf mich sehr motiviert. Sie ist von ihrem Thema wirklich begeistert.

Ja, aber die Zuhörer sind nicht so begeistert. Der Mann neben ihr zum Beispiel ...

2 **Was bedeuten diese Sätze? Erklären Sie. Die Stichwörter im Kasten helfen Ihnen.**

etwas Neues ausprobieren immer wieder dasselbe denken, sagen und machen und trotzdem zu keinem Ergebnis kommen negativ sein am besten sofort anfangen keine Probleme damit haben zu tun, was andere sagen selbst aktiv werden

a Ihr dreht euch dauernd nur im Kreis!
b Es ist Zeit, mal endlich aufzuwachen!
c Hört auf, die Welt so grau zu machen.
d Geht doch mal auf neuen Wegen!
e Macht's euch denn nichts aus, immer nur zu funktionieren?
f Ihr solltet keine Zeit verlieren.

Das heißt (so viel wie): ...
Das bedeutet: ...
Mit anderen Worten bedeutet / heißt das: ...
Ich verstehe den Satz so: Man soll ...

3 **Ergänzen Sie die Gespräche mit dem passenden Ausdruck aus Übung 2.**

a ◆ Stell dir vor, wir sollen jetzt alle zwei Stunden länger arbeiten – ohne mehr Lohn. Aber was will man machen? So ist das Berufsleben heute.
● Mensch, Evi, ich finde wirklich: *Es ist Zeit, mal endlich aufzuwachen* .... und etwas dagegen zu tun!

b ◆ Bei uns in der Firma soll es zwei neue Manager-Stellen geben. Stefan und ich überlegen, ob wir uns bewerben sollen.
● Was gibt es da zu überlegen? .... und sofort eure Bewerbung losschicken.

c ◆ Puh, war das heute wieder ein Tag! Vier Stunden hat das Meeting gedauert, aber meinst du, wir wären zu einem Ergebnis gekommen?
● Das Gefühl habe ich bei eurer Firma schon lange: .... , aber Ergebnisse gibt es keine.

d ◆ Also, in unserem Land ist es ganz normal, dass wir alles machen, was der Chef sagt.
● Wirklich? .... ? Ich könnte das nicht, ich muss immer meine eigene Meinung sagen.

Mary kommt aus England. Im Moment lebt sie in Hamburg. Aber einmal im Jahr fährt sie nach Hause. „Das muss sein“, sagt sie. Wir haben sie gefragt, warum.

Lesen Sie die Antworten und machen Sie Sätze mit *damit* und/oder *um ... zu*.

Mary fährt einmal im Jahr nach Hause, ...

a ihre Kinder ein paar Wochen Englisch sprechen müssen

b selbst Englisch sprechen

c ihre Eltern sehen

d ihr Mann englische Bücher kaufen können

e ihre alten Freunde sehen

f die Großeltern ihre Enkelkinder sehen

g mal wieder auf der linken Straßenseite Auto fahren

h die Glocken von Big Ben hören

i durch ihre Heimatstadt gehen

j ihr Sohn englische Bonbons essen können

k Marys Bruder Fotos von der ganzen Familie machen können

l ihren Kindern London zeigen

m Filme auf Englisch sehen

n ihre Mutter für alle ihren berühmten Plumpudding kochen können

o ihr Mann sich neue Schuhe kaufen (Er trägt nur Schuhe aus England.)

Hinweis: Schneiden Sie die Kärtchen aus und kleben Sie sie auf festen Karton.

Sie sollten alte Briefe sortieren, um ... zu ...	Bitte seien Sie am Telefon freundlich zu den Kunden, damit ...	Ach ja, buchen Sie keine Flüge für mich, ohne ... zu ...
Sie dürfen keine wichtigen Entscheidungen treffen, ohne ... zu ...	Und lassen Sie sich Hotelreservierungen immer schriftlich bestätigen, statt ... zu ...	Ja, Sie haben 30 Minuten Pause, um ... zu ...
Telefonieren Sie bitte nur dienstlich, statt ... zu ...	Sie sollten nicht früher nach Hause gehen, ohne ... zu ...	Ich werde Sie zu einem Computerkurs anmelden, damit ...
In dringenden Fällen rufen Sie mich bitte sofort an, statt ... zu ...	Wenn Sie krank werden, gehen Sie bitte nicht, ohne ... zu ...	Und Sie können sich Informationen aus dem Internet holen, um ... zu ...
Ach ja, neue E-Mails lesen Sie bitte sofort, statt ... zu ...	Die Post sollten Sie morgens sofort öffnen, damit ...	Ach, teilen Sie mir Ihre Urlaubstermine rechtzeitig mit, damit ...

Stellen Sie Ihre Spielfigur auf ein beliebiges Feld.
Würfeln Sie und ziehen Sie Ihre Spielfigur.

Freizeit	Wetter	Musik	traditionelle Speisen und Getränke	Sprache(n)
berühmte Personen				Haustiere
Fernsehen				Feste und Feiertage
Schulsystem				Landschaft
Sehens-würdig-keiten				Wohnen
Verkehr	Hauptstadt	Regierung	Menschen	Kinder

Erzählen Sie etwas über Ihr Lieblingsland!

Das Feld gibt Ihnen das Thema an.
Beispiel: Wetter: „In Italien regnet es nicht so oft wie bei uns, und es ist auch nicht so kalt."
Die anderen dürfen auch Fragen stellen: „Und wie warm ist es jetzt in Italien?"

Sprechen Sie eine Minute.
Ein TN sieht auf die Uhr.

Hinweis: Schneiden Sie die Dominosteine aus und verteilen Sie je einen Satz Dominosteine an jede Gruppe.

Das ist mir zu teuer / zu ...	*dem Kunden etwas anbieten*	Wie wär's mit ...?	*das Gespräch beenden*
Darf ich Ihnen ... empfehlen?	*das Gespräch beenden*	Wenn Sie noch Wünsche haben, melden Sie sich bei uns.	*um Hilfe/ Informationen bitten*
Vielen Dank für Ihre Mühe.	*den Kunden ansprechen*	Ich hätte gern ...	*sich nicht entscheiden können*
Kann ich etwas für Sie tun?	*um Hilfe/ Informationen bitten*	Ich kann mich noch nicht entscheiden.	*den Kunden ansprechen*
Dürfte ich Sie etwas fragen?	*sich nicht entscheiden können*	Haben Sie einen (bestimmten) Wunsch?	*um Hilfe/ Informationen bitten*
Das muss ich mir noch überlegen.	*sich nicht entscheiden können*	Ist es möglich ...?	*dem Kunden etwas anbieten*
Es kommt darauf an, was es kostet.	*um Hilfe/ Informationen bitten*	Kann ich sonst noch etwas für Sie tun?	*den Kunden ansprechen*
Entschuldigung, können Sie mir helfen?	*dem Kunden etwas anbieten*	Sie wünschen?	*sich nicht entscheiden können*
Darf ich Ihnen ... anbieten?	*dem Kunden etwas anbieten*	Sind Sie sicher?	*das Gespräch beenden*

Kopiervorlage „Zwischenspiel zu Lektion 6“

1 Hören Sie die Texte 1-3 noch einmal. Was ist richtig? Kreuzen Sie an.

Hörtext 1: Was ist die Meinung des Mannes auf der Kiste?
- ☐ Die Menschen hätten mehr Freizeit, wenn sie schneller arbeiten würden.
- ☐ Schnelleres Arbeiten bringt nicht mehr Zeit.

Was ist sein Vorschlag?
- ☐ Die Menschen sollen nicht mehr so hektisch sein und sich Zeit lassen.
- ☐ Die Menschen sollen Zeit sparen, dann können sie die schönen Dinge des Lebens besser genießen.

Hörtext 2: Was ist Herrn Müllers Problem?
- ☐ Er hat sehr viel Arbeit und kann sich nicht ausruhen.
- ☐ Er hat keine Arbeit und ist deshalb gestresst.

Was ist die Lösung für sein Problem?
- ☐ Er muss sich doppelt so oft entspannen und nur die Hälfte der Zeit arbeiten.
- ☐ Er muss immer wieder die Anti-Stress-Maske tragen.

Hörtext 3: Warum hat der Kunde es eilig?
- ☐ Er will zu Fuß nach Hamburg gehen.
- ☐ Sein Zug fährt gleich ab.

Was erklärt ihm der Hotdog-Verkäufer?
- ☐ Züge können nicht gehen und Menschen können nicht fahren.
- ☐ Züge können abfahren und Menschen können mitfahren.

2 „Gehen“ hat viele Bedeutungen. Ordnen Sie zu.

a funktionieren   b möglich sein   c passen, Platz haben   d gekauft werden
e den Arbeitsplatz aufgeben

1 Meine Uhr geht nicht mehr. Ich muss wohl eine neue Batterie kaufen. ☐
2 Der Zitronenkuchen geht zurzeit am besten. Wir mussten heute schon 15 Kuchen backen. ☐
3 Meine Lieblingskollegin geht Ende des Monats. Sie hat eine neue Stelle in Berlin. ☐
4 Ins Kino? Heute habe ich leider keine Zeit, aber morgen geht es. Einverstanden? ☐
5 Das Sofa ist viel zu groß. Das geht nie durch die Tür! ☐

3 Kurt und seine Mutter sprechen wenig. Trotzdem erfährt man viel über die Personen. Hören Sie Text 4 noch einmal und berichten Sie.

a Wie ist die Beziehung zwischen Kurt und seiner Mutter?

b Was für ein Typ ist die Mutter, wie ist Kurt?

c Warum „liebt“ Kurt den Bahnhof an Tagen wie diesem?

DAS BAUMHAUS

DER WOHNWAGEN

DIE MODERNE VILLA

DIE INSELHÜTTE

DAS EINFAMILIENHAUS MIT GARTEN

DER BAUERNHOF

DER WOLKEMKRATZER

DAS IGLU

1 **Regeln und Vorschriften: Was ist das Thema der Texte? Ordnen Sie zu.**

Kinder Tiere Treppenhaus Grillen Feste feiern

a ist erlaubt – zumindest, solange Rücksicht auf die Nachbarn genommen wird. Das gilt insbesondere nach 22.00 Uhr. Auch bei Geburtstags- oder Hochzeitsfeiern müssen die Nachbarn keine übermäßigen Störungen und erst recht keinen Lärm bis frühmorgens akzeptieren. Hier gilt dann Zimmerlautstärke.

b und Flure sind Gemeinschaftsräume wie Waschküche, Speicher oder Partykeller. Mieter dürfen Fußmatten vor ihrer Tür auslegen. Bei schlechter Witterung dürfen Schuhe auf der Fußmatte abgestellt werden. Blumenkübel im Treppenhaus oder vor der Wohnungstür oder ein kleiner Schuhschrank sind auch erlaubt, wenn die Mitbewohner bei der Nutzung des Treppenhauses nicht beeinträchtigt werden.

c Kleintiere wie zum Beispiel Zierfische, Hamster oder Wellensittiche dürfen Mieter immer halten. Anders ist es beispielsweise bei Hunden: Hier gilt, was im Mietvertrag steht. Kommt es wegen der Tierhaltung zu Störungen im Mietshaus – Lärm, Gestank – oder fühlen sich die Mieter durch gefährliche Tiere, wie Kampfhunde, Schlangen und Ähnliches, verunsichert, kann der Vermieter die Abschaffung des Haustieres verlangen und durchsetzen.

d Die Gerichte erwarten hier eine „erhöhte Toleranz“. Das gilt insbesondere bei dem üblichen Babygeschrei von Säuglingen und Kleinkindern, aber auch bei „normalem“ Spielen in der Wohnung, bei Lachen, Türenschlagen, Trampeln, Rennen usw. Aber es gibt auch für Kinder und deren Eltern keinen Freibrief für rücksichtsloses Lärmen rund um die Uhr. Kinder sollten nicht von Stühlen oder Betten springen; die Wohnung ist kein Ersatz für einen Fußball- oder Spielplatz.

e Es gibt kein „Grillgesetz“. Eigentlich ist es erlaubt, solange der Rauch und der Grillgeruch die Nachbarn nicht extrem stören und solange es nicht ausdrücklich im Mietvertrag verboten ist.

2 **Lesen Sie noch einmal und kreuzen Sie an: erlaubt oder nicht erlaubt?**

	Das ist erlaubt.	Das ist nicht erlaubt.
1 Ihre Nachbarn beschweren sich darüber, dass Sie Ihre schmutzigen Schuhe vor der Wohnungstür abgestellt haben. Dürfen Sie Ihre Schuhe dort abstellen?	❑	❑
2 Ihre Nachbarin beschwert sich bei der Hausverwaltung über Ihre Kinder: Sie sollen nicht mehr durch die Wohnung rennen. Aber Kinder dürfen das doch, oder?	❑	❑
3 Ihre Nachbarn grillen im Hof. Sie können nicht schlafen, weil der Rauch in Ihr Schlafzimmer dringt. Dürfen die Nachbarn trotzdem weiter grillen?	❑	❑
4 Der Hund Ihres Nachbarn bellt oft stundenlang. Darf er das?	❑	❑
5 Sie feiern Ihren Geburtstag zu Hause. Es wird etwas lauter. Ihre Nachbarin verlangt, dass Sie aufhören. Darf trotzdem weitergefeiert werden?	❑	❑

1 **Lesen Sie die Sätze und ergänzen Sie.**

Gastarbeiter Wiedervereinigung Aufschwung Niemandsland

a Von 1949 bis 1989 gab es zwei deutsche Staaten. Die Menschen in der DDR protestierten 1989 dagegen und es gelang: Die beiden deutschen Staaten wurden wieder ein Land. Und so feiern die Deutschen jedes Jahr am 3. Oktober die ……………………………………………… .

b Wenn nicht klar ist, welchem Staat ein Stück Land gehört, nennt man das ……………………………… . In diesem Fall war es aber anders: Das Land gehörte der DDR. Sie verzichtete aber darauf, es zu nutzen.

c Viele Menschen waren nach dem Krieg (1939-1945) sehr arm. Erst in den 60er-Jahren verbesserte sich die wirtschaftliche Situation. Der ……………………………………………… war endlich da!

d Die wirtschaftliche Lage war so gut, dass man Arbeitskräfte aus dem Ausland holte. Man nannte sie ………………………………………………, weil man dachte, dass sie nur ein paar Jahre in Deutschland bleiben und dann wieder in ihr Heimatland zurückgehen würden.

2 **Lesen Sie den Text noch einmal und kreuzen Sie an: richtig oder falsch?**

		richtig	falsch
a	Das Grundstück im Norden der Thomaskirche gehörte früher zur DDR.	❑	❑
b	Als die DDR-Regierung die Mauer baute, lag die Kirche auf der Westseite der Mauer.	❑	❑
c	Die Berliner im Westen interessierten sich nicht für das Grundstück.	❑	❑
d	Sie vermieteten das Grundstück deshalb an den Gastarbeiter Osman Kalin.	❑	❑
e	Als 1989/1990 die Mauer fiel, machte Kalin das Grundstück größer und baute ein Haus darauf.	❑	❑
f	Weil den Touristen das komische Haus so gut gefällt, darf es stehen bleiben.	❑	❑

3 **Was erfahren Sie über den Berliner Stadtteil Kreuzberg? Ergänzen Sie.**

a Wie viele Einwohner? ………………………………………………………………

b Wie viel Prozent Ausländer? ………………………………………………………………

c Aus welchem Land kommen die meisten? ………………………………………………………………

Als ich gestern nach Hause fuhr, ...	Obwohl ..., fühle ich mich hier wohl.	Wir haben oft Besuch von Verwandten, weil ...
Ich liebe Krimis. Deshalb ...	Als ..., war ich ziemlich nervös.	Ich mache keinen Sport, weil ...
Jedes Mal, wenn ich Urlaub hatte, ...	Ich gehe gern ins Restaurant, obwohl ...	Als ..., habe ich mich total gefreut.
Ich erinnere mich gern an meine Kindheit, weil ...	Ich möchte abnehmen. Deshalb ...	Als ich heiratete, ...
Manchmal fühle ich mich hier allein, obwohl ...	Wenn ich mit meinen Eltern telefonierte, ...	Ich gehe nicht oft tanzen, obwohl ...
Als ich noch zur Schule ging, ...	Sport interessiert mich überhaupt nicht. Deshalb ...	Obwohl ..., fahre ich oft in die Natur zum Wandern.
Deutsch ist ganz anders als meine Muttersprache. Trotzdem ...	Ich gehe selten ins Kino, weil ...	Ich finde Science-Fiction-Filme langweilig. Deshalb ...
Obwohl ..., macht es mir Spaß.	Ich muss bei Liebesfilmen immer weinen. Trotzdem ...	Als ich meine Ausbildung beendete, ...
Ich gehe gern ins Kino, weil ...	Immer wenn ..., war ich ganz nervös.	Als ..., war ich sehr traurig.

Ich habe kein Auto, obwohl ...	Ich telefoniere manchmal lange mit meiner Familie, weil ...	Meine Eltern leben in einer anderen Stadt. Deshalb ...
Als ich endlich meinen Führerschein hatte, ...	Ich mache ziemlich viel Sport, weil	Wir fahren oft mit dem Fahrrad, obwohl ...
Ich ... Trotzdem sehe ich gern Zeichentrickfilme.	Als ich zum ersten Mal in den Deutschkurs ging, ...	Ich habe viele Freunde, obwohl ...
Immer wenn ..., hat mir meine Mutter eine Geschichte vorgelesen.	Ich möchte unbedingt meinen Führerschein machen, weil ...	Als ich 18 wurde, ...
Manchmal bin ich traurig, weil ...	Ich schreibe viele E-Mails, weil ...	Als ..., musste ich vieles neu lernen.
Ich fahre immer mit dem Auto in die Stadt, obwohl ...	Weil ..., suche ich eine Arbeit.	Als ..., war ich total stolz.
Jedes Mal, wenn ich tanzen gehen wollte, ...	Ich lerne Deutsch, weil ...	Immer wenn ich einen interessanten Film gesehen habe, ...
Obwohl ..., schreibe ich selbst keine Briefe.	Meine Freunde wohnen weit weg. Trotzdem ...	Immer wenn ich an meine Kindheit denke, ...
Ich kenne *Star Wars* nicht, obwohl ...	Als ich nach Deutschland kam, ...	Jedes Mal, wenn meine Cousine zu Besuch kam, ...

START

Erzählen Sie.
Wann und warum haben Sie Ihre erste Fremdsprache gelernt?

Erklären Sie.
Was bedeutet „Muttersprache“?

Wie lernen Sie neue Wörter am besten? Erzählen Sie.

Spinat ist gesund! Was sagen Sie dazu?

Was bedeutet diese Geste?

Die Frau auf dem Amt spricht zu schnell. Was sagen Sie?

Nennen Sie fünf Körperteile und den Artikel (*der*, *das* oder *die*).

Erzählen Sie.
Warum hat Nasseer die Marsstraße nicht gefunden?

Erzählen Sie.
Wo und wann sprechen Sie Deutsch?

Erinnern Sie sich noch? Stress macht die Zähne kaputt. Richtig oder falsch?

Erklären Sie:
Was ist eine Krankengymnastin?

Erklären Sie:
Was sind die positiven Seiten von Zweisprachigkeit?

Was macht die Ärztin hier?

Machen Sie eine passende Geste:
„Keine Ahnung!“

Jemand erklärt Ihnen den Weg zum Bahnhof. Aber Sie haben den letzten Satz nicht verstanden. Was sagen Sie?

Was bedeutet diese Geste?

Was tun Sie gegen Stress?

Nennen Sie drei Körperteile, die mit „H“ beginnen.

ZIEL

Wenn Sie oft Rückenschmerzen hätten, würden Sie an einem Kurs „Starker Rücken, schmerzfreier Rücken“ teilnehmen? Begründen Sie Ihre Entscheidung.

Ergänzen Sie.

Wenn ich Nasseers Auto fahren könnte, ...

Was macht die Ärztin hier?

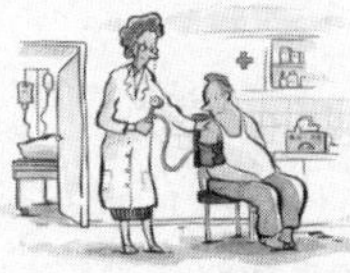

Wann hatten Sie zuletzt Rücken- oder Kopfschmerzen? Was tun Sie dagegen?

Nennen Sie drei Planeten.

Erzählen Sie von einem Hausmittel gegen eine Krankheit.

Ergänzen Sie.

Wenn ..., würde ich zu Fuß nach Hause gehen.

Was tun Sie für Ihre Gesundheit? Erzählen Sie.

Ihr Freund möchte an einer Sprachschule Griechisch lernen. Das wäre seine dritte Fremdsprache. Was raten Sie ihm?

Ihre Kollegin hat Kopfschmerzen. Was raten Sie ihr?

Beschreiben Sie diese Gymnastikübung.

Ihr Partner spricht undeutlich. Was sagen Sie?

Ihr Freund hat ständig Halsschmerzen. Geben Sie ihm einen Tipp.

Was meinen Sie? Wie viele Sprachen sollte ein Kind lernen?

Erzählen Sie, was Sie über Hatice Akyün wissen.

Ergänzen Sie.

Mein Bein tut weh. Darum ...

Ergänzen Sie.

Wenn ich Nasseers Job hätte, ...

Beschreiben Sie diese Gymnastikübung.

Was muss noch gemacht werden? Nennen Sie vier Dinge.

Machen Sie eine passende Geste: „Ganz ruhig! Sprechen Sie bitte langsamer!“

Ergänzen Sie.

Wegen ... konnte ich gestern keine Hausaufgaben machen.

Treiben Sie Sport? Welchen?

Was wird hier gemacht?

Erzählen Sie.

Wie lernen Sie Deutsch?

Beschreiben Sie diese Gymnastikübung.

Beschreiben Sie die Person, die links neben Ihnen sitzt.

A

Sie sitzen sich zu zweit gegenüber. Eine/r erhält Kopie A, die/der andere B. Lesen Sie abwechselnd die Fragen vor. Ihre Partnerin / Ihr Partner antwortet. Wenn die Antwort korrekt ist, haken Sie die Frage in dem dafür vorgesehenen Feld (links von der Frage) ab. Bei einer falschen Antwort korrigieren Sie Ihre Partnerin / Ihren Partner, haken Sie die Frage nicht ab, sondern stellen Sie sie am Schluss noch einmal.

○ **1.** Beschreiben Sie, wie Sie gern arbeiten möchten.
(freie Lösung)

○ **2.** Erklären Sie: Was ist wichtig für den Erfolg eines Teams?
(Lösungsvorschlag: Die Zusammensetzung des Teams : Stärken und Schwächen sollten sich ergänzen.)

○ **3.** Stellen Sie sich vor, dass Sie selbstständig sind. Was brauchen Sie nicht zu tun? Nennen Sie drei Beispiele.
(freie Lösung, z.B.: Ich brauche mich nicht mehr zu bewerben. Ich brauche keine Angst vor einer Kündigung zu haben. Ich brauche keinen Chef zu fragen.)

○ **4.** Ein Verkäufer im Möbelgeschäft fragt Sie: „Kann ich Ihnen helfen?“ Was antworten Sie?
(freie Lösung)

○ **5.** Sagen Sie es mit „damit“.
Ich passe auf die Kinder meiner Schwester auf. Sie kann mit ihrem Mann ins Theater gehen.
(Ich passe auf die Kinder meiner Schwester auf, damit sie mit ihrem Mann ins Theater gehen kann.)

○ **6.** Sagen Sie es anders.
Von hundert Männern möchte jeder Dritte keine Kinder haben.
(Circa 33 Prozent möchten / Etwa ein Drittel der Männer möchte keine Kinder haben.)

○ **7.** Nennen Sie drei Berufe, in denen man viel Kundenkontakt hat.
(Lösungsvorschlag: Friseur, Pizzalieferant, Reiseverkäufer)

○ **8.** Beschreiben Sie eine Sehenswürdigkeit in Ihrem Lieblingsland.
(freie Lösung)

○ **9.** Erklären Sie: Was bedeutet „Pharmaindustrie“?
(Lösungsvorschlag: Pharma- ist alles, was mit Medikamenten zu tun hat. Die Pharmaindustrie stellt Medikamente her.)

○ **10.** „Statt“, „um“ oder „ohne“? Was passt?
Ich habe dir einen Kuchen gebacken, ... dir eine Freude zu machen.
(Ich habe dir einen Kuchen gebacken, um dir eine Freude zu machen.)

○ **11.** Sie haben eine Stellenanzeige für einen Kellner gelesen und rufen bei der Firma an. Wie beginnen Sie das Gespräch?
(Lösungsvorschlag: Guten Tag, mein Name ist ... Ich interessiere mich für die Stelle als Kellner. Ist das noch aktuell?)

○ **12.** Welche Grußformel schreiben Sie in einem privaten Brief?
*(als Mann: Liebe/Viele Grüße als Frau: Liebe/Viele Grüße
Dein ... Deine ...)*

B

Sie sitzen sich zu zweit gegenüber. Eine/r erhält Kopie A, die/der andere B. Lesen Sie abwechselnd die Fragen vor. Ihre Partnerin / Ihr Partner antwortet. Wenn die Antwort korrekt ist, haken Sie die Frage in dem dafür vorgesehenen Feld (links von der Frage) ab. Bei einer falschen Antwort korrigieren Sie Ihre Partnerin / Ihren Partner, haken Sie die Frage nicht ab, sondern stellen Sie sie am Schluss noch einmal.

❍ **1.** Beschreiben Sie, was Sie beruflich zuletzt gemacht haben.
(freie Lösung)

❍ **2.** Erklären Sie eine Kreativitätstechnik.
(Lösungsvorschlag: Jeder überlegt sich eine Idee und stellt sie vor. Das ganze Team versucht dann, zwei Ideen zu kombinieren.)

❍ **3.** Stellen Sie sich vor, dass Sie pensioniert sind. Was brauchen Sie nicht zu tun? Nennen Sie drei Beispiele.
(Lösungsvorschlag: Ich brauche morgens nicht früh aufzustehen. Ich brauche nicht ins Büro zu gehen. Ich brauche nicht bis 17.00 Uhr zu arbeiten.)

❍ **4.** Eine Verkäuferin in einer Parfümerie sagt: „Hier, dieses Parfüm von Christian Dior kann ich Ihnen sehr empfehlen. Es kostet nur 199 Euro, ein Sonderangebot." Was antworten Sie?
(freie Lösung, z.B. Oh, vielen Dank, aber das ist mir zu teuer. Haben Sie nicht etwas Preiswerteres?)

❍ **5.** „Statt", „um" oder „ohne"? Was passt?
Du sollst nicht an die Schokolade gehen, ... zu fragen.
(Du sollst nicht an die Schokolade gehen, ohne zu fragen.)

❍ **6.** Sagen Sie es anders: 50 % der Schulkinder gehen abends zu spät ins Bett.
(Die Hälfte der Schulkinder / Jedes zweite Schulkind geht abends zu spät ins Bett.)

❍ **7.** Nennen Sie drei Fähigkeiten oder Stärken, die man in einer Bewerbung nennen kann.
(Lösungsvorschlag: Sprachkenntnisse, Teamfähigkeit, Flexibilität)

❍ **8.** Beschreiben Sie das Klima in Ihrem Lieblingsland.
(freie Lösung)

❍ **9.** Erklären Sie: Was heißt „Der Kunde ist König"?
(Lösungsvorschlag: Der Kunde sollte sehr gut behandelt werden. Man sollte seine Wünsche erfüllen.)

❍ **10.** Sagen Sie es mit „damit": Ich gehe mit dir zum Friseur. Du sollst dir endlich die Haare schneiden lassen.
(Ich gehe mit dir zum Friseur, damit du dir endlich die Haare schneiden lässt.)

❍ **11.** Sie bewerben sich schriftlich für ein Praktikum. Wie beginnen Sie das Bewerbungsanschreiben?
(Lösungsvorschlag: Sehr geehrter Herr ... / Sehr geehrte Frau ..., ich möchte mich für ein Praktikum bewerben.)

❍ **12.** Welche Grußformel schreiben Sie in einem Bewerbungsanschreiben?
(Mit freundlichen Grüßen)

Test zu Lektion 1

Name: ....

1 **Was war vorher passiert? Ergänzen Sie in der richtigen Form.**

Beispiel: Mein Bruder war glücklich. Er hatte.... endlich die Führerscheinprüfung geschafft... (schaffen)

a Als sie endlich den richtigen Raum fanden, ... der Unterricht schon .... (beginnen)

b Weil ich die Milch .... (vergessen), musste ich noch einmal zum Supermarkt gehen.

c Im Flur brannte noch Licht, obwohl ich alle Lampen ....(ausschalten)

d Ich war wieder mal zu spät und traf meine Kollegin nicht mehr. Sie .... schon .... (gehen)

Punkte ..... / 4

2 ***Wenn* oder *als*? Ergänzen Sie.**

Beispiel: Jedes Mal, wenn.......... meine Tante zu Besuch kam, bin ich krank geworden. Warum nur?

a Wir sind nach Deutschland gekommen, ... unsere Tochter vier Jahre alt war.

b .... ich in der Ausbildung war, habe ich meinen Mann kennengelernt.

c .... ich früher Liebeskummer hatte, habe ich immer sehr viel Schokolade gegessen.

d Ich war jedes Mal so glücklich, ... ich zu meiner Oma fahren durfte.

Punkte ..... / 2

3 **Berichten Sie.**

Beispiel: Wenn ich früher vom Deutschkurs nach Hause kam, legte ich mich zuerst eine Stunde auf das Sofa.

a Als ich noch ein Kind war, ...

b Wir hatten als Kinder immer so viel Spaß, ...

c ...., wenn ich Ferien hatte.

d Als ich noch kein Deutsch konnte, ...

e Wenn meine Oma mir eine Geschichte vorlas, ...

f ...., als ich geheiratet habe.

Punkte ..... / 6

4 **Ergänzen Sie in der richtigen Form.**

Ein deutscher Autor:
Günter Grass

Beispiel: Günter Grass *wurde* .... am 16. Oktober 1927 geboren. (werden)

a Er .... der Sohn deutsch-polnischer Eltern. (sein)

b In Danzig .... er aufs Gymnasium. (gehen)

c Von 1944 bis 1945 .... er als Soldat in den Krieg ziehen. (müssen)

d Nach dem Krieg .... er an der Kunstakademie in Düsseldorf ein Studium der Grafik und Bildhauerei. (beginnen)

Bildhauer: ein Künstler, der aus Holz oder Stein Figuren macht

e Später .... er an der Hochschule für Bildende Künste in Berlin. (studieren)

f 1954 .... er Anna Schwarz. (heiraten)

g Seinen ersten großen Erfolg als Schriftsteller .... er 1959 mit dem Roman „Die Blechtrommel". (feiern)

h 1999 .... er den Nobelpreis für Literatur. (bekommen)

Punkte ..... / 8

5 **Ein außergewöhnliches Ereignis. Schreiben Sie an eine Freundin / einen Freund. Verwenden Sie die folgenden Stichworte und Ausdrücke.**

Handtasche geraubt   alles weg: Geldbörse, Ausweis, Schlüssel   Glück: in Hosentasche noch 5 Euro   mit dem Bus nach Hause   an der Haustür: die Handtasche mit Ausweis, Schlüssel und ein Brief vom Räuber   Entschuldigung des Räubers: Geld für Lottoschein gebraucht

Stell Dir vor ...   Du kannst Dir denken, dass ...   Ist das nicht unglaublich?
Was sagst Du dazu?

Liebe/r ...,

stell Dir vor: ...

Punkte ..... / 10

Insgesamt: .... / 30

Bewertungsschlüssel	
30 – 27 Punkte	sehr gut
26 – 23 Punkte	gut
22 – 19 Punkte	befriedigend
18 – 15 Punkte	ausreichend
14 – 0 Punkte	nicht bestanden

Name: ....

1 **Positiv oder negativ? Kreuzen Sie an.**

Beispiel: Gestern waren wir auf Beates Geburtstagsfest. Das war *echt gut.* ☒ ☺ 😐 ☹ Wir haben uns sehr gut amüsiert.

a Oje! Morgen muss ich *total früh* 😊 ☺ 😐 ☹ aufstehen. Meine Eltern kommen aus dem Urlaub zurück und ich soll sie um sechs Uhr am Flughafen abholen.

b Woody Allens Filme haben mir schon immer gefallen. Aber seinen neuen Kinofilm finde ich *besonders toll.* 😊 ☺ 😐 ☹ Ich habe schon lange nicht mehr so viel gelacht wie in diesem Film!

c Hast du gestern auch den Krimi „Der dritte Mann" gesehen? Ich fand ihn *ziemlich langweilig.* 😊 ☺ 😐 ☹

d Ich finde es *echt klasse* 😊 ☺ 😐 ☹ , dass ihr zu meiner Party gekommen seid!

e Kennst du den Film „When night is falling"? Er ist in Deutschland leider *überhaupt nicht bekannt.* 😊 ☺ 😐 ☹

f Kirsten Dunst hat mir in „Spiderman II" *nicht so gut* 😊 ☺ 😐 ☹ gefallen. In „Spiderman I" hat sie besser gespielt.

g Der Film hat *ziemlich lange* 😊 ☺ 😐 ☹ gedauert, 40 Minuten länger als sonst. Wir waren erst um ein Uhr nachts zu Hause.

h Am Wochenende waren wir im Freizeitpark Fantasialand. Es war *gar nicht so* teuer 😊 ☺ 😐 ☹ , wie ich gedacht hatte.

Punkte ..... / 8

2 **Ergänzen Sie *obwohl, trotzdem, weil* oder *deshalb.***

Beispiel: Nasseer findet „Star Wars" langweilig, *weil*.................. immer die Guten gewinnen.

a Luisa geht mit ihrem Freund ins Kino, ... der Film sie nicht interessiert.

b Ich mag keine Science-Fiction-Filme. .... habe ich mir auch „Star Wars Episode 3" nicht angesehen.

c Der Film kommt erst um 23.20 Uhr. .... sehe ich ihn mir an, ... mich das Thema interessiert.

d Eva Müller geht immer wieder ins Kino, ... ihr die anderen Leute manchmal auf die Nerven gehen.

e Martin Eck sieht normalerweise zu Hause fern, ... er nach der Arbeit zu müde fürs Kino ist.

f Nasseer arbeitet gern beim Homeservice, ... er sich manchmal über die Kunden ärgert.

g Karin ist ein großer Fan von Brad Pitt. .... sieht sie sich jeden Film mit ihm an.

Punkte ..... / 8

3 **Was passt? Ergänzen Sie.**

Beispiel: „Explosiv" ist ein Politmagazin, das .... viele Leute gern sehen.

a „Pusteblume" ist eine Kindersendung, ... alle Kinder in Deutschland kennen.

b Sportfans, ... im Fernsehen jedes Fußballspiel sehen, sind selbst oft total unsportlich.

c Filme, bei .... man lachen muss, finde ich klasse.

d Der Krimi, ... wir letzten Freitag zusammen gesehen haben, hat den Deutschen Fernsehpreis gewonnen.

e Herr Brendel, ... die beiden Katzen gehören, ist ein Öko. Er kauft nur Bio-Produkte.

f Frau Schulz, ... du gestern den Fernseher in den dritten Stock getragen hast, ist ein Krimifan. Sie sieht sich fast jeden Abend einen Krimi an.

g Professor Birke, ... keine Quizsendung verpasst, will unbedingt selbst einmal an einer Quizshow teilnehmen und gewinnen.

h Die „Sportschau" ist ein Sportmagazin, ... jeden Samstag im Fernsehen läuft.

Punkte ..... / 8

4 **Beschreiben Sie Ihren Lieblingsfilm oder Ihre Lieblingssendung. Nennen Sie den Titel, die Uhrzeit und den Sender, in dem er/sie gezeigt wird, und erklären Sie, was im Film passiert / was das Thema der Sendung ist. Sagen Sie auch, warum Sie den Film / die Sendung so toll finden.**

....

....

....

....

....

....

....

....

....

....

....

Punkte ..... / 6

Insgesamt: .... / 30

Bewertungsschlüssel	
30 – 27 Punkte	sehr gut
26 – 23 Punkte	gut
22 – 19 Punkte	befriedigend
18 – 15 Punkte	ausreichend
14 – 0 Punkte	nicht bestanden

Test zu Lektion 3

Name: ....

1 **Ergänzen Sie *eines* oder *einer*.**

Beispiel: Ich sitze am Tisch *eines*.................. Cafés.

a Am Tisch neben mir sehe ich die Frau .... Freundes.

b Aber sie sieht mich nicht. Sie schaut zum Fahrrad .... Kindes hin.

c Ich glaube, ich kenne das Kind. Es ist die Tochter .... Freundin.

d Rechts von mir sitzt ein alter Mann. Er ruft den Namen .... Hundes.

e Doch der Hund hört nicht. Er interessiert sich mehr für die Hündin .... Frau, die gerade am Café vorbeigeht.

f Die Frau ist die Freundin .... Freundin von mir. Wie klein die Welt ist!

Punkte ..... / 6

2 **Meine Familie. Ergänzen Sie in der richtigen Form.**

Beispiel: Der Vater *meines*............. (mein) Vaters ist mein Großvater.

a Die Schwester .... (mein) Mutter ist meine Tante.

b Der Mann .... (diese) Tante ist mein Onkel.

c Der Sohn .... (mein) Onkels ist ein Cousin von mir.

d Gestern hat mein Bruder die Tochter .... (sein) Chefs geheiratet.

e Und ich? Ich bin der Fahrer .... (ein) Pizza-Homeservices.

f Du kannst auch sagen, dass ich der Fahrer .... (das) Autos bin.

Punkte ..... / 6

3 **Was würden Sie empfehlen? Schreiben Sie.**

Beispiel: Sarah spricht nur wenig Deutsch.

An ihrer Stelle würde ich einen Deutschkurs machen.

a Herr Maier ist viel zu dünn.

An seiner Stelle ....

b Meine Lehrerin hat oft Rückenschmerzen.

Es wäre am besten, wenn ....

c Stefan ist nervös. Ständig hat er eine Zigarette im Mund.

Er sollte ....

d Die Kinder sitzen schon den ganzen Tag zu Hause und langweilen sich, obwohl die Sonne scheint.

Wenn ich an eurer Stelle wäre, ...

Punkte ..... / 8

4 Wie heißt das? Nennen Sie das passende Wort.

Beispiel: eine Frau, die mit Kranken leichte Sportübungen macht: die Krankengymnastin

a alle Muskeln eines Körpers zusammen: ....

b ein kranker Mensch, der beim Arzt ist: ....

c ein Foto von den Knochen eines Menschen machen: ....

d den Blutdruck kontrollieren: ....

e eine Diät machen und Kilos verlieren: ....

Punkte ..... / 5

5 Schreiben Sie Sätze.

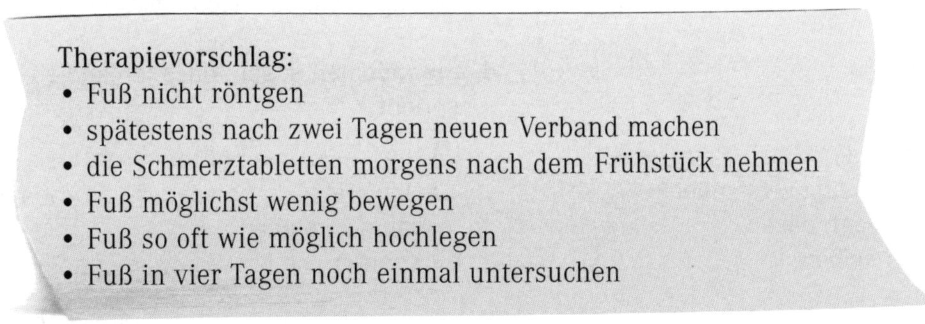
Therapievorschlag:
- Fuß nicht röntgen
- spätestens nach zwei Tagen neuen Verband machen
- die Schmerztabletten morgens nach dem Frühstück nehmen
- Fuß möglichst wenig bewegen
- Fuß so oft wie möglich hochlegen
- Fuß in vier Tagen noch einmal untersuchen

Beispiel: Der Fuß muss nicht geröntgt werden.

a ....

b ....

c ....

d ....

....

e ....

....

Punkte ..... / 5

Insgesamt: .... / 30

Bewertungsschlüssel	
30 – 27 Punkte	sehr gut
26 – 23 Punkte	gut
22 – 19 Punkte	befriedigend
18 – 15 Punkte	ausreichend
14 – 0 Punkte	nicht bestanden

Test zu Lektion 4

Name: ....

1 **Ergänzen Sie *wegen*, *weil* oder *darum*.**

Beispiel: Ich möchte Englisch lernen. *Darum*............... gehe ich zu einer Sprachschule.

a Ahmed lernt Deutsch, ... er für ein Jahr nach Österreich gehen möchte.
b .... einer Erkältung konnte ich gestern nicht kommen.
c .... es gestern stark geregnet hat, konnten wir nicht grillen.
d Es hat sehr stark geregnet, ... konnten wir nicht Tennis spielen.
e Mary schreibt sich Vokabelkarten. .... kann sie sich die neuen Wörter so gut merken.
f .... eines Unfalls fuhren gestern keine Straßenbahnen.

Punkte ..... / 6

2 **Was ist höflich? Kreuzen Sie an.**

a Sie bitten um Wiederholung, weil Sie etwas nicht verstanden haben.

- ❑ Tut mir sehr leid, aber das habe ich nicht verstanden. Können Sie das bitte wiederholen?
- ❑ Noch einmal!
- ❑ Das Wort habe ich ja noch nie gehört!

b Sie haben die Uhrzeit nicht verstanden.

- ❑ Entschuldigung, um wie viel Uhr haben Sie gesagt?
- ❑ Äh! Wann?
- ❑ Sagen Sie das noch mal!

c Sie fragen zurück.

- ❑ He, was sagst du?
- ❑ Habe ich Sie richtig verstanden? Sie haben gesagt, dass ...
- ❑ Was soll das heißen?

d Sie möchten sagen, dass jemand zu schnell spricht.

- ❑ Hey, langsamer, bitte.
- ❑ Nun mal nicht so schnell. Ich kann Sie ja kaum verstehen.
- ❑ Könnten Sie bitte langsamer sprechen?

Punkte ..... / 4

3 **Was wäre, wenn ...? Ergänzen Sie einen passenden Satz.**

Beispiel: Wenn ich am Samstagabend frei hätte,
würde ich ins Kino gehen........................................

a Wenn morgen meine Eltern zu Besuch kommen würden,
....
b Wenn ich fünf Fremdsprachen sprechen könnte, ...
c Wenn ich noch einmal 18 Jahre alt wäre, ...
d Ich würde nie mehr zum Deutschkurs gehen, wenn ....
e Wenn ...., hätte ich wahrscheinlich keine Sorgen mehr.

Punkte ..... / 5

4 **Eine Brieffreundschaft**
Lesen Sie den Brief und die Aufgaben. Kreuzen Sie an: richtig oder falsch?

Liebe(r) ...,

es ist toll, dass unsere beiden Sprachschulen Brieffreundschaften vermitteln. Ich lerne hier in Madrid (Spanien) seit sechs Monaten Deutsch. Das ist sehr anstrengend, weil ich jeden Tag sechs Stunden Unterricht habe. Da bleibt nicht viel freie Zeit. Aber wenn ich doch mal Freizeit habe, dann spiele ich Fußball oder gehe zu Konzerten. Besonders Rockmusik mag ich. Und Du? Was machst Du so? Leider spreche ich außer Spanisch nur Deutsch und ein bisschen Englisch. Ich bin nicht so fleißig, weißt Du. Und Deutsch lerne ich auch nur, weil mein Bruder eine Frau aus Deutschland geheiratet hat und jetzt in Deutschland lebt, in Mainz. Kennst Du die Stadt? Na ja, irgendwann werde ich hinfahren.
Ich freue mich auf Deine Antwort.

Viele Grüße
Carmen

		richtig	falsch
a	Carmen spielt oft Fußball, weil sie viel Zeit hat.	☐	☐
b	Carmen spricht nur wenig Englisch.	☐	☐
c	Carmen ist eine fleißige Deutschschülerin.	☐	☐
d	Carmen lernt Deutsch, weil ihr Bruder jetzt in Deutschland lebt.	☐	☐
e	Carmen möchte später einmal nach Mainz reisen.	☐	☐

Punkte ..... / 5

5 **Schreiben Sie einen Antwortbrief.**

Schreiben Sie etwas zu folgenden Punkten:

- Was Sie in der Freizeit machen.
- Welche Sprachen Sie lernen / gelernt haben.
- Wie oft Sie Deutsch lernen und wie Sie am besten lernen.

Beachten Sie, dass Carmen ein weiblicher Vorname ist.
Vergessen Sie nicht die Anrede, Ort und Datum, Gruß und Unterschrift.
Schreiben Sie auch eine passende Einleitung und einen passenden Schluss.

Punkte ..... / 10

Insgesamt: .... / 30

Bewertungsschlüssel	
30 – 27 Punkte	sehr gut
26 – 23 Punkte	gut
22 – 19 Punkte	befriedigend
18 – 15 Punkte	ausreichend
14 – 0 Punkte	nicht bestanden

Test zu Lektion 5

Name: ....

1 **Was passt? Ergänzen Sie in der richtigen Form.**

~~Weg erklären~~ das Geschirr abwaschen mit dem Computer arbeiten das Zimmer aufräumen zu spät zum Essen kommen

Beispiel: Ich habe leider keine Zeit, *Ihnen den Weg zu erklären.*

a Es ist sehr unhöflich,

....

b Ich hatte heute keine Lust,

....

c Es macht mir Spaß,

....

d Endlich hat er Zeit,

....

Punkte ..... / 2

2 **Ergänzen Sie.**

a Petra ist selbstständig.

Beispiel: *Sie braucht keine Angst vor einer Kündigung zu haben.*

Sie braucht .... Wenn sie selbstständig ist, braucht

....

b Mohammed ist angestellt.

Als Angesteller braucht .... Er braucht nicht / kein ...

.... und er braucht auch nicht / kein ....

c Tante Gabriele ist pensioniert.

Wenn sie pensioniert ist, braucht .... Sie braucht

.... Und sie braucht nur ....

Punkte ..... / 8

3 **Schreiben Sie die Sätze anders.**

nicht vergessen ~~versuchen~~ vorhaben versprechen keine Lust haben

Beispiel: Morgen bringe ich dir das Wörterbuch mit. Vielleicht!

Ich versuche, dir morgen das Wörterbuch mitzubringen.

a Ich schreibe heute keinen Brief an meine Eltern. Keine Lust!

....

b Möglichst schnell die Deutschprüfung machen. Das ist mein Plan.

....

c Du musst morgen zur Bank gehen. Vergiss das bitte nicht!

....

d Ich nehme dich morgen mit dem Auto mit zum Deutschkurs. Versprochen!

....

Punkte ..... / 4

4 Ordnen Sie die Aussagen aus einem Bewerbungsschreiben den Kategorien zu.

Ausbildung	Berufliche Erfahrung	Besondere Fähigkeiten, Stärken
	a	

a Seit fünf Jahren bin ich in verschiedenen Hotels tätig.
b Ich kann sehr gut mit dem Computer umgehen.
c Dann habe ich Tourismus an der Fachhochschule München studiert.
d Ich habe schon an der Rezeption gearbeitet.
e Ich habe Hotelfachfrau in einem Schweizer Hotel gelernt.
f Ich bin freundlich und zuverlässig.
g Ich spreche Englisch, Deutsch und Russisch. Im Moment mache ich außerdem einen Japanischkurs.

Punkte ..... / 6

5 Schreiben Sie ein Bewerbungsanschreiben zu diesem Stellenangebot.

Ich suche ab 1. Oktober freundliche(n) und zuverlässige(n)
Kellner/in
in Vollzeit für **Heidis Grillstube.**
Sie sollten gut Deutsch sprechen und Freude an Gesprächen mit Menschen haben.
Ich biete Ihnen eine sichere Stellung und ein gutes Gehalt.
Bewerbungen nur schriftlich und mit Lichtbild an:
Heidis Grillstube
Frau Heidi Hübner
Kantstraße 14
55122 Mainz

Punkte ..... / 10

Insgesamt: .... / 30

Bewertungsschlüssel	
30 – 27 Punkte	sehr gut
26 – 23 Punkte	gut
22 – 19 Punkte	befriedigend
18 – 15 Punkte	ausreichend
14 – 0 Punkte	nicht bestanden

Test zu Lektion 6

Name: ....

1 Was passt? Ordnen Sie zu.

1 den Kunden ansprechen (2x)
2 um Hilfe/Information bitten
3 dem Kunden etwas anbieten
4 sich nicht entscheiden können
5 das Gespräch beenden (2x)

a Wie wäre es mit einer grünen Jacke dazu?
b Kann ich etwas für Sie tun?
c Haben Sie einen Wunsch?
d Vielen Dank, aber ich muss mir das noch überlegen.
e Sind Sie sicher?
f Dürfte ich Sie etwas fragen?
g Die Vase ist mir zu groß und zu teuer.

Punkte ..... / 3

2 Was passt? Ergänzen Sie den Text.

Petra hat eine Umfrage unter ihren Arbeitskollegen gemacht.
Hier das Ergebnis:

Arbeitskollegen · Zehnte · ~~Verkehrsmittel zum Urlaubsort~~ · halb so viele · Sommerurlaub · dreimal · als eine Woche · doppelt so viele · gleich viele · jeder Hundertste · wie

Verkehrsmittel zum Urlaubsort
(Sommerurlaub, länger als eine Woche)

	Frauen	Männer
Bus	8 %	3,5 %
eigenes Auto	6 %	18 %
Zug	3 %	7 %
Flugzeug	24 %	12 %
Fahrrad	0 %	1 %
gar nicht reisen	9 %	8,5 %

Wir sehen hier eine Statistik über die a *Verkehrsmittel zum Urlaubsort*. Es ist eine Umfrage, die Petra unter ihren b .... gemacht hat. Sie hat nach dem c .... gefragt, der länger d .... dauert. Ich finde es interessant, dass e .... Frauen wie Männer mit dem Flugzeug fliegen. f .... so viele Männer wie Frauen fahren mit dem Auto in den Urlaub. Insgesamt fährt nur jeder g .... mit dem Zug. Nur h .... Männer .... Frauen reisen mit dem Bus. Etwa i .... Männer und Frauen bleiben zu Hause. Und nur j .... fährt mit dem Rad.

Punkte ..... / 10

3 Was passt? Kreuzen Sie an und ergänzen Sie „zu" oder –.

Beispiel: Morgen fahre ich in die Stadt, (✗) um (   ) damit meiner Tochter ein neues Kleid *zu* kaufen.

a Ich lese jeden Morgen die Zeitung, (   ) um (   ) damit die wichtigsten Neuigkeiten des Tages .... erfahren.

b Gestern habe ich ein englisches Wörterbuch gekauft, (   ) um (   ) damit meine Kinder sich nicht immer eins leihen .... müssen.

c Ali fliegt in die Türkei, (   ) um (   ) damit seine Eltern .... besuchen.

d Igor ist nach Mazedonien gefahren, ( ) um ( ) damit seine Eltern ihn mal wieder .... sehen.

e Die Sekretärin bestätigt die Hotelreservierung schriftlich, ( ) um ( ) damit ihre Chefin und ihr Mann ganz sicher ein Zimmer .... bekommen.

f Sabine fährt seit letzter Woche mit dem Fahrrad zur Arbeit, ( ) um ( ) damit Geld .... sparen.

Punkte ..... / 6

4 Anweisungen des Chefs: Schreiben Sie Sätze mit „ohne ... zu" oder „statt ... zu".

Beispiel: nie Büro verlassen – Tür abschließen
Ich soll nie das Büro verlassen, ohne die Tür abzuschließen.

a telefonieren – E-Mails an andere Firmen schreiben

....

b zu Hause bleiben – mit Erkältung ins Büro kommen

....

c keine Briefe wegwerfen – den Chef fragen

....

d nicht in Mittagspause gehen – Anrufbeantworter einschalten

....

e auch kurze Notizen mit dem Computer schreiben – sie mit der Hand schreiben

....

f abends nicht nach Hause gehen – Computer ausschalten und Schreibtisch aufräumen

....

Punkte ..... / 6

5 Ergänzen Sie die Sätze.

Beispiel: Ich gehe in den Deutschkurs, um *perfekt Deutsch zu lernen.*

a Nächstes Jahr fliege ich in meine Heimat, damit ....

b Ich würde nie aus dem Haus gehen, ohne ....

c Du könntest mich mal zum Essen einladen, statt ....

d Gestern habe ich auf dich gewartet, um ....

e Gib mir mal das Messer,

damit ....

Punkte ..... / 5

Insgesamt: .... / 30

Bewertungsschlüssel	
30 – 27 Punkte	sehr gut
26 – 23 Punkte	gut
22 – 19 Punkte	befriedigend
18 – 15 Punkte	ausreichend
14 – 0 Punkte	nicht bestanden

Name: ....

1 **Ergänzen Sie „zwar ... aber“, „entweder ... oder“, „nicht nur ... sondern auch“.**

Liebe Karina,

seit einer Woche wohne ich jetzt in meiner Traumwohnung. Sie ist .... sehr groß – 100 Quadratmeter, ... wirklich günstig! Ich bezahle nur 400 Euro im Monat. .... hat die Wohnung nur einen kleinen Balkon, ... dafür ist auch ein Garten dabei. Du weißt ja, wie sehr ich mir immer einen Garten gewünscht habe! Jetzt kann ich mich .... auf dem Balkon sonnen, ... auf der Terrasse. Im Garten will ich .... viele Blumen pflanzen .... ein Gemüsebeet anlegen. Ich weiß es noch nicht genau. Die Wohnung hat nur einen Nachteil: Sie ist recht weit weg von meiner Arbeitsstelle. Jetzt muss ich .... immer sehr lange fahren, ... ich wohne in der schönsten Wohnung der Welt.

Komm mich doch mal besuchen!

Viele Grüße

Larissa

Punkte ..... / 5

2 **Die Führerscheinprüfung nicht bestanden! Was wünscht sich der Mann? Schreiben Sie.**

Beispiel: Er hat zu wenig für die Prüfung gelernt. (bloß)
Hätte ich bloß mehr für die Prüfung gelernt!

a Er ist zu schnell gefahren. (doch nur)

....

b Er hat im Halteverbot geparkt. (bloß)

....

c Er hat am Stopp-Schild nicht angehalten. (doch)

....

d Er hat auf die anderen Autofahrer geschimpft. (doch bloß)

....

e Er hat beim Abbiegen nicht in den Spiegel geschaut. (nur)

....

f Er hat zu wenig Fahrstunden genommen. (doch)

....

Punkte ..... / 6

3 **Ergänzen Sie.**

Beispiel: Mit wem .... fährst du diesen Sommer in Urlaub? – Mit meiner besten Freundin.

a Du siehst aber wütend aus! .... ärgerst du dich denn so? – Ach, über meinen Chef.

b .... interessierst du dich am meisten? – Für klassische Musik.

c Du lachst so fröhlich. .... freust du dich? – Über meine gute Note beim *Zertifikat Deutsch*.

d .... denkst du gerade? – An meinen Sommerurlaub.

e .... erinnerst du dich besonders gern? – An meine Großmutter. Sie war ein wunderbarer Mensch.

Punkte ..... / 5

4 **Schreiben Sie.**

Beispiel: Ich freue mich auf das Wochenende.

a Mein Mann kümmert sich

....

b Ich bin sehr zufrieden

....

c Ich träume oft

....

d Mit meinen Freunden spreche ich meistens

....

Punkte ..... / 4

5 **Was passt wo? Machen Sie ein Tabelle und ordnen Sie zu.**

~~Wäre es vielleicht möglich ...?~~ Das verstehe ich sehr gut. Das ist ja wohl die Höhe!
Das tut mir aber leid. Ich hätte eine Bitte an Sie. Könnten Sie bitte ...?
Klar, das mache ich. Das geht Sie doch wirklich nichts an.
Es wäre sehr nett, wenn Sie da Rücksicht nehmen würden.

Kritik äußern	auf Kritik reagieren
Wäre es vielleicht möglich ...?	

Punkte ..... / 4

6 **Nennen Sie drei Vorteile und drei Nachteile für eine Wochenendbeziehung.**

Punkte ..... / 6

Insgesamt: .... / 30

Bewertungsschlüssel	
30 – 27 Punkte	sehr gut
26 – 23 Punkte	gut
22 – 19 Punkte	befriedigend
18 – 15 Punkte	ausreichend
14 – 0 Punkte	nicht bestanden

Lektion 1 Glück im Alltag

Folge 1: *Schutzengel*

Maja: Na? Bist du müde, Nasseer?
Nasseer: Hm, ein bisschen.
Maja: Einmal Huhn mit Joghurtsauce, einmal Huhn mit Ingwersauce und zwei Nan. Das ist die letzte Fahrt für heute. Ich mach' jetzt auch Feierabend.
Nasseer: Wohin soll ich das bringen?
Maja: Zu Herrn Stieler, Augustenstraße 14, dritter Stock links. Moment mal! Augustenstraße? Das ist ja gleich bei mir um die Ecke! Da könntest du mich eigentlich mitnehmen, oder?
Nasseer: Na klar!
Maja: Giovanni? Giovanni!?
Giovanni: Ja?
Maja: Ich geh' jetzt, sperrst du dann zu?
Giovanni: Ja, ja.

Maja: Oh, ein Engel! Ist das etwa dein Schutzengel, Nasseer?
Nasseer: Mhm! Glaubst du an Schutzengel, Maja?
Maja: Na, ich weiß nicht. Nö, eigentlich nicht.
Nasseer: Ich hab' früher auch nicht daran geglaubt.
Maja: Aber jetzt glaubst du daran, oder was?
Nasseer: Hm. Weißt du, ich, ich hatte da so ein unglaubliches Erlebnis.
Maja: Ach ja? Erzähl doch mal!

Nasseer: Also, das ist vor ein paar Jahren passiert, als ich in Österreich war. Es war im Sommer, im August, ein sehr heißer Tag. Ich hatte frei und war baden, am See. Am Nachmittag kamen plötzlich dunkle Wolken. Da bin ich sofort losgefahren. Ich war nämlich mit dem Rad unterwegs und wollte nicht nass werden, verstehst du?
Maja: Mhm, klar. Und dann?

Nasseer: Tja, leider waren die Wolken schneller. Als es zu regnen anfing, hab' ich einen trockenen Platz gesucht. Aber da war nichts, nur ein großer Baum. Also hab' ich mich unter den Baum gestellt. Da ging der Regen erst richtig los! Boah, das war wie unter der Dusche!
Maja: Aber unter dem Baum war's trocken, oder?
Nasseer: Ja, aber dann ist es passiert.
Maja: Was? Was ist passiert?

Nasseer: Es war wie eine Stimme.
Maja: Eine Stimme.
Nasseer: Ja, wie eine laute Stimme, die rief: „Achtung, Nasseer! Lauf weg! Schnell!"
Maja: 'ne Stimme?
Nasseer: Ich bin sofort losgelaufen. Dann hat's geknallt und ich bin gefallen.
Maja: Und dann ...?
Nasseer: Dann hab' ich mich umgedreht.
Maja: Und?
Nasseer: Der Baum war umgefallen! Der Blitz hatte ihn voll getroffen!

Maja: Wahnsinn! Da hast du aber echt Glück gehabt!
Nasseer: N-ah! Kein Glück! Einen Schutzengel! Jetzt verstehst du bestimmt, warum ich ...
Maja: Nasseer! Pass auf!!
Maja: Ja, sagen Sie mal, sind Sie denn verrückt, oder was!? Sie können doch hier nicht einfach über die Straße laufen!
Nasseer: Hey! Maja! Der hat zu viel getrunken. Komm, lass uns weiterfahren. Ist ja nichts passiert!
Maja: Nee du, ich steig' hier aus. Ich wohne da vorn gleich um die Ecke.
Nasseer: Ach so! Na dann.

Maja: Danke fürs Mitnehmen und für deine tolle Geschichte!
Nasseer: Jetzt glaubst du auch an Schutzengel, was?
Maja: Nö. Kein bisschen! Das war kein Engel!
Nasseer: Aber die Stimme!
Maja: Du hast dich einfach nur daran erinnert, dass man bei Gewitter nicht unter Bäume gehen soll.
Nasseer: Und der Betrunkene eben? Hatte der keinen Schutzengel?
Maja: Das war kein Schutzengel! Das war ICH!
Nasseer: Aber Maja.
Maja: Ah. Das Huhn wird kalt!
Nasseer: Okay! Bis morgen dann!
Maja: Bis morgen! Tschü-hüs!

Schritt A A5

Kilian: Und Lukas?
Mark: Lukas? Der hat mal wieder ´nen tollen Urlaub mit seinen Eltern. Hör mal, was der schreibt. Moment, da ist es:
„Hallo Mark,
wie es mir geht, willst Du wissen? Tja, ich bin mit meinen Eltern im Urlaub – diesmal im Gebirge. Schon am ersten Tag, als wir eine kleine Bergtour gemacht haben, ist mein Vater gestürzt und wir mussten ins Krankenhaus, in die Notaufnahme. Gott sei Dank war die Verletzung nicht so schlimm. Immer wenn wir in den letzten Jahren weggefahren sind, ist etwas schiefgegangen! Letztes Jahr, als wir nach Österreich gefahren sind, ist fast unser Haus abgebrannt. (Seitdem glaubt mein Vater übrigens an Schutzengel!) Das Jahr zuvor, als wir nach Mallorca fliegen wollten, haben wir das Flugzeug verpasst. Und erinnerst Du Dich noch an die Schwierigkeiten an der Grenze, als wir in die Türkei wollten und mein Vater seinen Ausweis vergessen hat? Der einzige Urlaub ohne Pannen war vor zwei Jahren, als wir auf Rügen waren. Dort hat es die ganze Zeit geregnet, aber daran war wenigstens nicht mein Vater schuld. Aber jedes Mal, wenn wir wieder nach Hause gekommen sind, haben meine Eltern gesagt: ‚Klasse Urlaub!' Na ja, noch zwei Wochen ... Ciao, bis dann! Lukas"

Echt ´n cooler Urlaub, was?

Schritt C C2

Moderator: Es ist 13 Uhr 10. Sie hören Radio D-R-Drei und bei uns geht´s jetzt um „Glücksmomente"!
„Mit dem Glück ist's wie mit der Brille", heißt es in einem Sprichwort. „Man sucht sie überall, dabei sitzt sie schon auf der Nase." Und Bertolt Brecht schrieb in einem seiner Gedichte: „Alle rennen nach dem Glück, das Glück rennt hinterher".
Stimmt es wirklich? Denken wir immer nur an unser Unglück? Merken wir nicht, wenn wir glücklich sind? Haben wir kein Gefühl für die Glücksmomente in unserem Leben?
Das wollten wir von Ihnen wissen, liebe Zuhörer. „Wann

waren Sie das letzte Mal so richtig glücklich?", haben wir Sie gefragt und diese Antworten haben wir bekommen:

Schritt C **C3**

Moderator: Haben wir kein Gefühl für die Glücksmomente in unserem Leben? Das wollten wir von Ihnen wissen, liebe Zuhörer. „Wann waren Sie das letzte Mal so richtig glücklich?", haben wir Sie gefragt und diese Antworten haben wir bekommen:

Frau: Glücklich bin ich eigentlich ziemlich oft. Aber so richtig doll? Hm, ich weiß nicht. Na ja, eine Sache fällt mir ein, das ist aber echt schon 'ne ganze Weile her. Das war nämlich, als ich mein erstes eigenes Auto bekam. Also, ich hatte ziemlich lange drauf gespart und eigentlich sollte es ja 'n richtig gutes, sicheres Auto sein. Aber ich hab natürlich damals noch nicht so gut verdient wie heute und so hatte es eben nur für 'n alten Volkswagen gereicht. So 'n hässliches, eckiges Ding. Aber als ich dann zum ersten Mal damit losgefahren bin, diese Freiheit! Das war schon 'n super Gefühl!

Mann: Richtig glücklich? Tja, das war in diesem Frühjahr. Meine Nachbarin Marianne hatte endlich ihren Traumjob gefunden. Damit sie die Stelle bekam, musste sie aber zwei Wochen zu 'nem Seminar, nach Italien. Tja, und das war 'n Problem, sie is' nämlich alleinerziehende Mutter von drei Mädchen acht, elf und dreizehn. Und sie hat keine Verwandten in der Nähe. Sag' ich zu ihr: „Marianne, ich bin Junggeselle, ich hab' keine Ahnung von Kindern, aber wenn´s dir hilft, dann pass ich halt auf deine Mädels auf." Okay, am 8. April ist sie dann losgefahren und ich hab mich um die drei jungen Damen gekümmert. Boah, also ehrlich: Seitdem bewundere ich alleinerziehende Mütter und Väter. So ein Stress! Am 21. April ist Marianne dann zurückgekommen. 21. April, genau. Für mich war das 'n echter Glückstag!

Frau: Das letzte Mal so richtig glücklich? Hm, das weiß ich jetzt gar nicht, aber ich kann mich ganz genau erinnern, wann ich am allerglücklichsten war. Das war vor drei Jahren, als ich meine Tochter bekam. In der Zeit vor der Geburt hatte ich öfters Angst gehabt, ja wirklich, ich hatte mir Sorgen gemacht. Jetzt schon ein Kind? Bin ich nicht zu jung dafür? Schaff' ich das überhaupt? Aber als ich meine kleine Anna dann zum ersten Mal im Arm hatte, ach, dieses Gefühl werd' ich nie vergessen! Ich hab' vor lauter Glück geweint und ich wusste: Jetzt ist alles gut!

Schritt D **D3**

Radiosprecherin: So, da sind wir wieder und bei mir ist unser Studiogast, Frau Ada Rhode. Im ersten Teil der Sendung haben wir über den Film gesprochen, Frau Rhode, den Sie über das Leben Ihrer Großmutter gemacht haben.

Ada Rhode: Richtig.

Radiosprecherin: Über die Chemikerin und Fluglehrerin Dr. Marie Luise Weßel.

Ada Rhode: Genau!

Radiosprecherin: Eine außergewöhnliche Frau, die durch ihre Fliegerei die ganze Welt kennengelernt hat. Sagen Sie, was für ein Verhältnis hatten Sie eigentlich zu ihr? Ich könnte mir vorstellen, dass Sie Ihre Großmutter gar nicht so oft gesehen haben, oder?

Ada Rhode: Na ja, sie war natürlich häufig unterwegs, aber sie hat sich trotzdem viel Zeit für meinen Bruder und mich genommen. Und ihre Flugbegeisterung hatte für uns Kinder große Vorteile.

Radiosprecherin: Welche denn? Erzählen Sie mal!

Ada Rhode: Zum Beispiel, dass sie uns in den Ferien mit ihrer Maschine abgeholt hat.

Radiosprecherin: Was? Sie hat Sie mit dem Flugzeug abgeholt?

Ada Rhode: Ja, sicher. Sie kam zu uns in den Schwarzwald und dann durften wir mit ihr losfliegen.

Radiosprecherin: Na, das ist ja wohl der absolute Traum für jedes Kind, oder?

Ada Rhode: Sagen wir mal so: Für uns Enkelkinder war es ein Traum. Unsere Mutter hat Omas Fliegerei ganz anders erlebt. Sie hat sich als Kind oft ziemlich allein gefühlt. Für sie war es nicht so toll, dass ihre Mama ständig auf dem Flugplatz oder in der Luft war.

Radiosprecherin: Und für Ihren Opa war es sicher auch nicht so einfach, mit einer fanatischen Fliegerin verheiratet zu sein.

Ada Rhode: Das stimmt. Meine Großeltern hatten von Anfang an nicht besonders gut zusammengepasst. Opa war ein ruhiger und introvertierter Typ und bei Oma musste immer alles ganz laut und schnell sein. Na ja, die Ehe hat ja dann auch nicht gehalten: 1964 haben sich meine Großeltern scheiden lassen. Opa hat später noch mal geheiratet, Oma nicht.

Radiosprecherin: Vielleicht war sie mit ihren Flugzeugen verheiratet. Könnte man das so sagen?

Ada Rhode: Ja vielleicht, vielleicht war es wirklich so. Wissen Sie, meine Großmutter war bestimmt kein unkomplizierter Mensch, aber man konnte sehr, sehr viel von ihr lernen.

Radiosprecherin: Was hat Sie an ihr besonders beeindruckt?

Ada Rhode: Dass sie so stark war, dass sie nie gejammert hat, wenn es ihr gesundheitlich nicht gut ging. Ja, und dass sie im Leben einfach das gemacht hat, was sie machen wollte. Sie wollte fliegen und sie ist geflogen. Sie hat nicht nur geträumt, sie hat sich ihren Traum wirklich erfüllt.

Radiosprecherin: Na, wenn das jetzt kein schönes Schlusswort war! Unsere Sendung geht nämlich leider zu Ende, zu Gast war Ada Rhode. Vielen Dank, Frau Rhode, dass Sie heute bei uns waren.

Ada Rhode: Es war mir eine Freude.

Radiosprecherin: Und alles Gute weiterhin!

Ada Rhode: Vielen Dank! Ihnen auch!

Schritt E **E3/E4**

Interview 1

Harry Haller: Hallo und herzlich willkommen bei „RadioPlex“. Wir bringen schnelle Interviews zu aktuellen Themen. Am Mikrofon begrüßt euch Harry Haller. Heute steh’ ich auf dem Bahnhofsplatz und gleich wird’s hier total mystisch, denn ich möchte mehr über Glücksbringer, Amulette und Rituale wissen. Hallo? Hallo?
Österreicherin: Ja, bitte?
Harry Haller: Wie heißt du?
Österreicherin: Ich bin die Brigitte.
Harry Haller: Und du glaubst an die Kraft von Glücksbringern, Brigitte?
Österreicherin: Na klar glaub’ ich daran! Ich hab’ sogar mehrere davon. Hier, dieser Schlüsselanhänger zum Beispiel, den hab’ ich in einem Kaufhaus in Graz gekauft. Ich hab’ ihn noch nie zu Hause gelassen.
Harry Haller: Und er hat dir wirklich schon mal Glück gebracht?
Österreicherin: Na, klar! Gleich als ich ihn damals gekauft hab’. Mein Freund hatte mich gerade verlassen und ich hab’ mich total einsam gefühlt.
Harry Haller: Aha. Und dann?
Österreicherin: Es war irre: Ich hab’ den Anhänger gekauft und fünf Minuten später hab’ ich einen wahnsinnig tollen Mann kennengelernt.
Harry Haller: Wow! Hast du noch mehr solche Glücksbringer?
Österreicherin: Natürlich! Das Herzerl da, ein rotes Feuerzeug, diese kleine Nagelfeile.
Harry Haller: So was könnt’ ich auch gebrauchen!
Österreicherin: Nein, nein, hergeben tu’ ich keinen. Das bringt Unglück! Du musst dir schon selbst einen besorgen!
Harry Haller: Okay, mach’ ich! Vielen Dank, Brigitte. Und hier steht auch schon mein nächster Interviewpartner. Wie ist Dein Name?

Interview 2

Junger Mann: Ich bin der Nick.
Harry Haller: Hi, Nick! Gibt’s in deinem Leben auch geheimnisvolle Glücksbringer oder Rituale?
Junger Mann: Also, ’nen Glücksbringer hab’ ich nicht, aber ’n Ritual schon.
Harry Haller: Ja? Was denn für eins?
Junger Mann: Ich zieh’ mir beim Fußballspielen zuerst den linken Schuh an.
Harry Haller: Hey! Warum denn das?
Junger Mann: Ganz einfach: Immer wenn ich den linken Schuh zuerst anziehe, gewinnen wir.
Harry Haller: Ach wirklich? Dann gewinnt ihr also immer?
Junger Mann: Nö. Letzte Woche hab’ ich in der Eile zuerst den rechten Schuh angezogen.
Harry Haller: Ja, und?
Junger Mann: Glaub’s oder glaub’s nicht: Wir haben drei zu null verloren.
Harry Haller: Erstaunlich! Das war Nick. Vielen Dank! Und wen haben wir da?

Interview 3

Alte Frau: Gebhardt. Mein Name ist Gebhardt.
Harry Haller: Frau Gebhardt. Was sagen Sie zum Thema „Glücksbringer“?
Alte Frau: Sehen Sie diesen Ring? Den hat meine Oma vor 40 Jahren meiner Mutter gegeben. Dann ist sie gestorben. Vor 20 Jahren hat meine Mutter den Ring an mich weitergegeben. Und jetzt ...
Harry Haller: ... haben Sie Angst, dass Sie ihn verlieren?
Alte Frau: Nein, nein, ich hab’ ihn immer an. Wissen Sie, er erinnert mich an meine Mutter – sie passt irgendwie auf mich auf. Und wenn ich ihn mal nicht anhabe, also vergessen habe, dann fühle ich mich ganz nackt und ungeschützt.
Harry Haller: Tja, so hat halt jeder seine eigene Vorstellung von einem Glücksbringer! Das war’s für heute von „RadioPlex“. Bis morgen dann: Gleiche Zeit, aber neues Thema. Ciao.

Lektion 2 Unterhaltung

Folge 2: *Star Wars*

Mike: Ha ha ha! Die finde ich ziemlich langweilig!
Bettina: Wie bitte? Die sind überhaupt nicht langweilig! Im Gegenteil: Die sind total spannend, echt super.
Mike: Ha! Du spinnst ja. Die sind ...
Bettina: Moment! Lass mich ausreden!
Mike: Du spinnst.
Bettina: Hey! Lass mich doch erst mal ausreden, Mann!
Mike: Ach, behalt’s für dich! Ich will deinen Quatsch gar nicht hören.
Bettina: Na klar willst du das nicht hören, weil’s nämlich die Wahrheit ist.
Mike: Die Wahrheit? Ha! Du spinnst ja.
Bettina: Die Wahrheit.
Mike: Ja, ja, ja!

Mike: Ha! Was willst du, Fremder?
Nasseer: Ich bringe das Essen.
Mike: Ach so, ja! Komm rein. Stell’s einfach da hin, da auf das Tischchen, okay?
Nasseer: Es macht 24 Euro und 80 Cent, bitte.
Mike: Ach so, ja, klar! Moment mal, bitte!

Nasseer: Zweimal Papardam, einmal Chicken Tikka, einmal Lamm-Curry und noch der Reis.
Bettina: Hey! Hallo! Ich bin die Bettina.
Nasseer: Hallo! Ich heiße Nasseer.
Bettina: Nasseer? Schöner Name! Du, ich muss dich mal was fragen, Nasseer.
Nasseer: Ja bitte?
Bettina: Bei Star Wars, du kennst doch Star Wars? ... STAR WARS!?
Nasseer: Star Wars ... Ja, ja.
Bettina: Du weißt doch, dass es da alte Filme gibt und neue ...
Nasseer: Hm.
Bettina: Welche findest du denn besser?
Nasseer: Ich? Äh ... Tja, also, ich weiß nicht.
Bettina: Aber du hast doch beide gesehen? Die alten und die neuen?
Nasseer: Ja, schon.
Bettina: Und du weißt nicht, welche du besser findest, obwohl du beide gesehen hast?
Nasseer: Na ja, eigentlich bin ich ja der Meinung, dass ... äh ...

Mike: Sag mal, Bettina, hast du noch Geld?
Bettina: Geld? Wieso denn?

Mike: Wieso? Siehst du das da?
Bettina: Na und?
Mike: Das ist das Essen, das wir bestellt haben. Es kostet 24 Euro 80.
Bettina: Das ist ja wohl ein Witz, oder? Das ist nicht das Essen, das wir bestellt haben. Du hast es bestellt. Ich wollte ins Kino. Und jetzt soll ich auch noch bezahlen, obwohl ich gar keinen Hunger habe?
Mike: Ja, ja, ja! Is' ja gut! Machst du jetzt mal, bitte?
Bettina: Okay, meinetwegen! Äh, Nasseer ... Die Sache, über die wir gerade gesprochen haben – also, deine Meinung dazu interessiert mich sehr.
Mike: Glaubst du wirklich, dass ihm die neuen besser gefallen?

Bettina: Na klar!
Mike: Quatsch! Die alten Filme sind doch zehnmal besser, oder? Findest du nicht?
Nasseer: Ja, das ist schon möglich, aber ich ...
Mike: Hörst du, Tina? Er mag auch die alten lieber.
Bettina: Unsinn!

Bettina: Hat er das gesagt, oder was?
Mike: Hat er!
Nasseer: Äh ... Moment mal, ich möchte ...
Bettina: Das stimmt doch gar nicht!
Mike: Doch!
Nasseer: Äh ... Darf ich jetzt bitte ...?
Bettina: Außerdem ist es nicht wahr. Nur Idioten finden die alten Filme besser.
Mike: Ha! Da irrst du dich aber gewaltig!
Nasseer: Hallo! Darf ich vielleicht auch mal was sagen?

Nasseer: Gute und Böse kämpfen und am Schluss gewinnen die Guten. Hä? So ist es doch bei Star Wars, oder? Bei den alten und bei den neuen. Wisst ihr, so was langweilt mich, im Film und auch im Leben.
Mike und Bettina: Aber, aber ...
Nasseer: Moment! Jetzt red' ich! Ihr streitet und streitet und ich muss warten, obwohl ich überhaupt keine Zeit hab'.
Mike und Bettina: Aber, aber ...
Nasseer: Nix „Aber"! Könnte ich jetzt vielleicht endlich mal mein Geld haben?
Bettina: Hier! Da! Die 20 Cent kannst du behalten!
Nasseer: Vielen Dank! Übrigens: Euer Essen wird kalt. Tschüs!

Bettina: Hast du das gehört? Und das, obwohl er beide gesehen hat! Der spinnt ja wohl, der Typ!
Mike: Wieso denn? Ich finde, er hat völlig recht!
Bettina: Was!?
Mike: In Wirklichkeit geht es doch gar nicht um die Filme.
Bettina: So? Um was geht es denn dann?
Mike: Du willst immer recht haben, das ist es!
Bettina: Ach, hör doch auf! Ich kann deinen Quatsch nicht mehr hören.
Mike: Du willst es nicht hören, weil's die Wahrheit ist.
Bettina: Die Wahrheit? Ha! Du spinnst ja.
Mike: Die Wahrheit.
Bettina: Ja, ja, ja!

Schritt A **A2**

Martin Eck: Och, ich geh' da eigentlich ziemlich selten rein, obwohl so 'n Kinobesuch ja schon auch ganz nett sein kann. Aber andererseits: Heute kriegst du jeden Film kurz nach der Premiere schon in der Videothek. Das is' doch billiger als im Kino – und außerdem auch noch bequemer, weil du den Film dann anschauen kannst, wann du willst und so oft du willst. Und gemütlicher ist es zu Hause auch – na ja, manchmal sind die Kinder ziemlich laut, oder das Telefon klingelt – das stört schon mal. Klar. Oder wenn Besuch kommt, dann kannste den Film nicht zu Ende gucken.
Eva Müller: Ich geh' ziemlich oft ins Kino, obwohl es mir wirklich zu teuer ist und mir die andern Zuschauer oft auf die Nerven gehen. Aber ich geh' trotzdem hin, weil man die Filme dort einfach ganz anders genießen kann: das große Bild, die Dunkelheit, die Musik – so erlebt man 'nen Film doch gleich ganz anders! Dabei bin ich eigentlich ein bequemer Mensch und bleibe sonst lieber zu Hause.
Klaus Hiller: Ich geh' nicht so oft ins Kino, weil ich nach der Arbeit meistens zu müde bin. Ich hab' dann einfach keine Lust mehr, noch wegzugehen. Außerdem finde ich Fernsehen sowieso praktischer, weil man da einfach auf ein anderes Programm umschalten kann, wenn einem der Film nicht gefällt. Obwohl ich zugeben muss, dass man die Filme im Kino viel intensiver und schöner erlebt.

Schritt B **B1**

a Mike: Die finde ich ziemlich langweilig.
Bettina: Wie bitte? Die sind überhaupt nicht langweilig! Im Gegenteil, die sind total spannend, echt super.

b Mann: Wie kann man nur so einen Film machen? Der war doch wirklich langweilig!
Frau: Langweilig? Ich versteh' dich nicht. Das war doch eine besonders schöne Liebesgeschichte. Na ja, das Ende war ziemlich traurig, das stimmt. Das fand ich auch nicht so gut.

Schritt B **B2**

Reporter: In den USA sorgt er schon seit Wochen für ausverkaufte Kinos, seit Donnerstag läuft der Film nun endlich auch in unseren Kinos: „Unterwegs nach Coldmountain". Nach den widersprüchlichen Meinungen der Kritik interessiert uns jetzt vor allem die Stimmung im Publikum. Wir stehen hier vor dem „City", die Vorstellung ist gerade zu Ende. Wie hat Ihnen der Film gefallen?
Mann 1: Na ja, schöne Bilder, gute Kamera, aber trotzdem, es hat mir nicht so gut gefallen. So einen ernsten Film hatte ich eigentlich nicht erwartet.
Frau 1: Ja, das stimmt, der Film war ziemlich ernst, aber auch total spannend. Und die Kidman sah einfach super aus!
Mann 2: Was? Super? So 'n Unsinn! Die sah doch furchtbar aus! Außerdem wirkt sie mal wieder ziemlich arrogant, finde ich.
Frau 2: Mir ist das egal. Ich finde sie trotzdem 'ne besonders tolle Schauspielerin.
Mann 3: Genau! Die Kidman ist fantastisch, wie immer. Aber Jude Law war nicht so toll. Er sieht zwar ganz gut aus, aber er ist doch vom Typ her ziemlich langweilig. Na ja, aber insgesamt fand ich den Film schon gut und ...

Frau 3: Nö! Ich finde, der Film war einfach nur schlecht: überhaupt nicht lustig, kein bisschen Spannung, die Geschichte total blöd.
Reporter: Ein Film, der die Gemüter erregt! Seit Donnerstag auch in unseren Kinos. Haben Sie „Unterwegs nach Coldmountain" schon gesehen? Dann sagen Sie uns doch, wie er Ihnen gefallen hat, und gewinnen Sie mit ein bisschen Glück das Original-Filmposter und zwei Freikarten für einen Film Ihrer Wahl im Kino Ihrer Wahl. Rufen Sie gleich an unter 0-800-2-9-2-9-4-88.

Schritt C C2

a Mann: Nö, da geh' ich nicht mit! Da kannste allein reingehen.
Frau: Wieso denn? Das versteh' ich nicht! Das ist der Film, den alle gut finden.
Mann: Ja, eben! Genau deswegen geh' ich nicht rein!
Frau: Hach!

b Anbaggerer: Sag mal, kennst du den Film, der auf dem Festival die meisten Preise gewonnen hat? Hm?
Frau: Nö ...
Anbaggerer: Was? Du kennst den neuesten Film von Mario Reiss noch nicht?
Frau: Nö. Wer ist Mario Reiss?
Anbaggerer: Aber, aber, Mario Reiss! Mario Reiss ist doch ...
Frau: Mario Reiss ist jedenfalls nicht der Mann, der mich am meisten langweilt.

c Sohn: Na, Mama? Hast du das Buch gelesen, das ich dir geschenkt habe?
Mutter: Das Buch? Ach so! Ja, ja! Natürlich!
Sohn: Und?
Mutter: Also, das Thema fand ich spannend, aber die Sprache! Hm, irgendwas stört mich daran.
Sohn: Zu modern vielleicht?
Mutter: Na, weißt du, so alt bin ich nun auch wieder nicht!

d Mann: Du, guck mal, Rita. Da hinten sitzt doch die Schauspielerin, die letztes Jahr einen Oscar bekommen hat.
Frau: Quatsch! Das ist Therese Erbsdobler vom Bauerntheater.
Mann: Ich weiß! Aber ihr kleiner Sohn heißt doch Oskar?!
Frau: Ha! Du und deine blöden Witze!

e Mann: Meine Güte, dass ich mich nie an Namen erinnern kann! Sophia?
Sophia: Ja?
Mann: Komm, hilf mir mal, wie heißen die drei Schauspieler, die der Kritiker gestern so gelobt hat?
Sophia: Welcher Kritiker?
Mann: Ach, vergiss es!
Sophia: Ja, was denn?

Schritt C C3

vgl. Kursbuch Seite 24

Schritt C C4/C5

Gespräch 1

Frau: Du kennst doch diesen Schauspieler – jetzt fällt mir der Name nicht mehr ein, na ja, egal, den Schauspieler auf jeden Fall, dem man seinen Rolls-Royce weggenommen hat.
Mann: Ach, den meinst du! Und? Hat er 'n wieder?
Frau: Nee. Er hat sich stattdessen 'n Fahrrad gekauft.
Mann: Nein, diese Schauspieler!

Gespräch 2

Frau: Hast du den Artikel gelesen über das Fußballteam, dem man nach dem Spiel gegen Real 100 000 Euro in bar geschickt hat?
Mann: Ja, und?
Frau: Ich möchte wirklich wissen, wer das war.
Mann: Was siehste mich so an? Ich war's nicht!

Gespräch 3

Mann: Die schreiben hier von einer Jazzsängerin, der jemand per Post tausend Rosen geschickt hat. Das ist ja ziemlich verrückt.
Frau: Tausend Rosen!? Manche Frauen wären froh, wenn sie eine bekommen würden.

Gespräch 4

Frau 1: Ha, ha, ha! Das ist ja 'n Ding!
Frau 2: Was denn?
Frau 1: Hast du das schon gelesen von den drei Sportlerinnen, denen man im Fernsehen beim Duschen zugeschaut hat?
Frau 2: Ja, toll! Guck mal – Shampoo-Werbung! Da kannste jeden Tag 'nem Dutzend Sportlerinnen beim Duschen zusehen!

Lektion 3 Fit bleiben

Folge 3: *Bandscheiben*

Nasseer: Ah! Au! Bollmann ... Bollmann ... ah, da!
Frau Bollmann: Ja? Hallo?
Nasseer: Pizza Curry! Ich bringe Ihr Essen!
Frau Bollmann: Ah ja! Kommen Sie rauf.
Frau Bollmann: Ah! Die Pizza! Das ging aber schnell!
Frau Bollmann: Oh! Was ist? Was fehlt Ihnen denn?
Nasseer: Ach nichts. Der Rücken tut mir weh.
Frau Bollmann: Oh je! Sie Armer! Verspannte Schultern? Wahrscheinlich vom vielen Autofahren.
Nasseer: Nein, nicht die Schultern. Es ist weiter unten. Hier habe ich Schmerzen.
Frau Bollmann: Oh, oh! Das klingt nach Bandscheiben!
Nasseer: Bandscheiben?
Frau Bollmann: Ja! Genau das gleiche Problem hatte ich auch mal. Ach, bitte, kommen Sie doch rein!

Frau Bollmann: Hier bitte, Ihr Geld!
Nasseer: Danke. Ah!
Frau Bollmann: Hm, hm, so jung und schon Bandscheibenprobleme!? Dagegen müssen Sie unbedingt was tun!
Nasseer: Ja, aber was? Können Sie mir einen Rat geben? Wissen Sie vielleicht ein gutes Medikament?
Frau Bollmann: Oh, oh! Passen Sie bloß mit Medikamenten auf! Damit habe ich nur schlechte Erfahrungen gemacht. Wenn Sie da nicht aufpassen, bekommen Sie noch mehr Probleme, verstehen Sie? Und es hilft auch nix, am Ende werden Sie dann trotzdem operiert.
Nasseer: Und was würden Sie mir empfehlen?
Frau Bollmann: Das Wichtigste ist die Entspannung des Rückens. Das können Sie überall selbst machen.

Frau Bollmann:	Da! Legen Sie sich da mal drauf!
Nasseer:	Was? Habe ich Sie richtig verstanden? Ich soll mich auf Ihren Tisch legen?!
Frau Bollmann:	Ja, natürlich! Hängen Sie Ihr Sakko da über den Stuhl! Na los!
Nasseer:	Also, ich ... ich weiß nicht.
Frau Bollmann:	Hören Sie auf den Rat einer Spezialistin! Mit Bandscheibenproblemen kenn' ich mich wirklich aus. Ich bin gelernte Krankengymnastin.
Nasseer:	Aber, aber – Ihre Pizza wird kalt!
Frau Bollmann:	Keine Sorge! Die ess' ich nebenbei.

Frau Bollmann:	Nein, nein! Nicht mit dem Rücken! Mit dem Bauch nach unten!
Nasseer:	Mit dem Bauch?
Frau Bollmann:	Sie müssen sich nur einfach umdrehen. Genau!
Nasseer:	Und jetzt?
Frau Bollmann:	Jetzt nach vorne. Ja! Noch weiter! Sehr schön! Und jetzt den Oberkörper hängen lassen.
Nasseer:	Entschuldigen Sie, was meinen Sie mit „hängen lassen"?
Frau Bollmann:	Der Oberkörper muss über die Kante des Tisches nach unten hängen. Das ist sehr wichtig! Nur die Beine und der Po bleiben oben.

Frau Bollmann:	Richtig! So wird das gemacht! Na, wie fühlen Sie sich jetzt?
Nasseer:	Das ist gut! Das ist sehr gut! Die Schmerzen sind weg!
Frau Bollmann:	Na sehen Sie! Diese Übung können Sie überall machen, wo ein Tisch ist. Sie haben doch einen Tisch zu Hause?
Nasseer:	Na klar! Äh, Entschuldigung, könnten Sie mir mal mein Handy geben? Steckt in meiner Jacke.

Nasseer:	Ja? Hier Nasseer.
Maja:	Nasseer, sag mal, was ist los? Wo bleibst du so lange? Was machst du eigentlich?
Nasseer:	Ich liege hier auf Frau Bollmanns Küchentisch.
Maja:	Was!?
Nasseer:	Du, ich sag' dir: Das ist toll für die Bandscheiben!

Maja:	Ich krieg' die Krise!
Giovanni:	Was ist? Ist was passiert?
Maja:	Er liegt bei Frau Bollmann auf dem Tisch.
Giovanni:	Hä? Auf dem Tisch? Was ist denn mit ihm los?
Maja:	Keine Ahnung, was mit Nasseer los ist, aber Nasseers Bandscheiben geht es gut!
Giovanni:	Aha! Schön!

Schritt A A2

Frau: Setzen Sie sich ganz bequem hin und lassen Sie alle Ihre Muskeln locker werden. Atmen Sie ein paar Mal ruhig und tief durch und schließen Sie dann die Augen.
Und nun eine Übung zur Dehnung der Brust: Heben Sie einen Arm über den Kopf. Drücken Sie die andere Hand gegen die Hand Ihres Partners. Und drücken, und drücken, und drücken. Nun lassen Sie locker und entspannen sich wieder.
Und nun eine Übung zur Entspannung des Gesichts: Schneiden Sie eine Grimasse. Runzeln Sie die Stirn. Ziehen Sie die Nase hoch. Nun lassen Sie locker und entspannen sich wieder.
Und gleich geht's weiter mit einer Übung zur Dehnung des Oberschenkelmuskels: Ziehen Sie einen Fuß an den Po und festhalten! Achten Sie darauf, dass der zweite Fuß fest auf dem Boden steht. Wiederholen Sie das Ganze mit dem anderen Bein. Dann lassen Sie locker und entspannen sich wieder.
Und zum Abschluss eine Übung zur Entspannung der Augen: Legen Sie das Gesicht in die offenen Hände. Atmen Sie tief und träumen Sie etwas Schönes. Jetzt sind Sie sicher absolut entspannt.

Schritt B B1

vgl. Kursbuch Seite 35

Schritt B B2

<u>a</u>

Doktor Wirt:	„Nicht krank und nicht gesund", das ist unser heutiges Thema in der Funksprechstunde, und am Telefon begrüße ich unsere nächste Anruferin, hallo?
Fr. Müller-Nagy:	Ja, guten Tag, hier spricht Frau Müller-Nagy aus Mannheim.
Doktor Wirt:	Guten Tag. Was fehlt Ihnen denn, Frau Müller-Nagy?
Fr. Müller-Nagy:	Ach, wissen Sie, Herr Doktor Wirt, mir geht's einfach nicht gut. Ich fühl' mich nicht so richtig krank, aber mein Rücken tut mir weh, ich bin oft ziemlich nervös und manchmal hab' ich tagelang schlimme Kopfschmerzen.
Doktor Wirt:	Hm. Waren Sie mit Ihren Beschwerden schon mal beim Arzt?
Fr. Müller-Nagy:	Ja, aber mein Hausarzt konnte überhaupt nichts finden.

<u>b</u>

Doktor Wirt:	„Nicht krank und nicht gesund", das ist unser heutiges Thema in der Funksprechstunde, und am Telefon begrüße ich unsere nächste Anruferin, hallo?
Fr. Müller-Nagy:	Ja, guten Tag, hier spricht Frau Müller-Nagy aus Mannheim.
Doktor Wirt:	Guten Tag. Was fehlt Ihnen denn, Frau Müller-Nagy?
Fr. Müller-Nagy:	Ach, wissen Sie, Herr Doktor Wirt, mir geht's einfach nicht gut. Ich fühl' mich nicht so richtig krank, aber mein Rücken tut mir weh, ich bin oft ziemlich nervös und manchmal hab' ich tagelang schlimme Kopfschmerzen.
Doktor Wirt:	Hm. Waren Sie mit Ihren Beschwerden schon mal beim Arzt?
Fr. Müller-Nagy:	Ja, aber mein Hausarzt konnte überhaupt nichts finden.
Doktor Wirt:	Rückenschmerzen, Kopfschmerzen, so was kann eine ganze Menge Ursachen haben. Sitzen Sie viel?
Fr. Müller-Nagy:	Ja, ja, natürlich! Ich bin Sachbearbeiterin und arbeite fast nur am Computer.
Doktor Wirt:	Aha, und wie lange arbeiten Sie durchschnittlich?
Fr. Müller-Nagy:	Na, den ganzen Tag. Oft auch abends. Wissen Sie, wir haben oft wahnsinnig viel zu tun.
Doktor Wirt:	Habe ich Sie richtig verstanden: Sie arbeiten den ganzen Tag am Computer und machen oft auch noch Überstunden?

Fr. Müller-Nagy: Ja, ja, bei uns in der Firma geht das gar nicht anders. Und heutzutage ist man ja froh, wenn man Arbeit hat, nicht wahr?
Doktor Wirt: Ja, hm, machen Sie denn auch mal Pausen? Gehen Sie ab und zu an die frische Luft, machen einen Spaziergang oder so?
Fr. Müller-Nagy: Hach, würd' ich ja gern! Aber wann? Ich hab' doch keine Zeit! Tagsüber arbeite ich, und wenn ich abends heim komm', ess' ich grad noch schnell was, guck' vielleicht ein bisschen fern, und das war's dann. Mehr schaff' ich einfach nicht.
Doktor Wirt: Sie sagten, Sie essen „schnell" was. Darf ich fragen, was Sie essen?
Fr. Müller-Nagy: Ja, also, ehrlich gesagt, meistens mach' ich mir was in der Mikrowelle heiß oder ich nehm' mir aufm Heimweg 'ne Pizza mit.
Doktor Wirt: Hm, hm, und wie steht's mit dem Trinken? Was trinken Sie den Tag über?
Fr. Müller-Nagy: Na ja, zum Frühstück brauch' ich Kaffee, und in der Firma dann, ja ... eigentlich auch meistens Kaffee, vielleicht mal 'ne Cola dazwischen.
Doktor Wirt: Hm, hm. Rauchen Sie?
Fr. Müller-Nagy: Ja, schon, aber nur ganz leichte Zigaretten.
Doktor Wirt: Wie viele sind's denn pro Tag?
Fr. Müller-Nagy: Weiß nicht, 'ne Schachtel? Ja, ungefähr 'ne Schachtel am Tag. In der Arbeit merkt man ja gar nicht, wie viel man raucht.

Schritt B **B4**

Doktor Wirt: Tja, ich denke, Ihre Lebensgewohnheiten, Frau Müller-Nagy, sind für viele Menschen heutzutage typisch: wenig Bewegung, viel Computerarbeit, viel Stress, ungesunde Ernährung und dazu dann oft auch noch das Rauchen. Kein Wunder, dass sich unser Körper dagegen wehrt! Wir sind nervös, fühlen uns unwohl, hier und da tut was weh. Wir sind noch nicht richtig krank, aber auch nicht mehr wirklich gesund. Wenn wir jetzt nicht auf die Alarmsignale unseres Körpers achten, kann das über kurz oder lang zu schweren Erkrankungen führen!
Fr. Müller-Nagy: Oh Gott! Was bedeutet das? Ich meine: Was kann ich denn jetzt tun?
Doktor Wirt: Sie sollten Ihre Lebensgewohnheiten umstellen, Frau Müller-Nagy.
Fr. Müller-Nagy: Ja, aber wie?
Doktor Wirt: Ich empfehle Ihnen zunächst mal, dass Sie während Ihrer Arbeit am Computer alle zwei Stunden eine Pause machen – das ist übrigens auch arbeitsrechtlich vorgeschrieben. Am besten stehen Sie auf und machen einige Entspannungsübungen für den Rücken und den Nacken.
Fr. Müller-Nagy: Was denn für Übungen?
Doktor Wirt: Informationen dazu bekommen Sie kostenlos bei Ihrer Krankenkasse, bei Ihrem Arzt oder im Internet.
Fr. Müller-Nagy: Aha.
Doktor Wirt: Und dann sollten Sie auch unbedingt für mehr Bewegung sorgen. Gehen Sie jeden Tag eine halbe Stunde spazieren und machen Sie am Wochenende Sport – zum Beispiel in einem Fitness-Center oder im Sportverein. Vielleicht haben Sie ja eine Lieblingssportart.
Fr. Müller-Nagy: Ich war früher recht gut im Schwimmen.
Doktor Wirt: Na, sehen Sie, das ist doch ein sehr gesunder Sport! Damit sollten Sie unbedingt wieder anfangen! Ich bin sicher, dass Ihre Kopf- und Rückenschmerzen dadurch sehr bald besser werden.
Fr. Müller-Nagy: Gut, das werde ich jetzt mal ausprobieren!
Doktor Wirt: Nächster Punkt: die Ernährung. Sie wissen selbst, dass viel Kaffee, Fertiggerichte und Fastfood auf Dauer nicht gesund sind.
Fr. Müller-Nagy: Ja, schon, aber zum Selberkochen hab' ich halt keine Zeit.
Doktor Wirt: Sie brauchen abwechslungsreiche Vollwertkost: viel frisches Obst, Gemüse, Milchprodukte, Vollkornbrot. Dazu Mineralwasser oder Früchtetee. Das macht alles nicht viel Arbeit, kostet auch nicht viel Zeit und schmeckt sogar gut.
Fr. Müller-Nagy: Hm.
Doktor Wirt: Es gibt übrigens spezielle Ernährungsprogramme für Berufstätige. Auch dazu bekommen Sie kostenlos Informationen bei Ihrer Krankenkasse.
Fr. Müller-Nagy: Das ist aber ganz schön viel, was ich da ändern soll.
Doktor Wirt: Tja, und dabei bin ich noch immer nicht am Ende, Frau Müller-Nagy! Das Wichtigste hab' ich für den Schluss aufgehoben: das Rauchen. Für Ihre Gesundheit ist das mit Abstand die gefährlichste Angewohnheit. Ich bitte Sie: Hören Sie damit so schnell auf wie möglich, okay?
Fr. Müller-Nagy: Ich werde es versuchen. Vielen Dank, Herr Doktor Wirt.
Doktor Wirt: Sehr schön! Ich drücke Ihnen ganz fest die Daumen. Auf Wiederhören, Frau Müller-Nagy!
Fr. Müller-Nagy: Auf Wiederhören!
Doktor Wirt: Bis zum nächsten Anrufer machen wir jetzt wieder ein paar Takte Musik.

Schritt C **C2**

vgl. Kursbuch Seite 36

Schritt E **E3/E4**

Moderator: Hallo, hier ist wieder Frank Schubert mit „Jau oder Ciao?", dem coolen Ratespiel von Radio Extra. Am Telefon begrüße ich meine zwei Kandidaten: Jenny aus Magdeburg. Hallo, Jenny!
Jenny: Hallo!
Moderator: Und Martin aus Ulm. Hi, Martin!
Martin: Hallo, Frank!
Moderator: Ihr kennt das Spiel: Es geht wie immer um Forschung und Wissenschaft. Ich stelle Behauptungen auf und ihr müsst entscheiden: Ist das, was ich gesagt habe, richtig oder ist es falsch? Wer glaubt, dass meine Behauptung stimmt, der sagt Jau. Und wer glaubt, dass ich nur Quatsch erzählt habe, der sagt Ciao. Seid ihr so weit?
Jenny und Martin: Okay.
Moderator: Dann können wir ja anfangen. Ach nein! Halt! Moment! Ihr wollt vorher sicher noch wissen, was ihr gewinnen könnt, oder?

Jenny und Martin: Ja klar!
Moderator: Dann haltet euch gut fest! Der Gewinner – oder die Gewinnerin – bekommt einen Einkaufsgutschein der Firma Discoland im Wert von 400 Euro!
Jenny und Martin: Wow! Irre!
Moderator: Also? Jenny? Martin? Seid Ihr bereit?
Jenny und Martin: Ja!
Moderator: Und hier kommt meine erste These: „Wer viel lacht, lebt länger." Na? Ist das richtig oder falsch? Jenny?
Jenny: Jau!
Moderator: Jenny sagt ja. Und Martin?
Martin: Ich sag' Ciao!
Moderator: Martin sagt Ciao. Und was sagt die Wissenschaft?
Sprecherin: Wer oft lacht, hat gute Chancen auf ein langes Leben. Eine Minute Lachen ist so gesund wie 45 Minuten Entspannungstraining.
Moderator: Da könnt ihr mal sehen: Mit Humor lebt man länger. Eins zu null für Jenny und wir machen gleich weiter mit der zweiten Behauptung:
„Der Schlaf vor Mitternacht ist am gesündesten". Ist diese These richtig oder falsch? Martin?
Martin: Nee, das glaub' ich nicht. Ich sag' Ciao!
Moderator: Und was sagst du, Jenny? Ist der Schlaf vor Mitternacht gesünder als der danach?
Jenny: Hm, schwierig, na gut, ich sag' Jau!
Moderator: Jau oder Ciao? Wer hat recht?
Sprecherin: Ganz egal, ob man um acht ins Bett geht oder um zwölf: die ersten paar Stunden Schlaf sind die wertvollsten. Also: Wer erst um Mitternacht müde wird, braucht trotzdem keine Angst zu haben, dass er den besten Schlaf verpasst.
Moderator: Tja, das war ganz ausgeschlafen von dir, Martin. Zwischen Jenny und dir steht es jetzt eins zu eins und es geht gleich weiter mit These Nummer drei. Ich behaupte: „Alte Männer sind dümmer als alte Frauen". Na, Jenny? Stimmt das?
Jenny: Ich bin eine Frau und sag' Jau!
Moderator: Und das reimt sich sogar! Wow! Was ist mir dir, Martin? Glaubst du auch, dass alte Frauen klüger sind als alte Männer?
Martin: Nö! So 'n Quatsch! Ich sag' natürlich Ciao!
Moderator: Du sagst Ciao, Martin, aber was sagt die Wissenschaft?
Sprecherin: Alte Frauen sind im Durchschnitt klüger als alte Männer. Bei einem Test mit über 85-Jährigen hatten 41 Prozent der Frauen ein gutes Gedächtnis. Bei den Männern waren es nur 29 Prozent. Auch bei schweren Aufgaben hatten die Frauen bessere Ergebnisse als die Männer.
Moderator: Na, zum Glück sind wir noch nicht alt, was, Martin? Vor der letzten Frage schaun wir noch mal schnell auf den Punktestand: Jenny hat zwei Punkte, Martin hat einen Punkt. Martin, du kannst noch ein Unentschieden daraus machen, wenn du jetzt einen Punkt machst und Jenny keinen. Also, aufgepasst, hier kommt meine These Nummer vier: „Stress macht die Zähne kaputt". Na, ist das wirklich wahr? Jenny?
Jenny: Ich sage Jau.
Moderator: Und du, Martin?
Martin: Dann sag' ich: Ciao!
Moderator: Jetzt wird's spannend. Jenny Jau, Martin Ciao. Wer hat recht?
Sprecherin: Menschen mit viel Stress haben schlechtere Zähne. Amerikanische Ärzte haben entdeckt, dass Stress die Chemie im Mund verändert. Dadurch bekommt man leichter Karies und andere Zahnerkrankungen.
Moderator: Boah! Ich spür' richtig, wie meine Zähne schlechter werden. Jenny! Drei zu eins! Du bist unsere heutige Siegerin bei „Jau oder Ciao?".
Jenny: Super!
Moderator: Und du hast knapp verloren, Martin!
Martin: Schade! Trotzdem: Herzlichen Glückwunsch an Jenny!
Moderator: Na, das ist doch ein tolles Schlusswort, oder? Da sag' ich nur noch: Tschüs, bis morgen bei „Jau oder Ciao?".

Lektion 4 Sprachen

Folge 4: *Göhreschdase?*

Nasseer: Venusstraße – Merkurstraße – Jupiterstraße, hm, „Pizza mafioso, Harald Bohnemann, Marsstraße 12" – Marsstraße, hm.

Nasseer: M ... Ma ... Mars ... Marsstraße! Marsstraße: G 8 ... G 8 ... Der Stadtplan sieht ja schrecklich aus ... C, D, E, F, G ... da brauchen wir bald mal einen neuen ... G 6 ... G 7 ... G ... Nnn-aaahh ...!!!

Nasseer: Hallo! Hallo!? Entschuldigung, können Sie mir sagen, wo hier die Marsstraße ist?
Herr Böhmke: Dumilein ... Kannischpän ...
Nasseer: Was!?
Herr Böhmke: Kannischpän ...
Nasseer: Entschuldigung, wenn Sie etwas deutlicher sprechen würden, könnt' ich Sie besser verstehen.
Herr Böhmke: Kan ni schpä-hän!
Nasseer: Ach so! Sie können nicht sprechen!
Herr Böhmke: Henah!
Nasseer: Äh, ich suche die Marsstraße. Wissen Sie vielleicht, ob die hier in der Nähe ist?

Herr Böhmke: Üwädi Göhreschdase.
Nasseer: Wie bitte?
Herr Böhmke: Göhreschdase!
Nasseer: Göreschtase?
Herr Böhmke: N-nn! ... Göööhhde! ... Göööhhdeschdase!
Nasseer: Ach ... Goethestraße?
Herr Böhmke: Haa ... üwädi Göhreschdase.
Nasseer: Meinen Sie damit, dass ich auf die andere Seite der Goethestraße fahren soll?
Herr Böhmke: Haa! ...
Nasseer: Tatsächlich? Hm, sind Sie sicher, dass die Marsstraße dort drüben ist?
Herr Böhmke: Ha!

Nasseer: Aber, schauen Sie, hier ist die Jupiterstraße und da hinten sind die Merkurstraße und die Venusstraße. Der Mars ist doch auch ein Planet, nicht wahr?
Herr Böhmke: Haa, awa ...
Nasseer: Sehen Sie! Deswegen denk' ich mir, dass die Marsstraße hier irgendwo sein muss.

Herr Böhmke: Awa ... höhnsi ...
Nasseer: Meinen Sie nicht?
Herr Böhmke: Simmissn üwädi Göhreschtase!

Nasseer: Es ist sehr nett von Ihnen, dass Sie mir trotz Ihrer Erkältung helfen.
Herr Böhmke: Kän Polem. Musswisouawatege.
Nasseer: Äh, wie?
Herr Böhmke: Ssua Aa-Poo-Thee-Gee ...
Nasseer: Oh, oh, oh! Das klingt ja schrecklich! Hier! Nehmen Sie eins! Das ist gut für den Hals!

Nasseer: MARS-APOTHEKE! Ach so! Jetzt verstehe ich: Wegen der Apotheke sind Sie mitgefahren, nicht wahr?
Herr Böhmke: Hja! Maasaptege inda Maaschtase
Nasseer: Na prima! Also tschüs dann, und gute Besserung noch!
Herr Böhmke: Haa! Haange!

Nasseer: 8 ... 10 ... 12! Marsstraße 12. Puh!

Schritt B B1

a Nasseer: Entschuldigung, können Sie mir sagen, wo hier die Marsstraße ist?
Herr Böhmke: Dumilein ... Kannischpän ...
Nasseer: Wie bitte?
Herr Böhmke: Kannischpän ...
Nasseer: Ach so! Sie können nicht sprechen.
Herr Böhmke: Henah!

b Herr Böhmke: Göhreschdase!
Nasseer: Göreschtase!
Herr Böhmke: N-nn! ... Göööhhde! ... Göööhhdeschdase!
Nasseer: Ach ... Goethestraße!
Herr Böhmke: Haa ... üwädi Göhreschtase.
Nasseer: Meinen Sie damit, dass ich auf die andere Seite der Goethestraße fahren soll?
Herr Böhmke: Haa!

Schritt B B2

Gespräch 1

Beamter: Äh, ... Frau Ott, hören Sie, bitte?
Frau Ott: Ja?
Beamter: Sie bekommen in den nächsten Tagen mit der Post die Einstellung des Straßenverkehrsordnungswidrigkeitsverfahrens, und dann ...
Frau Ott: Äh, was? Moment mal! Das letzte Wort habe ich nicht verstanden. Was bekomm' ich?
Beamter: Die Bestätigung der Einstellung Ihres Straßenverkehrsordnungswidrigkeitsverfahrens.
Frau Ott: Stopp, stopp, stopp! Sie sprechen so schnell. Könnten Sie das bitte noch mal langsamer sagen?
Beamter: Ihr Stra-ßen-ver-kehrs-ord-nungs-wid-rig-keits-ver-fah-ren. Es ist eingestellt!
Frau Ott: Tja, tut mir leid, aber ich versteh' Sie immer noch nicht. Was soll denn das heißen? Was meinen Sie damit? Können Sie mir das nicht mit einem einfacheren Wort erklären?
Beamter: Äh, ja, es ist eben eingestellt, das Verfahren, es ist vorbei ... äh, es ist aus, es geht nicht mehr weiter.
Frau Ott: Ach so? Bedeutet das, dass ich das jetzt alles bezahlen muss?
Beamter: Nein!
Frau Ott: Also, was muss ich denn jetzt bezahlen?
Beamter: Nichts! Das Verfahren ist eingestellt! Aber nächstes Mal parken Sie nicht mehr in der zweiten Reihe, ja? Sonst wird's teuer!

Gespräch 2

Sprechstundenhilfe: Na, dann woll'n wa mal sehn, warten Sie mal, also, Sie könn' am 10.11. um elf kommen oder ... äh, Moment, am 11.11. um zehn. Ja, äh, ... Ne! Moment! Am 11. geht's doch erst um halb elf, ich dachte jetzt eigentlich, da hätte jemand abgesagt. Oder woll'n Sie lieber am 15., das ginge auch, aber nur nachmittags, ab 15 Uhr.
Patient: Entschuldigung, meinten Sie jetzt, ich kann morgen kommen?
Sprechstundenhilfe: Was? Ich hab' Ihnen doch gerade gesagt ...
Patient: Es tut mir leid, ich kann Sie so schlecht verstehen. Könnten Sie die Termine bitte noch mal wiederholen?
Sprechstundenhilfe: Ja, also, das war der 10.11. um 11 Uhr, der 11.11. um halb ...
Patient: Ja, aber ... Moment mal! Der 10.11., das ist doch morgen! Das heißt also, ich kann doch schon morgen kommen?
Sprechstundenhilfe: Ja, aber um elf!
Patient: Na, das passt doch wunderbar! Dann also bis morgen um elf.

Schritt C C2

a Moderatorin: Im Leben weiterkommen? Einen interessanten Beruf ausüben? Menschen kennenlernen? Karriere machen? Nicht nur dafür braucht man in unserer globalisierten Welt gute Fremdsprachenkenntnisse. Egal ob Italienisch, Deutsch, Chinesisch oder Arabisch – zwei Sprachen zusätzlich zur Muttersprache sollten es schon sein. Das fordert zumindest die Europäische Union von ihren Bürgern, und sie liegt damit offenbar im Trend, denn die Sprachkurse an Universitäten und Volkshochschulen haben großen Zulauf. Welche Fremdsprache lernen Sie und was ist Ihr Motiv? Das wollten wir von Sprachlernern an der Volkshochschule Frankfurt wissen. Unser Reporter Hajo Axmann hat sich umgehört. Hier sein Bericht:

b Moderatorin: Welche Fremdsprache lernen Sie und was ist Ihr Motiv? Das wollten wir von Sprachlernern an der Volkshochschule Frankfurt wissen. Unser Reporter Hajo Axmann hat sich umgehört. Hier sein Bericht:

Hajo Axmann: Hallo? Sie haben sich gerade für einen Spanischkurs eingeschrieben. Darf ich Sie fragen, warum?
Frau Mall: Warum wir Spanisch lernen? Weil mein Mann und ich da schon seit Jahren in Urlaub

	hinfahren. Und weil's langsam peinlich wird, dass wir uns mit den Leuten dort kaum verständigen können.
Hajo Axmann:	Und warum lernen Sie hier, in der Volkshochschule?
Frau Mall:	Tja, wir haben einen Abendkurs gesucht, am besten ganz in unserer Nähe und ...
Herr Mall:	Aus diesem Grund haben wir uns dann vor einem halben Jahr für die VHS entschieden.
Frau Mall:	Das ist jetzt unser zweiter Kurs.
Hajo Axmann:	Ah! Also waren Sie mit dem ersten zufrieden?
Herr Mall:	Ja, ja. Das ist ja nicht nur die Sprache, sondern auch wie die Leute so leben und denken, ihre Kultur halt, wissen Sie. Darum ist das ja so interessant – und ist ja auch wichtig.
Frau Mall:	Es geht zwar etwas langsam vorwärts, aber wir sind ja auch nicht mehr die Jüngsten.
Herr Mall:	Daher haben wir's auch gar nicht mehr so eilig!
Hajo Axmann:	Vielen Dank!
Die Malls:	Bitte, bitte, bitte. Keine Ursache.

Hajo Axmann:	Entschuldigung!
Herr Figueiras:	Ja, bitte?
Hajo Axmann:	Darf ich fragen, für welchen Kurs Sie sich gerade eingeschrieben haben?
Herr Figueiras:	Für einen Deutschkurs.
Hajo Axmann:	Ach ja? Woher kommen Sie denn?
Herr Figueiras:	Ich komme aus Brasilien.
Hajo Axmann:	Ah?! Sie sprechen aber schon ziemlich gut Deutsch!
Herr Figueiras:	Oh, vielen Dank! Ja, ich habe in Brasilien eine deutsche Schule besucht. Aber jetzt möchte ich mein Deutsch noch etwas verbessern. Ich brauche das für meinen Beruf.
Hajo Axmann:	Was arbeiten Sie denn?
Herr Figueiras:	Ich bin in der Hotelbranche tätig. Da legt man großen Wert auf gute Aussprache und so weiter.
Hajo Axmann:	Dann viel Erfolg und vielen Dank!
Herr Figueiras:	Danke auch! Gerne!

Hajo Axmann:	Äh, entschuldigen Sie!
Frau Eggebrecht:	Ja, bitte?
Hajo Axmann:	Sie schreiben sich gerade für einen ... äh, Arabischkurs ein. Sehe ich das richtig?
Frau Eggebrecht:	Ja, genau. Ich lerne seit eineinhalb Jahren Arabisch.
Hajo Axmann:	Darf ich Sie fragen, warum?
Frau Eggebrecht:	Weil mein Freund aus Nordafrika kommt.
Hajo Axmann:	Und er kann kein Deutsch?
Frau Eggebrecht:	Doch! Ziemlich gut sogar! Wissen Sie, mir ist es sehr wichtig, dass ich seine Sprache genauso verstehe wie er meine.
Hajo Axmann:	Ach so.
Frau Eggebrecht:	Und deswegen lerne ich eben Arabisch!
Hajo Axmann:	Verstehe! Na dann weiterhin viel Erfolg!
Frau Eggebrecht:	Danke.

Hajo Axmann:	Entschuldigung?
Erik:	Ja? Was ist?
Hajo Axmann:	Machst du auch einen Sprachkurs hier?
Erik:	Ja, ich lern' Türkisch.
Hajo Axmann:	Türkisch? Hey! Einfach so oder hast du einen bestimmten Grund?
Erik:	Ich hab' sogar gleich mehrere Gründe.
Hajo Axmann:	Aha?
Erik:	Erstens möcht' ich nach 'm Abi 'n Praktikum in der Türkei machen, in einem Hotel oder so. Zweitens hab' ich 'ne Menge türkische Freunde und außerdem find' ich Türkisch einfach voll cool.
Hajo Axmann:	Ah ja! Vielen Dank für die Info!
Erik:	Okay!
Hajo Axmann:	Sie hören es selbst: Es gibt eine Menge Gründe, Sprachen zu lernen. Soviel von hier, aus der VHS Frankfurt. Und damit zurück ins Funkhaus.

Lektion 5 Beruf, Job und Praktikum

Folge 5: *Pizza Mafioso*

Bohnemann:	Hör mal, der Kunde braucht die Ware! Du kennst den Boss! Ich habe keine Lust, Ärger zu bekommen. Mann! Es ist dein Job! Ich habe sonst niemand. ... Was?... Nein! Nicht morgen! Jetzt! Der Kunde braucht die Ware sofort. Also hör endlich auf, Probleme zu machen. ... Was? Na gut! Das werde ich mir merken!

Nasseer:	Guten Tag, Herr ... äh, Bohnemann! Ich komme vom ...
Bohnemann:	Nein! Vielen Dank! Das können Sie sich sparen. Ich kaufe nichts.
Nasseer:	Äh, Herr Bohnemann, ich ...
Bohnemann:	Sie brauchen gar nicht weiterzureden. Ich kaufe nie an der Wohnungstür! ... Also, das ist doch! Hören Sie mal, ich sagte doch gerade ...
Nasseer:	Herr Bohnemann, ich komme von der Firma „Pizza & Curry" und bringe Ihr Essen. Sie haben doch eine Pizza bestellt, oder?
Bohnemann:	Ach so! Ja, richtig. Na, dann kommen Sie mal rein!

Nasseer:	So! Bitte schön!
Bohnemann:	Das hat aber ganz schön lange gedauert! Wann hab ich das bestellt? Sicher vor über einer Stunde.
Nasseer:	Ja, tut mir leid! Ich bin sonst eigentlich sehr schnell und zuverlässig. Aber manchmal ist es eben nicht leicht, die Adresse zu finden. Es gibt so viele kleine Straßen.
Bohnemann:	Ja, ja. Das stimmt natürlich! Sagen Sie mal: Ist das nicht ziemlich stressig, den ganzen Tag quer durch die Stadt zu fahren?
Nasseer:	Ach nein, das macht mir gar nichts aus.
Bohnemann:	Wirklich? Ihr Job gefällt Ihnen also?
Nasseer:	Na ja, es geht.

Bohnemann:	Verdienen Sie denn wenigstens ordentlich?
Nasseer:	Manche Leute verdienen weniger als ich, aber das sind bestimmt nicht viele.

Bohnemann: Entschuldigung, darf ich fragen, wie viel Sie bekommen? Dreitausend doch mindestens? Oder mehr?
Nasseer: Dreitausend Euro? Im Monat? Ha! Ich verdiene nicht mal halb so viel.
Bohnemann: Was!? Hm ... Ärgern Sie sich nie darüber?
Nasseer: Na ja, manchmal denke ich: Es wär' schon toll, etwas mehr zu verdienen. Aber da kann man eben nichts machen. Ach, übrigens, weil wir gerade vom Geld reden: Hier ist Ihre Rechnung. Ich bekomme 10 Euro und 50 Cent.

Bohnemann: So, hier ... Bitte schön!
Nasseer: Ouh! Das ist aber ein sehr großer Schein!
Bohnemann: Na ja.
Nasseer: Haben Sie es denn nicht etwas kleiner?
Bohnemann: Nein, Sie sehen ja.
Nasseer: Hm, an manchen Tagen geht auch wirklich alles schief! Entschuldigen Sie, aber ich kann nicht herausgeben. Ich hab' nicht genug Wechselgeld.
Bohnemann: Tja, was machen wir denn jetzt?
Nasseer: Hm, das weiß ich auch nicht.
Bohnemann: Ach. Moment mal! Da fällt mir gerade etwas ein!

Bohnemann: Hier!
Nasseer: Was ist denn das?
Bohnemann: Dieses Päckchen muss ganz schnell und ganz sicher zu jemandem gebracht werden.
Nasseer: Ja. Und?
Bohnemann: Wenn Sie das jetzt sofort für mich machen, können Sie den Rest behalten.
Nasseer: Den Rest von zweihundert Euro?
Bohnemann: Ja. Sie brauchen es nur dort hinzubringen und abzugeben und das war's dann.
Nasseer: Wohin? Ins Ausland oder was?
Bohnemann: Ach wo! Es sind nur ein paar Kilometer. Die Adresse steht hier drauf.

Nasseer: T-hh! Zu viel Geld! Manche Leute haben einfach zu viel Geld!
Frau Windhager: Was? Sie haben zu viel Geld? Sie brauchen es nur mir zu geben, junger Mann! Geld kann ich immer gut gebrauchen.
Nasseer: Nicht ich. Dieser Herr ... äh, Bohnemann ...
Frau Windhager: Herr Bohnemann? Ach so!
Nasseer: Ach ... äh, entschuldigen Sie bitte, ich habe eine Frage.

Bohnemann: Na? Was denn noch?
Nasseer: Hier bitte, das Päckchen, ... die Adresse ... und Ihr Wechselgeld, Herr Bohnemann!
Bohnemann: Moment mal, ich dachte, Sie haben nicht genug Wechselgeld?
Nasseer: Richtig! Aber Ihre Nachbarin war so freundlich und hat den Schein gewechselt.
Bohnemann: Ach so!
Nasseer: Also dann, schönen Tag noch, Herr Bohnemann! Und guten Appetit bei Ihrer Pizza mafioso!

Schritt A **A1**

a Du kennst den Boss. Ich habe keine Lust, Ärger zu bekommen. Also hör endlich auf, Probleme zu machen.

b Ist das nicht ziemlich stressig, den ganzen Tag quer durch die Stadt zu fahren?

Schritt B **B1**

a Nasseer: Guten Tag, Herr ... äh ... Bohnemann! Ich komme vom ...
Bohnemann: Sie brauchen gar nicht weiterzureden. Ich kaufe nie an der Wohnungstür.

b Bohnemann: Dieses Päckchen muss ganz schnell und ganz sicher zu jemandem gebracht werden. Wenn Sie das jetzt sofort für mich machen, können Sie den Rest behalten.
Nasseer: Den Rest von 200 Euro?
Bohnemann: Ja. Sie brauchen es nur dort hinzubringen und abzugeben und das war's dann.

Schritt D **D1**

a Meierhuber: Fahrrad-Citytour, Meierhuber?
Werner Schmitz: Äh, guten Tag, Herr Meierhuber. Mein Name ist Schmitz und ich melde mich wegen Ihrer, wegen dieser Stellenanzeige.
Meierhuber: Na prima! Schön, dass Sie anrufen, Herr Schmitz! Sie haben so 'ne junge Stimme.
Werner Schmitz: Ich bin 22.
Meierhuber: Okay! Haben Sie denn schon Berufserfahrung? Ich meine: Haben Sie schon mal als Stadtführer gearbeitet?
Werner Schmitz: Beruflich hab ich das noch nicht gemacht, aber für Freunde und Bekannte schon oft. Ich kenn' mich nämlich gut aus in Berlin und alle sagen, dass ich super erklären kann.
Meierhuber: H-hm ... Gut, gut, und wie steht´s mit Fremdsprachen? Welche Sprachen sprechen Sie?
Werner Schmitz: Englisch sehr gut, Französisch auch sehr gut. Ja und dann noch 'n bisschen Spanisch und Italienisch.
Meierhuber: Haben Sie einen Führerschein?
Werner Schmitz: Ja, hab' ich.
Meierhuber: Das ist sehr gut! Wir müssen unsere Leihräder nämlich manchmal mit dem Firmenbus an die einzelnen Standorte bringen.
Werner Schmitz: Ach so!
Meierhuber: Ja, dann noch 'ne ganz wichtige Frage: Wie lange können Sie denn für uns arbeiten?
Werner Schmitz: Ich studier' an der FU und meine Semesterferien gehen Ende Juni los. Ich könnte also den ganzen Juli und den ganzen August.
Meierhuber: Na, das klingt ja alles sehr, sehr erfreulich, Herr Schmitz!
Werner Schmitz: Ja?
Meierhuber: H-hm, wissen Sie was? Kommen Sie doch heute Nachmittag gleich mal bei uns vorbei. Dann können wir uns persönlich kennenlernen.
Werner Schmitz: Ja, gerne!

Meierhuber: So zwischen drei und vier? Würde das bei Ihnen gehen?
Werner Schmitz: Natürlich! Kein Problem!
Meierhuber: Köpenicker Allee 12. Wissen Sie, wo das ist?
Werner Schmitz: Klar!
Meierhuber: Na, dann: Bis heut' Nachmittag!
Werner Schmitz: Jau, tschüs!
Meierhuber: Tschüs!

b Sekretärin: Bo&Ba – GmbH, mein Name ist Mercedes Bauer. Was kann ich für Sie tun?
Julia Reithofer: Ich bin Julia Reithofer und ich rufe an wegen Ihrer Job-Anzeige in, äh ...
Sekretärin: Einen Moment, ich verbinde.
Julia Reithofer: Zicke!
Petra Wunderlich: Wunderlich!
Julia Reithofer: Mein Name ist Julia Reithofer. Ich rufe an wegen Ihrer Job-Anzeige im West-Kurier ...
Petra Wunderlich: Aha. Darf ich fragen, wie alt Sie sind?
Julia Reithofer: Ich bin 19.
Petra Wunderlich: Sie möchten also für Bo&Ba arbeiten, Frau Reitmeier?
Julia Reithofer: Reithofer.
Petra Wunderlich: Und was machen Sie zurzeit?
Julia Reithofer: Ich mache gerade mein Abitur und danach möchte ich ...
Petra Wunderlich: Sie wissen, dass wir im Sommer die ganze Woche über verkaufen? Auch an den Wochenenden?
Julia Reithofer: Aha, ja.
Petra Wunderlich: Sie können doch am Wochenende arbeiten?
Julia Reithofer: Na ja, im Prinzip schon, aber sagen Sie: Wie viel verdient man bei Ihnen eigentlich?
Petra Wunderlich: Unsere Verkäufer bekommen 3 Euro 90 Cent.
Julia Reithofer: 3 Euro 90? In der Stunde?
Petra Wunderlich: Und 10 Prozent Rabatt auf alle Bo&Ba-Produkte.
Julia Reithofer: Na, vielen Dank! Für 3 Euro 90 arbeite ich nicht!
Petra Wunderlich: Wie Sie meinen!
Julia Reithofer: Ich fass' es nicht! So eine Unverschämtheit!

Zwischenspiel 5 *Lust, mitzusingen?*

Chef: Wir kommen nun zum Tagesordnungspunkt 7. Gibt es eine Wortmeldung? Ja, bitte?

Mann:
Macht's euch denn wirklich Spaß,
um sechs Uhr aufzusteh'n?
Habt ihr denn immer noch Lust,
in diese Firma zu geh'n?
Ist es für euch nicht frustrierend,
die müden Gesichter zu seh'n?
Habt ihr noch nicht genug davon,
euch dauernd nur im Kreis zu dreh'n?

Mann + Frau :
//:Hey! Es ist Zeit, mal endlich aufzuwachen.
Ja, es ist Zeit, die Dinge anders zu seh'n.
Hört bitte auf, die Welt so grau zu machen!
Fangt lieber an, auf neuen Wegen zu geh'n! ://

Frau:
Macht's euch denn gar nichts aus,
immer nur zu funktionier'n
und diesen täglichen Superstress
auch noch mitzuorganisier'n?
Wir sollten wirklich versuchen,
nicht noch mehr Zeit zu verlier'n.
Drum lasst uns jetzt gleich beginnen,
etwas Neues auszuprobier'n:

Mann + Frau :
//: Hey, es ist Zeit, nun endlich aufzuwachen.
Ja, es ist Zeit, die Dinge anders zu seh'n.
Wir fangen an, gemeinsam loszulachen.
Wir fangen an, gemeinsam loszugeh'n. ://

Lektion 6 Kundenwünsche

Folge 6: *Kundenkontakt*

Frau Walther: Haben Sie einen bestimmten Wunsch, Herr ... äh?
Herr Kugler: Kugler. Tja, ich hätte gern einen eleganten Schnitt.
Frau Walther: Hm, und wie wollen Sie es haben, Herr Kugler? Soll es eher kurz sein? Oder lieber etwas länger?
Herr Kugler: Hm, tja, ich kann mich noch nicht so ganz entscheiden.
Frau Walther: Bei Ihren Haaren würde ich einen kurzen Schnitt empfehlen.
Herr Kugler: So? ... Äh nein, machen Sie es lieber nicht so kurz. Vielleicht nur die Spitzen?
Frau Walther: Gern, Herr Kugler. Wie Sie wollen.

Nasseer: Guten Tag, Frau Walther!
Frau Walther: Ah! Hallo, Herr Banissar! Na, geht's gut?
Nasseer: Ja, ja, bin zufrieden, danke. Und bei Ihnen? Auch alles okay?
Frau Walther: Alles bestens! Nehmen Sie doch gleich hier Platz, Herr Banissar! Es dauert aber noch ein bisschen.
Nasseer: Kein Problem! Ich hab's nicht eilig.
Frau Walther: Darf ich Ihnen eine Zeitschrift anbieten?
Nasseer: Oh ja, gerne!
Frau Walther: Haben Sie einen bestimmten Wunsch?
Nasseer: Ja, den Focus hätt' ich gern.
Frau Walther: Ah, das tut mir leid. Den haben wir nicht. Den Stern hätten wir. Einverstanden?
Nasseer: Einverstanden.

Frau Walther: Darf ich fragen, was Sie beruflich machen, Herr Kugler?
Herr Kugler: Ich bin in der Pharmabranche tätig.
Frau Walther: Aha, Medikamente! Na, das ist doch ein sicheres Geschäft, nicht wahr?
Herr Kugler: Oh nein! Es ist gar nicht so leicht, wie Sie meinen.
Frau Walther: Was? Und ich dachte: Krank werden die Menschen immer.
Herr Kugler: Nein, nein, heutzutage kommt es vor allem aufs richtige Marketing an. Entscheidend ist der Kontakt mit den Kunden. Ohne uns Verkaufsspezialisten läuft heute gar nichts mehr.
Frau Walther: Kundenkontakt, hm? Da sind Sie sicher viel unterwegs?
Herr Kugler: Tja, ja, ich reise mindestens 40 000 Kilometer pro Jahr! Mit dem Auto, mit der Bahn, mit dem Flugzeug. Ja, ja, man muss heute direkt zum Kunden gehen, um Erfolg zu haben.

Herr Kugler: Man muss was tun, statt nur zu reden.
Frau Walther: Wieso? Wie meinen Sie das?
Herr Kugler: Man muss sich anstrengen, um unsere Wirtschaft nach vorn zu bringen. Die meisten Leute machen es sich bequem, statt zu arbeiten.
Frau Walther: Hm ...
Herr Kugler: Die wollen abkassieren, ohne dafür zu arbeiten.
Frau Walther: Äh ... ich hätte eine Bitte, Herr Kugler. Ist es möglich, dass Sie jetzt mal einen Augenblick still halten?
Herr Kugler: Hm ...

Frau Walther: So, so, dann reisen Sie also sehr viel, Herr Kugler?
Herr Kugler: Hm ...
Frau Walther: Sie sind immer unterwegs, um mit den Kunden im Kontakt zu bleiben, stimmt's?
Herr Kugler: Hm ...
Frau Walther: Genau wie Herr Banissar, stimmt's, Herr Banissar?
Nasseer: Wie? Äh ... Ach so! Ja, ja, stimmt! Genau!
Frau Walther: Herr Banissar ist nämlich in der Gastronomiebranche tätig.
Herr Kugler: So?
Frau Walther: Ja. Internationale Spezialitäten!
Herr Kugler: Ach?

Frau Walther: Herr Banissar ist auch immer in Kontakt mit seinen Kunden, ja, ja. Und er ist auch dauernd unterwegs, äh ... wie viele Kilometer sind es bei Ihnen, Herr Banissar?
Nasseer: Na ja, letztes Jahr waren es 60 000 Kilometer.
Frau Walther: 60 000 Kilometer! Stellen Sie sich das vor! Und dazu Ihre 40 000, Herr Kugler, das macht dann zusammen schon 100 000! Wie schön, dass unser Land so fleißige Bürger hat! Ich finde, wir sollten uns freuen, statt uns Sorgen zu machen!

Frau Walther: Haben Sie sonst noch einen Wunsch? Darf ich Ihnen vielleicht ein Shampoo empfehlen? Sehen Sie mal, dieses hier wäre genau das Richtige für Ihren Haartyp.
Herr Kugler: Ah? Es kommt darauf an, was es kostet.
Frau Walther: 29 Euro.
Herr Kugler: 29 Euro!? Nein, das ist mir zu teuer.
Frau Walther: Das ist nicht teuer. Es ist eine besonders gute Qualität.
Herr Kugler: Hm? Na, das muss ich mir noch überlegen.
Frau Walther: Dann bekomme ich 24 Euro fürs Schneiden.
Herr Kugler: Also gut, geben Sie mir das Shampoo mit dazu!
Frau Walther: Sehr gerne. Zusammen sind es 53 Euro.
Herr Kugler: Hier, bitte!
Frau Walther: Vielen Dank. Auf Wiedersehen, Herr Kugler!
Herr Kugler: Wiedersehen.

Frau Walther: Wie immer, Herr Banissar?
Nasseer: Wie immer, Frau Walther. Na, dem haben Sie ja tolle Sachen über mich erzählt!
Frau Walther: Wieso?
Nasseer: Internationale Spezialitäten!
Frau Walther: Was haben Sie? Es stimmt doch!
Nasseer: Gastronomiebranche!
Frau Walther: Hab' ich vielleicht gelogen?
Nasseer: Sie sind eine echte Verkaufsspezialistin, Frau Walther!
Frau Walther: Na ja, Sie wissen doch: Auf den Kundenkontakt kommt's an!

Schritt A **A1**

a Herr Kugler: Tja, heut' müssen Sie direkt zum Kunden gehen, um Erfolg zu haben. Ich reise 40 000 Kilometer im Jahr, mindestens. Wie bitte? Sie möchten auch reisen, um Land und Leute kennenzulernen? Na, auf Geschäftsreisen, da können Sie das vergessen. Von der Gegend bekommen Sie da gar nix mit.

b Herr Kelmendi: Also, wenn wir verreisen, dann natürlich nach Hause, in meine Heimat. Ich find' das sehr wichtig, damit die Kinder wenigstens einmal im Jahr ihre Großeltern besuchen. Wenn wir dort sind, dann ist natürlich jeden Tag was los. Da kommen sie alle zu Besuch: meine Brüder, die Tanten, die Onkel, die ganze Familie eben, sogar die Nachbarn! Also, Ruhe und Entspannung hat man da nicht, aber das find' ich nicht so schlimm. Im Gegenteil: Eigentlich is' das ja grad' das Schöne.

Schritt B **B2**

Frau Burger: Weißt du, Bine, letztes Wochenende war's echt super! Am Samstag waren wir den ganzen Tag am See und am Sonntag ... Ups! Du, ich muss aufhören! Ich meld' mich später wieder. Guten Morgen, Frau Schmidt-Ferner!
Frau Schmidt-Ferner: Frau Burger, wir müssen dringend ein paar Sachen klären und zwar gleich!
Frau Burger: Ja, gerne, Frau Schmidt-Ferner. Äh, wie war denn Ihre Reise und die Konferenz?
Frau Schmidt-Ferner: Das war alles eine totale Katastrophe!
Frau Burger: Eine Katastrophe? Ja, ja aber, wieso denn?
Frau Schmidt-Ferner: Erstens hatte ich kein Hotelzimmer.
Frau Burger: Was? Ja, aber, Frau Schmidt-Ferner! Ich hatte doch im „Hotel zur Post" extra für Sie reserviert!
Frau Schmidt-Ferner: Ja, telefonisch vielleicht. Sie hätten die Reservierung dann aber noch schriftlich bestätigen müssen. Als ich hinkam, war das Zimmer weg.
Frau Burger: Hh! Ach du liebe Zeit!
Frau Schmidt-Ferner: Die anderen Hotels in der Nähe waren auch alle belegt. Die einzige Unterkunft, die ich bekommen konnte, war fünfzig Kilometer entfernt!
Frau Burger: Hach, Frau Schmidt-Ferner, das tut mir aber schrecklich leid! Ich war ganz sicher, dass die Reservierung ...
Frau Schmidt-Ferner: Halt! Warten Sie, ich bin noch nicht fertig! Herr Mühlbeck hat doch gestern versucht, mir mitzuteilen, dass unsere Kalkulation nicht in Ordnung ist, nicht wahr?
Frau Burger: Ja, ja! Er hat angerufen.
Frau Schmidt-Ferner: Hat er Ihnen denn nicht erklärt, wie wichtig diese Information für mich ist?

Frau Burger: Ja, natürlich! Ich hab' Ihnen die Notiz ja dann auch sofort auf den Schreibtisch gelegt!
Frau Schmidt-Ferner: Auf den Schreibtisch! Auf der Konferenz hätte ich das gebraucht, Frau Burger! Und Sie legen den Zettel einfach hin, ohne mir ein Wort zu sagen? Das kann doch einfach nicht wahr sein, oder?
Frau Burger: Ja, Entschuldigung, ich hab' gedacht, also, ich wollte nur ...
Frau Schmidt-Ferner: Ach was! Wenn eine so wichtige Information kommt, müssen Sie mich natürlich sofort auf dem Handy anrufen!
Frau Burger: Das tut mir wirklich leid, aber ...
Frau Schmidt-Ferner: Das nächste Problem war dann der Rückflug.
Frau Burger: Was? Wieso denn?
Frau Schmidt-Ferner: Hatte ich Ihnen nicht gesagt, dass ich um 17 Uhr fliegen möchte?
Frau Burger: Ja, schon, aber die 17-Uhr-Maschine war doch ausgebucht! Und die nächste wär' ja erst um 21 Uhr gegangen. Also hab' ich die um 14 Uhr genommen.
Frau Schmidt-Ferner: Nein, Frau Burger, so geht das nicht! Sie können doch nicht einfach entscheiden, wann ich zurückfliege! Sie müssen sich doch wenigsten mit mir absprechen! Als ich dann am Flughafen umbuchen wollte, war der 21-Uhr-Flug auch schon besetzt und ich musste den Zug nehmen!
Frau Burger: Hach! So ein Pech! Aber Frau Schmidt-Ferner, Sie hätten mich doch nur anrufen müssen, dann hätt' ich das doch für Sie machen können.
Frau Schmidt-Ferner: Was? Na, das ist ja nun der Gipfel! Ich habe mindestens zwanzig Mal versucht, Sie zu erreichen, und immer war besetzt, weil Sie hier ständig private Telefongespräche führen, anstatt sich auf Ihre Arbeit zu konzentrieren. Aber ich sage Ihnen, Frau Burger, meine Geduld hat jetzt sehr bald ein Ende.

Schritt D **D1**

Gespräch 1

Verkäuferin: Guten Tag! Kann ich Ihnen helfen?
Kunde: Hm, ja, also, ich hätte gerne eine neue Brille.
Verkäuferin: Haben Sie denn da schon eine bestimmte Vorstellung?
Kunde: Nun, äh ... meine Frau findet, ich sehe zu brav aus.
Verkäuferin: So?
Kunde: Sie meint, ich sollte mal wieder was an meinem Typ ändern.
Verkäuferin: Hm, hm, verstehe. Mal sehen. Was halten Sie zum Beispiel davon? Das ist ein ganz neues Modell.
Kunde: Ja?
Verkäuferin: Probieren Sie die doch mal aus! Hier bitte! Damit hätten Sie wirklich was völlig Anderes. Na? Was sagen Sie?
Kunde: Na ja, also, ich weiß nicht.
Verkäuferin: Die gibt's übrigens auch in anderen Farben.
Kunde: Nein. Nein. Ich glaube, die ist mir zu extravagant.
Verkäuferin: Ja? Also, ich finde, die Farbe würde Ihnen eigentlich schon stehen.
Kunde: Hm. Sind Sie sicher?
Verkäuferin: Vielleicht eine andere Form? Wie wär's denn mit dieser hier?
Kunde: Na, ob die zu mir passt? Ich weiß nicht. Hm. Nee! Da seh' ich ja noch schrecklicher aus!
Verkäuferin: Dann vielleicht diese hier?
Kunde: Ach, wissen Sie, ich seh' schon: Es hat keinen Sinn. Es ist besser, ich komm' noch mal mit meiner Frau. Die kann das einfach besser beurteilen.

Gespräch 2

Frau Walther: Haben Sie sonst noch einen Wunsch? Darf ich Ihnen vielleicht ein Shampoo empfehlen? Sehen Sie mal, dieses hier wäre genau das Richtige für Ihren Haartyp.
Herr Kugler: Ah? Es kommt darauf an, was es kostet.
Frau Walther: 29 Euro.
Herr Kugler: 29 Euro!? Nein, das ist mir zu teuer.
Frau Walther: Das ist nicht teuer. Es ist eine besonders gute Qualität.
Herr Kugler: Hm? Na, das muss ich mir noch überlegen.
Frau Walther: Dann bekomme ich 24 Euro fürs Schneiden.
Herr Kugler: Also gut, geben Sie mir das Shampoo mit dazu!
Frau Walther: Sehr gerne. Zusammen sind es 53 Euro.
Herr Kugler: Hier, bitte!
Frau Walther: Vielen Dank! Auf Wiedersehen, Herr Kugler!
Herr Kugler: Wiedersehen.

Gespräch 3

Verkäufer: Guten Tag. Sie wünschen?
Kundin: Guten Tag. Dürfte ich Sie was fragen?
Verkäufer: Ja, natürlich! Gerne!
Kundin: Also, ich hab' da in Ihrem Schaufenster ein Sonderangebot gesehen. Kann man das noch buchen?
Verkäufer: Sie meinen wahrscheinlich die Reise nach Griechenland? Die Woche für 399 Euro?
Kundin: Ja, richtig! Kann ich das jetzt buchen?
Verkäufer: Ja, natürlich, da sind noch Plätze frei, allerdings ...
Kundin: Okay, das nehm' ich.
Verkäufer: Sind Sie ganz sicher? Ich meine, möchten Sie denn keine genaueren Informationen über die Flugdaten, die Unterkunft und ...
Kundin: Nein, das ist schon okay, das nehm' ich. Sie können gleich buchen.
Verkäufer: Äh ... also ...
Kundin: Ich zahl' das in bar.
Verkäufer: Ja, also, wie Sie wünschen! Dann mach' ich die Unterlagen fertig.
Kundin: Sehr schön!
Verkäufer: Aber, wenn Sie noch etwas wissen wollen, ich meine, wenn Sie noch Fragen haben, Sie können sich auch später noch jederzeit bei uns melden.

Zwischenspiel 6 *Schnell, schnell ...*

1 Prophet: Alle sagen euch: Macht schneller, damit ihr mehr Zeit habt. Und ihr? Ihr werdet schneller und schneller, um Zeit zu sparen. Ich sage euch aber: Ihr solltet das Leben genießen, statt hektisch durch die Welt zu rennen. Arbeit, Essen, Liebe, Musik,

Gespräche, alles soll immer schneller und schneller gehen. Merken wir denn gar nicht, wie wir dabei unsere Lebensfreude verlieren? Zeit kann man doch nicht sparen! Zeit muss man sich nehmen!

Zuhörer: Sagen Sie mal, verstehen Sie das? Was will der Typ?
Zuhörerin: Ich glaube, er will einfach sagen: „Lasst euch mehr Zeit!"
Zuhörer: Dafür braucht er aber ganz schön lange, finden Sie nicht?

2 Stimmen: Denken Sie an Ihren Termin, Müller! Müller!? Warum dauert das so lange!? Ja, sagen Sie mal, Müller, wo bleiben Sie denn!?
Müller: Ich kann nicht mehr!
Sprecherin: Herr Müller müsste sich dringend erholen.
Müller: Aber ich hab ja keine Zeit!
Sprecherin: Geht es Ihnen auch so? Dann probieren Sie doch mal A-S-M!
A-S-M, die Anti-Stress-Maske für zwischendrin. A-S-M bringt doppelte Entspannung in der Hälfte der Zeit! A-S-M!
Müller: Ich bin schon so entspannt!

3 Reisender: Ähh, bitte, ich hätt' gerne ganz schnell 'n Hotdog. In zwei Minuten geht mein Zug.
Kioskmann: Das ist Unsinn!
Reisender: Was ist Unsinn?
Kioskmann: Ein Zug kann nicht gehen. Er hat keine Beine.
Reisender: Wieso? Man sagt doch: „Mein Zug geht um 14 Uhr 42". Das ist völlig korrektes Deutsch.
Kioskmann: Züge haben Räder. Ein Zug geht also nicht, er fährt!
Reisender: Doch, meiner geht und zwar in eineinhalb Minuten. Also machen Sie jetzt den Hotdog, statt mir hier 'nen Vortrag zu halten!
Kioskmann: Wohin wollen Sie denn?
Reisender: Ich fahre nach Hamburg.
Kioskmann: Schon wieder Quatsch: Sie können nicht fahren!
Reisender: Wie bitte?
Kioskmann: Sie haben ja nicht mal Räder.
Reisender: So, jetzt reichts! Wissen Sie, was ich gar nicht mag? Leute, die alles besser wissen! Behalten Sie Ihren Hotdog! In einer Minute fährt mein Zug und ich gehe jetzt!
Kioskmann: Ja! Sehen Sie: Jetzt haben Sie's doch noch kapiert: Sie gehen und der Zug fährt!

4 Mama: Oh, Kurti!
Kurti: Ja, Mama?
Mama: Gib mir schnell mal zwei Euro!
Kurti: Hier, Mama.
Mama: Kurti!
Kurti: Ja, Mama?
Mama: Ich muss noch mal schnell für kleine Mädchen. Sekunde, ja?
Kurti: Okay, ich warte hier.
Mama: Da! Halt das mal schnell.
Kurti: Gut, Mama.
Mama: Aber nicht reinbeißen!
Mama: Oh, jetzt muss ich aber ganz schnell los!
Kurti: Ja, Mama!
Mama: Komm, gib mir noch schnell'n Küsschen, Kurti!
Kurti: Tschüs, Mama!
Mama: Ich komm' bald wieder!
Kurti: Wie schön, Mama!
Kurti: Ach, an Tagen wie heute liebe ich diesen Bahnhof! Aaah, ich bin schon so entspannt!

Lektion 7 Rund ums Wohnen

Folge 7: *Die Traumwohnung*

Nasseer: Das muss dieses Gebäude hier sein. Tatsächlich! Parkstraße 12! Wow!

Traumfrau: Ah! Sie bringen das Essen.
Nasseer: Ja, ja, genau!
Traumfrau: Na, das ging aber wirklich schnell! Bitte, kommen Sie doch rein!
Nasseer: Oh, vielen Dank!
Traumfrau: Geben Sie Acht: Die Stufen sind sehr hoch.
Nasseer: Mhm.

Nasseer: Äh, entschuldigen Sie, ist das hier alles eine Wohnung, oder was?
Traumfrau: Ja, alles eine Wohnung.
Nasseer: Unglaublich! Wie viele Zimmer sind das denn?
Traumfrau: Neun Zimmer, drei Bäder und die Küche.
Nasseer: Neun Zimmer? Wahnsinn!
Traumfrau: Warten Sie, das Beste kommt ja erst noch. Die Wohnung ist nämlich nicht nur sehr groß, sondern auch sehr billig.
Nasseer: Ach, wirklich?

Nasseer: Darf ich fragen, was Sie für die Wohnung bezahlen?
Traumfrau: Sie kostet nur 450 Euro.
Nasseer: 450 Euro!? Das ist ... das ist ja – aber, da kommen dann sicher noch 'ne Menge Heizkosten dazu, oder?
Traumfrau: Nein, nein, das ist die Warmmiete. Da ist die Heizung schon mit drin.
Nasseer: Das ist ja nicht zu glauben! Stellen Sie sich vor: Mein Appartement hat nur ein einziges kleines Zimmer und trotzdem zahl' ich fast genauso viel wie Sie.
Traumfrau: Oh, Sie Ärmster! Sie können gerne hier wohnen.
Nasseer: Was?!
Traumfrau: Ja. Ja, Sie haben richtig gehört. Ich suche schon lange einen Mitbewohner für diese Wohnung.

Traumfrau: Wenn Sie wollen, können Sie sofort einziehen. Die Zimmer sind möbliert und mit allem Komfort.
Nasseer: Aber ...
Traumfrau: Kein Aber. Das Haus ist mir sowieso zu groß.
Nasseer: Ach?
Traumfrau: Ich brauche zwar ziemlich viel Platz, aber doch keine neun Zimmer. Drei vielleicht, höchstens vier. Die anderen können Sie alle haben.
Nasseer: Das ist wirklich wahnsinnig nett von Ihnen.
Traumfrau: Ich heiße Natascha.
Nasseer: Aber, aber ich ... äh ...
Traumfrau: Natürlich bekommen Sie auch Ihr eigenes Bad. Oh, entschuldigen Sie mich bitte einen Moment. Ich bin gleich wieder da. Sehen Sie sich doch inzwischen ein bisschen um.

Nasseer: Hm, ich wollte ja schon immer in diese Gegend ziehen. Das ist zu schön, um wahr zu sein. Entweder ich träume, oder ich bin verrückt geworden. Hä? Was ist denn das für ein sonderbares Bild!?
Traumfrau: Hallo? Wer ist denn da? Ach so! Hm, hm, ich verstehe, ja, ja. Bei mir einziehen, ja? Ach, das tut mir leid, ich habe nämlich gerade einen sehr netten, jungen Mitbewohner gefunden, gerade eben, ja.

Nasseer: Natascha! Natascha! Das Telefon!

Nasseer: Hach! Hätt' ich doch weitergeträumt! Wär' ich bloß nicht aufgewacht! Hach, Natascha!

Schritt A A1

A Traumfrau: Warten Sie, das Beste kommt erst noch. Die Wohnung ist nämlich nicht nur sehr groß, sondern auch sehr billig.

B Traumfrau: Das Haus ist mir viel zu groß. Ich brauche zwar viel Platz, aber doch keine neun Zimmer.

C Nasseer: Nein, das ist zu schön, um wahr zu sein. Entweder ich träume, oder ich bin verrückt geworden.

Schritt A A2

1 Maklerin: Vom Erdgeschoss in den 28. Stock in nur 37 Sekunden. Ganz schön schnell, der Lift, was?
Interessent: Na super! Und was mach' ich, wenn mal der Strom ausfällt? Muss ich dann unten bleiben oder was?
Maklerin: Aber nein! Sollte der Strom wirklich mal ausfallen, dann gibt's ja auch noch unser schönes Glastreppenhaus. Sehen Sie mal, da drüben: Mit Rundumblick über die ganze Stadt.
Interessent: Zu Fuß gehen? In den 28. Stock? Boah!
Maklerin: So! Da wären wir. Hereinspaziert! Hier wohnt der Erfolg!
Interessent: Der Erfolg? Ich finde, hier riecht's nach schlechter Luft. Würden Sie freundlicherweise mal die Fenster öffnen?
Maklerin: Nein, die kann man nicht öffnen.
Interessent: Na, das ist ja wohl 'n Witz, oder?
Maklerin: Wer öffnet denn heute noch Fenster? Diese Wohnung hat eine vollautomatische Klimaanlage! Warten Sie nur ein paar Minuten und Sie haben hier die beste und frischeste Luft. Viel frischer als die da draußen!
Interessent: Klimaanlage, aha! Das bedeutet: wahnsinniger Stromverbrauch, riesige Nebenkosten! Hm, das muss man zu der hohen Miete ja auch noch dazurechnen. Ich glaube, das wird mir zu teuer.
Maklerin: Tja, wie ich schon sagte: Hier wohnt der Erfolg! Wer im höchsten Wohnhaus der Stadt leben möchte, mitten im Zentrum, mit Tiefgarage, mit Panoramablick, mit allem Drum und Dran, der sollte schon ein bisschen tiefer in die Tasche greifen können.
Interessent: Na ja ...
Maklerin: So was kann sich eben nicht jeder leisten!
Interessent: Hm, 28. Stock ist natürlich schon toll.
Maklerin: Die Wohnung ist einfach super!
Interessent: Der Blick, der ist schon klasse irgendwie, hat schon was.
Maklerin: Eine einmalige Gelegenheit!
Interessent: Na ja. Ich muss es mir noch mal überlegen! Ich ruf Sie morgen noch mal an, okay?

2 Interessentin: Oh, dieser Gang! Der ist ja unglaublich groß!
Makler: Ja, und hier ist auch noch eine riesige Garderobe.
Interessentin: Hach, ich liebe Altbauten!
Makler: Sehen Sie! Ich hab's gewusst: Das ist genau das Richtige für Sie!
Interessentin: Wahnsinn! Das ist ja nicht zu glauben: ein richtiger alter Kachelofen!
Makler: Ja, nicht wahr? Der sieht super aus. Und das Beste kommt noch! Der macht überhaupt keinen Schmutz.
Interessentin: Wieso denn?
Makler: Weil er nicht funktioniert.
Interessentin: Ach so?
Makler: Wozu denn auch? Sie brauchen ihn doch gar nicht. Sie haben ja die neue, saubere, energiesparende, billige und umweltschonende Zentralheizung. Hier, sehen Sie?
Interessentin: H-hm, dieser Raum hier, das soll doch wohl das Wohnzimmer sein, oder?
Makler: Richtig, das ist das Wohnzimmer. Die gute Stube, so richtig gemütlich!
Interessentin: Na, also, ich weiß nicht. Ein bisschen klein, finden Sie nicht?
Makler: Klein? Einigen wir uns auf: kuschelig!
Interessentin: Na ja, aber so schmal, irgendwie. Wie soll man denn hier ein Sofa reinbekommen?
Makler: Aber ich bitte Sie! Hier können Sie doch leicht ein großes Sofa hinstellen! Hier! Sehen Sie mal! Oder auch zwei kleinere. Überhaupt kein Problem!
Interessentin: Meinen Sie?
Makler: Na sicher! Kommen Sie mal! Ich möchte Ihnen was zeigen.
Interessentin: Hhh!!! Ein riesiger, blühender Kirschbaum! Unglaublich!
Makler: Stellen Sie sich nur vor: So blüht der jedes Jahr, nur für Sie! Ist das nicht ein Traum?

Schritt C C1

Gespräch 1

Lisa: Cornelia! Guten Morgen!
Cornelia: Hallo Lisa, du, ich ...
Lisa: Hey! Was ist los, Cornelia? Du bist ja ganz blass!
Cornelia: Ach, es ist ... ich hab' zu wenig geschlafen ...
Lisa: Wieso? Hast du Stress?
Cornelia: Nein, eigentlich nicht. Ich konnte nicht einschlafen, weil ... also ... es ist ... ich weiß, es klingt doof, aber ...
Lisa: Was ist denn? ... He, komm! Sag schon!
Cornelia: Deine Waschmaschine ...
Lisa: Ja?
Cornelia: Du, bei mir unten hört man die wahnsinnig laut.
Lisa: Echt? Ach du liebe Zeit! Das ist ja blöd! Daran hab' ich ja gar nicht gedacht.

Cornelia: Weißt du, untertags stört's mich ja nicht, aber wär's für dich vielleicht möglich, abends nach zehn Uhr nicht mehr zu waschen?
Lisa: Na klar! Geht in Ordnung.
Cornelia: Super!

Gespräch 2
Herr Döberle: So, jetzt macht aber mal Platz hier! Man kommt ja nicht mal durch die Tür! Müsst ihr denn ausgerechnet hier im Treppenhaus spielen?
Fritz: Ja-ha! Wo denn sonst?
Herr Döberle: Hier ist doch kein Abenteuerspielplatz!
Lukas: Wieso denn? Hier ist doch genug Platz für alle.
Fritz: Außerdem regnet's draußen.
Herr Döberle: Also, so was! Auch noch frech werden!
Lukas: Sie haben uns gar nichts zu sagen!
Herr Döberle: Das ist die Höhe! Aber wartet! Das sag' ich euren Eltern!
Fritz: Uns doch egal! Wir dürfen hier spielen.
Lukas: Genau! Unsre Eltern haben's uns nämlich erlaubt!
Herr Döberle: Das wird ein Nachspiel haben! Ihr werdet noch von mir hören!

Gespräch 3
Frau Meisner: Guten Tag, Herr Krämer!
Herr Krämer: Ach, Frau Meisner! Hallo! Wie geht's denn so? Was macht Ihre Erkältung?
Frau Meisner: Na ja, 's will einfach nicht besser werden. Ach, Herr Krämer, wo ich Sie grade sehe: Ich hätte da 'ne Bitte.
Herr Krämer: Nur zu! Was gibt's denn?
Frau Meisner: Sagen Sie mal, könnten Sie nicht woanders rauchen?
Herr Krämer: Wie bitte?
Frau Meisner: Ihr Rauch zieht immer hier rüber in meine Wohnung. Könnten Sie nicht in Ihrer Wohnung rauchen statt auf dem Balkon?
Herr Krämer: Das geht leider nicht, meine Frau möchte das nicht.
Frau Meisner: Kann ich verstehen, tja, was machen wir denn jetzt?
Herr Krämer: Vielleicht könnten Sie das Fenster zumachen, wenn ich rauche.
Frau Meisner: Ja, das wär 'ne Möglichkeit. Vielleicht könnten Sie aber auch zum Rauchen in den Hof runtergehen? Wie wär' denn das, he?

Gespräch 4
Frau Braun: Hallo? Sie da oben? Hallo!
Herr Weiß: Ja? Was ist denn?
Frau Braun: Ich bin ja kein Gärtner, aber meinen Sie nicht, dass Sie Ihren Blumen vielleicht ein bisschen zu viel Wasser geben?
Herr Weiß: Also, das ist ja ein starkes Stück! Meine Blumen gehen Sie doch nun wirklich gar nichts an, oder?
Frau Braun: Ihre Blumen nicht, aber meine Fenster! Die sind nämlich jedes Mal nass und schmutzig, wenn Sie Blumen gießen.
Herr Weiß: Was? Wollen Sie etwa behaupten, dass ich absichtlich Ihre Fenster nass mache?
Frau Braun: Nein, gar nicht. Ich unterstelle Ihnen nichts, ich will Sie auch nicht beleidigen, ich möchte nur, dass Sie hier nicht dauernd rumtropfen.
Herr Weiß: Also, das ... das ist ja lächerlich!

Gespräch 5
Frau Ruppert: Nanu, wer weiß denn schon die Nummer? Ich hab' das Telefon doch erst gestern angemeldet. Ruppert!
Frau Schwackenhofer: Hier Schwackenhofer.
Frau Ruppert: Wer?
Frau Schwackenhofer: Schwackenhofer. Ich wohne unter Ihnen. Wäre es vielleicht möglich, dass Sie etwas leiser gehen?
Frau Ruppert: Was? Wieso denn?
Frau Schwackenhofer: Jedes Mal wenn Sie gehen, zittert meine Lampe.
Frau Ruppert: Ja, aber ich gehe ganz normal!
Frau Schwackenhofer: Meine Lampe zittert aber und sie klirrt! Hören Sie also bitte auf, so laut herumzugehen!
Frau Ruppert: Hören Sie, ich gehe nicht laut! Ich gehe ganz normal.
Frau Schwackenhofer: Dann sind Sie zu schwer! Meine Lampe zittert.
Frau Ruppert: Na also! Ich hab' Normalgewicht!
Frau Schwackenhofer: Sie zittert aber und sie klirrt!
Frau Ruppert: Das ist doch nicht mein Problem! Wenden Sie sich bitte an den Hauseigentümer!
Frau Schwackenhofer: Genau! Das werde ich tun!
Frau Ruppert: T-hh! So was ist mir noch nie passiert! Ob das wirklich die richtige Entscheidung war, hier einzuziehen?

Gespräch 6
Herr Konowski: Ah, Herr Wimmer!
Herr Wimmer: Ja, Herr Konowski?
Herr Konowski: Gut, dass ich Sie treffe, Herr Wimmer. Hätten Sie mal 'n Momentchen Zeit?
Herr Wimmer: Ja, was gibt's denn?
Herr Konowski: Sie wissen doch, die Haustür, sie sollte nach 22 Uhr immer abgesperrt werden.
Herr Wimmer: Ja, ja, das weiß ich.
Herr Konowski: Nun kommen aber immer wieder Klagen, dass das von einigen Mietern vergessen wird.
Herr Wimmer: Ach, wirklich? Das ist mir noch gar nicht aufgefallen!
Herr Konowski: Doch, doch! Neulich hab' ich auch bemerkt, wie Sie nachts das Haus verlassen haben, ohne abzuschließen.
Herr Wimmer: Tatsächlich? Oh, da muss ich wohl in Eile gewesen sein. Entschuldigen Sie bitte.
Herr Konowski: Na ja, kann ja mal passieren! Ich wollt' Sie nur noch mal dran erinnern. Wissen Sie, gerade die älteren Leute hier im Haus fühlen sich einfach sicherer, wenn die Tür zu ist.
Herr Wimmer: Na klar! Das versteh' ich doch! Ich werd' ab jetzt dran denken, okay?
Herr Konowski: Na, das is' doch ein Wort! Also, tschüs, Herr Wimmer!
Herr Wimmer: Tschüs, Herr Konowski!

Schritt E **E2/E3**

Sprecher: 30 Millionen Menschen pendeln in Deutschland zwischen ihrem Wohnort und ihrem Arbeitsplatz, ihrer Schule oder ihrer Universität hin und her. Für die meisten Pendler bedeutet dies: morgens früher aufstehen, mehr Stress im Berufsverkehr und abends später nach Hause kommen. Etwa 360.000 Berufstätige wohnen so weit von ihrem Arbeitsplatz entfernt, dass sie nur an den Wochenenden nach Hause fahren können. Bei ihnen kommen zu den hohen Fahrtkosten dann auch noch die Ausgaben für einen zweiten Haushalt. Aber nicht nur die höheren Kosten, sondern auch die Trennung von ihrem Partner, ihrer Familie oder ihrem Freundeskreis werden für manche ‚Wochenendpendler' zum Problem. Zum Beispiel für Jan Kerkhoff und Jutta Rademacher.

Jutta Rademacher: Bei uns geht das nun schon drei Jahre, seit Jans Firma von Frankfurt nach Essen umgezogen ist.

Jan Kerkhoff: Damals hieß es: Entweder du gehst mit oder du musst dir 'ne neue Stelle suchen. Tja, da bin ich dann eben mit der Firma nach Essen gegangen. Aber Jutta konnte leider nicht mitkommen.

Jutta Rademacher: Ich hab' ja meine Mutter hier, der geht's gesundheitlich nicht so gut. Und dann hab' ich hier auch noch 'nen guten und sicheren Arbeitsplatz.

Jan Kerkhoff: Zuerst dachten wir: Frankfurt – Essen, das sind ja nur 250 Kilometer, besuchen wir uns halt abwechselnd jedes Wochenende, da haben wir mehr als zwei Tage pro Woche ganz für uns.

Jutta Rademacher: Aber in Wirklichkeit sind's gerade mal eineinhalb Tage. Erstens wird's am Freitag ziemlich spät, bis man sich sieht. Man ist ja doch immer 'n paar Stunden unterwegs. Und dann muss man schon am Sonntagnachmittag wieder los, damit man am Montag nicht total müde in die Arbeit kommt.

Jan Kerkhoff: Und was auch ziemlich nervt: Hausarbeiten, Einkäufe, Putzen und so weiter. Alles, was andere gemütlich am Samstag machen, das müssen wir abends unter der Woche erledigen. Sonst hätten wir am Wochenende noch weniger Zeit füreinander.

Jutta Rademacher: Und teuer ist es auch: zwei Wohnungen, das viele Herumfahren.

Jan Kerkhoff: Wir zahlen ja fast alles doppelt: zweimal Miete, zweimal Heizung, zweimal Telefon und so weiter.

Jutta Rademacher: Aber am schlimmsten ist, dass wir kein gemeinsames Zuhause mehr haben. Das belastet die Beziehung am allermeisten.

Jan Kerkhoff: Andererseits sag' ich mir: Es wäre dumm gewesen, wenn ich damals gekündigt hätte, nur um in Frankfurt zu bleiben. So 'ne gute Stelle kriegt man ja nicht wieder.

Jutta Rademacher: Na ja, ich weiß nicht.

Sprecher: So negative Erfahrungen wie Jan Kerkhoff und Jutta Rademacher machen nicht alle Wochenendpendler. Der Mathematiker Dieter Grosse und seine Partnerin Maren Helbig kommen mit ihrer Fernbeziehung sehr viel besser zurecht. Sie wohnten ein Jahr zusammen in Göttingen, als Dieter ein interessantes Stellenangebot aus Berlin bekam.

Dieter Grosse: Ein Traumjob, aber eben so weit weg. Und Berlin ist, ehrlich gesagt, nicht meine Lieblingsstadt. Außerdem hatte sich Maren gerade mit ihrem Reisebüro selbstständig gemacht und es war klar: Sie kann auf keinen Fall mitkommen.

Maren Helbig: Trotzdem hab' ich gleich gesagt: Das musst du machen! Es ist zwar weit weg, aber dafür ist es genau die Arbeit, die du dir immer gewünscht hast. So 'ne Chance bekommst du nie wieder. Aber Dieter wollte nicht.

Dieter Grosse: Na ja, ich hatte halt einfach Angst, dass unsere Beziehung das nicht aushält. Wir haben's ja bei einigen Freunden und Bekannten mitbekommen, welche Probleme da entstehen können.

Maren Helbig: Also ich hatte da überhaupt keine Sorgen. Und außerdem gibt's ja auch 'ne Menge Paare, die Stress miteinander haben, obwohl sie Tag und Nacht zusammen sind.

Dieter Grosse: Na, jedenfalls, Maren hat so lange auf mich eingeredet, bis ich dann am Ende doch nach Berlin gegangen bin.

Maren Helbig: Und es klappt prima! Stell dir bloß mal vor, du wärst nicht hingegangen! Dann würdst du heute sagen: Hätt ich's bloß gemacht!

Dieter Grosse: Wahrscheinlich hast du recht.

Maren Helbig: Ganz sicher! Und außerdem: Unter der Woche arbeiten wir sowieso beide bis spät abends. Vor zehn Uhr kommen wir nie nach Hause. Dafür halten wir die Wochenenden völlig frei. Mal fahr' ich nach Berlin, mal kommt Dieter nach Göttingen. Und unserer Beziehung geht's ausgezeichnet, oder?

Dieter Grosse: Ja, Schatz.

Sprecher: Die Interviews zeigen, dass die beiden Paare ihre doch recht ähnlichen Lebenssituationen sehr unterschiedlich bewerten. Am Telefon bin ich nun mit der Soziologin Anneliese Hamel von der Universität Lübeck verbunden. Frau Professor Hamel, Sie haben die Auswirkungen des Wochenendpendelns auf Paarbeziehungen wissenschaftlich untersucht. Woran liegt es denn, dass die Paare ihre Trennung so unterschiedlich erleben?

Dr. Hamel: Na ja, so unterschiedlich erleben die das gar nicht. Sie haben da jetzt zwei extreme Beispiele gebracht. Bei den meisten Paaren spielt sich das eher irgendwo in der Mitte ab.

Sprecher: Aber es gibt doch trotzdem Unterschiede, oder?

Dr. Hamel: Natürlich spielt die Ausgangssituation eine große Rolle: Geht man freiwillig in 'ne andere Stadt? Oder wird man zum Pendeln gezwungen?

Sprecher: Haben Sie da Zahlen?

Dr. Hamel:	Wir gehen davon aus, dass nur etwa drei von zehn Wochenendpendlern völlig freiwillig so weit entfernt von zu Hause arbeiten. Ihr Motiv ist meist ein überdurchschnittlich hoher Lohn oder ein besonders interessanter Job, oder beides.
Sprecher:	Und wie ist das bei den übrigen 70 Prozent?
Dr. Hamel:	Bei denen ist der Hauptgrund – es wird Sie kaum überraschen – dass sie zu Hause eben keine Arbeit finden. Und, ganz klar: So jemand ist dann auch tendenziell eher unzufrieden mit seiner Pendelsituation. Aber – und das ist ein sehr interessantes Ergebnis unserer Studie – egal, ob sie zufrieden oder unzufrieden sind, bei den meisten Paaren dauert die Phase des Wochenendpendelns nur etwa drei Jahre.
Sprecher:	Drei Jahre? Und was machen sie dann?
Dr. Hamel:	Dann sucht sich die Mehrheit eine andere Lösung. Es kommt entweder zum Nachzug des Partners in die neue Stadt oder zum Rückzug des Pendlers in die alte. Manche Paare suchen einen Wohnort in der Mitte und werden beide zu Tagespendlern. Tja, und bei knapp 30 Prozent geht die Beziehung leider kaputt.
Sprecher:	Das war die Soziologin Anneliese Hamel von der Uni Lübeck zu unserem Thema „Wochenendpendler". Vielen Dank, Frau Professor Hamel!
Dr. Hamel:	Gerne! Auf Wiederhören!

Lektion 1 Glück im Alltag

Schritt C Übung 20
vgl. Arbeitsbuch Seite 91

Schritt C Übung 21
vgl. Arbeitsbuch Seite 91

Schritt C Übung 22
vgl. Arbeitsbuch Seite 91

Lektion 2 Unterhaltung

Schritt B Übung 15
vgl. Arbeitsbuch Seite 99

Schritt B Übung 16
a Bernds Geschichte heute war wirklich spannend.
b Also, ich finde Michael echt nett.
c Du siehst heute wirklich gut aus.
d Der Pullover steht dir gar nicht gut.
e Aua, das ist ziemlich heiß!
f Heute hat Papa besonders gut gekocht.
g Du bist total lieb.

Schritt C Übung 30
vgl. Arbeitsbuch Seite 103

Schritt C Übung 31
vgl. Arbeitsbuch Seite 103

Schritt C Übung 32
vgl. Arbeitsbuch Seite 103

Schritt C Übung 33
fantastisch • französisch • kritisch • sportlich • ziemlich • europäisch

Schritt C Übung 34
a männlich
b asiatisch
c glücklich
d elektronisch
e sympathisch
f hoffentlich
g selbstverständlich
h ausländisch

Schritt C Übung 35
vgl. Arbeitsbuch Seite 103

Schritt E Übung 39 b
Die richtigen Beziehungen sind für den Erfolg genauso wichtig wie Fleiß und Talent. Wie gut, dass Carsten Tsaras bester Freund bei der Kriminalpolizei arbeitet! So hat der Detektiv schon einige Informationen in seinem Computer, als Verena Müller um halb drei Uhr nachmittags sein Büro betritt.
„Na? Kommen Sie voran?"
„Es geht so."
Die rothaarige, etwas mollige Frau setzt sich auf Tsaras Schreibtisch.
„Ich liebe gesprächige Männer!" Carsten Tsara hat keine Lust, über den Fall zu reden. Aber er weiß, dass seine Chefin keine Ruhe gibt, wenn sie etwas wissen will.
„Okay! Ich habe drei Theorien. Nummer eins: Morbus Alzheimer ..."
„Die Alzheimer-Krankheit? Wieso denn das?"
„Walter Dessauer scheint ziemlich vergesslich zu sein. Vielleicht liegt die Akte irgendwo, und er weiß es bloß nicht mehr."
„Quatsch! Walter ist nicht vergesslich!"
„Wieso kann er sich dann meinen Namen nicht merken? Warum sagt er dauernd ‚äh'?"
„Ich finde, in seiner Situation ist das völlig normal. Er ist im Stress!"
„Na gut. Dann bleiben noch die beiden anderen Theorien: Mobbing oder Diebstahl."
„Mobbing? Wer will ihn mobben?"
„Der Geschäftsführer findet ihn angeblich zu alt. Dann ist da noch diese junge, hübsche Frau, Anneliese Bremke. Dessauer glaubt, dass sie seinen Job haben möchte."
„Und was glauben Sie?"
„Sie hat Zugang zum Büro. Für sie ist es also kein Problem, die Akte vom Schreibtisch zu nehmen."
„Hm. Und die Diebstahls-Theorie?" Carsten Tsara beginnt zu lächeln.
„Gucken Sie mal, was ich hier habe!", sagt er und dreht den Computermonitor so, dass Verena Müller hineinsehen kann.

Behördensache / Streng vertraulich!

Name:	B e i s e l, Markus Jonathan
Geboren:	12. Mai 1969 in Meppen
Beruf:	Fernmelde-Elektroniker
Adresse:	Anzinger Straße 1, 81671 München
Vorstrafen:	1997 Diebstahl; 1998 Diebstahl, Betrug

„Ein Krimineller. Na und? Was ist daran so interessant?"
„Der Mann wird von seiner Firma immer dann zur TECSUP geschickt, wenn dort mit der Telefonanlage etwas nicht stimmt. Gestern ist er genau zu der Zeit in Dessauers Büro, als dort die Akte auf dem Schreibtisch liegt."
„Hm. Das heißt, er kommt als Täter in Frage. Nicht mehr und nicht weniger. Was machen Sie nun?" Der Detektiv schaltet den Computer aus. Er öffnet seine Schreibtischschublade und holt einen Polizeiausweis heraus.
„Ich stelle diesem Herrn Beisel mal ein paar Fragen."
„Ein falscher Polizeiausweis? Was soll denn das, Tsara?"
„Er sieht sehr echt aus. Finden Sie nicht?"

Lektion 3 Fit bleiben

Schritt A Übung 5 a
Moderatorin:
Liebe Hörerinnen und Hörer, wir begrüßen Sie heute wieder recht herzlich zu unserem Gesundheitsmagazin am Mittag. Heute mit dem Thema: Rückenschmerzen – was dann?
Rückenschmerzen. Wer kennt sie nicht? Gehören Sie auch zu den 80 bis 90 Prozent der Deutschen, die mindestens einmal im Leben Rückenschmerzen haben? Schon ca. 20 Prozent unserer Kinder und Jugendlichen klagen über Rückenschmerzen. Zu diesem Thema haben

wir heute einen Studiogast, nämlich Frau Dr. Heimann, Fachärztin für Orthopädie.
Frau Dr. Heimann, welchen Rat geben Sie allen, die an Rückenschmerzen leiden?

Dr. Heimann:
Rückenschmerzen sind eine Krankheit. Viele Menschen nehmen aber eben diese Schmerzen zu leicht. Egal ob mit 10, 30 oder 60 Jahren – das Auftreten dieser Schmerzen müssen Sie auf jeden Fall ernst nehmen. Sie sollten sofort zu Ihrem Hausarzt gehen.
Er untersucht, was der Grund Ihrer Schmerzen sein kann, und empfiehlt Ihnen vielleicht auch eine Behandlung. Vielleicht leiden Sie unter Problemen mit den Bandscheiben, die man eventuell mit einer Operation behandeln muss. Manchmal sind aber auch nur schmerzhafte Verspannungen der Schultern oder des Nackens die Ursache. Diese können gut konservativ, also mit Krankengymnastik usw. behandelt werden.
Eigentlich hilft aber nur die genaue Untersuchung in der Praxis eines Facharztes oder in einer Fachklinik weiter. Dafür brauchen Sie aber zuerst eine Überweisung Ihres Hausarztes.
Der überweist Sie dann zu einem Facharzt. Der Facharzt wiederum untersucht dann die Form der Wirbelsäule und fragt Sie auch, seit wann und wie lange Sie Schmerzen haben. Deshalb sollten Sie ein Schmerztagebuch führen. Dort schreiben Sie regelmäßig Beginn und Dauer der Schmerzen auf. Sie sollten Ihren Körper diesbezüglich genau beobachten. Im Laufe des Gesprächs mit Ihrem Arzt und mit Hilfe des Schmerztagebuchs können Sie sicherlich die Schmerzen genau bestimmen. Der Arzt kann Ihnen dann eine geeignete Behandlung vorschlagen.
Viele Menschen haben in ihrem Leben mindestens schon einmal Rückenschmerzen gehabt. Es gibt viele Tipps, wie man sich bei Rückenschmerzen verhalten soll. Hören Sie trotzdem immer auf den Rat eines Arztes und nicht nur auf die guten Ratschläge von Freunden und Nachbarn.

Schritt C Übung 22 a+b
vgl. Arbeitsbuch Seite 115

Schritt C Übung 24 a
vgl. Arbeitsbuch Seite 115

Schritt C Übung 24 b
KON-TROL-LIE-REN
TE-LE-FO-NIE-REN
NO-TIE-REN
FUNK-TIO-NIE-REN
OP-E-RIE-REN
TRAI-NIE-REN
RE-A-GIE-REN

Schritt E Übung 29

a Volkshochschule Mainz Mitte, guten Tag. Leider sind im Moment alle Plätze belegt. Bitte versuchen Sie es zu einem späteren Zeitpunkt noch einmal. Wegen der Einschreibung zu den Kursen, die jetzt im Frühjahr beginnen, rufen Sie bitte noch einmal unter der Nummer 06131/233-479 an. Vielen Dank für Ihren Anruf.

b Praxis für Physiotherapie, Bettina Plöttner. Leider rufen Sie außerhalb der Sprechzeiten an. Diese sind wie folgt: Montag bis Freitag von 8 bis 12 und Dienstag und Donnerstag von 14 bis 20 Uhr. Für den Rückenschulkurs können Sie sich am Empfang persönlich anmelden oder telefonisch unter der Nummer 02843/6246. Der Kurs findet immer donnerstags von 9 bis 10 Uhr statt.

c Sie haben die kostenlose Servicenummer Ihrer AOK gewählt. Mit der AOK sind Sie immer gut beraten. Darum – bleiben Sie dran. Wenn Sie Fragen zu dem aktuellen Programmangebot der AOK haben, wählen Sie die Eins. Wenn Sie sich über die neuesten Gesundheitstipps informieren möchten, wählen Sie die Zwei. Wenn Sie akute Fragen zur Gesundheit haben und mit unserem Rundum-Service verbunden werden möchten, wählen Sie die Drei. Wenn Sie mit einem Mitarbeiter verbunden werden möchten, wählen Sie die Vier.

d Auch Sportler müssen einmal Pause machen. Daher können wir gerade leider nicht ans Telefon gehen. Bitte probieren Sie es doch zu einem späteren Zeitpunkt! Wir sind immer für Sie da: die ganze Woche einschließlich Wochenende von 10 bis 24 Uhr. Und noch etwas: Seit dem 1. Dezember gibt es uns jetzt auch in Vaterstetten. Zur Eröffnung unseres Studios halten wir tolle Angebote für Sie bereit. Schauen Sie doch einfach mal vorbei oder auf unsere Internetseite unter www.fit-ist-in.de.

e Liebe Freunde des Kaufhauses Herler am Karlsbrunnen. Beachten Sie unser besonderes Angebot an Gesundheitsartikeln. Nur noch diese Woche! Besonders zarten Badeschaum der Marke Remmele zum Beispiel finden Sie im ersten Stock in unserer Wellnessabteilung. Hier finden Sie auch weitere Produkte ...

Lektion 4 Sprachen

Schritt A Übung 8 b
konnte – könnte; hatten – hätten; wurdest – würdest; musste – müsste; waren – wären

Schritt A Übung 9
a Ich konnte jederzeit bei meinen Freunden wohnen.
b Ich hätte fast immer Zeit.
c Ich müsste nicht unbedingt am Sonntag kommen.
d Wir waren gern bereit, bei der Arbeit zu helfen.
e Ich würde sagen, dass wir uns morgen treffen.
f Tut mir leid, ich musste gestern früher gehen.
g Du könntest auch mal deinen Chef fragen.
h Es wäre gut, wenn du mich am Wochenende anrufst.

Schritt A Übung 10 a
vgl. Arbeitsbuch Seite 121

Schritt B Übung 13 b

1 ● Was ist denn das?
▲ Das ist ein Topfenstrudel.
● Entschuldigung. Topfenstrudel kenne ich nicht. Können Sie mir sagen, was das ist?

2 ● Entschuldigen Sie bitte. Wo ist hier das Wellness-Center?
▲ Wie bitte? Das letzte Wort habe ich nicht verstanden.
● Das Wellness-Center, das große Schwimmbad.

3 ● Also, dann treffen wir uns am 12.5. um 13.35 Uhr am Bahnhof.
▲ Entschuldigen Sie, hier ist es so laut. Könnten Sie den Termin bitte noch mal wiederholen?

4 ● Also, Ihr Zug geht um 10.57 Uhr ab Freiburg, Ankunft in Karlsruhe um 11.58 Uhr, Abfahrt 12.07 Uhr, Ankunft in Stuttgart um 12.59 Uhr.
▲ Bedeutet das, dass ich umsteigen muss?
● Ja, in Karlsruhe.

Lektion 5 Beruf, Job und Praktikum

Schritt B Übung 15 a+b
vgl. Arbeitsbuch Seite 134

Schritt B Übung 17
vgl. Arbeitsbuch Seite 134

Schritt D Übung 25

Moderator: Herr Weigel, welche Tipps geben Sie denn unseren Jugendlichen mit auf den Weg, wenn sie sich auf ein Vorstellungsgespräch vorbereiten wollen? Geht das überhaupt?

Herr Weigel: Natürlich kann man sich auf ein Vorstellungsgespräch vorbereiten. Das fängt schon damit an, dass man, wenn man die Einladung zu einem Gespräch erhalten hat, diese kurz bestätigt: Meldet euch also kurz schriftlich oder telefonisch und sagt, dass ihr kommt. Am besten zeigt ihr dabei auch, dass ihr euch auf das Gespräch freut. Ja, und dann der nächste Punkt, ein ganz wichtiger Punkt: die Anreise. Besorgt euch am besten schon vor dem Gespräch eine genaue Wegbeschreibung. Überlegt, wie lange ihr wohl zu dem Ort, an dem das Gespräch stattfinden wird, braucht. Plant dabei Staus und mögliche Verspätungen immer mit ein. Wer zu spät kommt, hat schon keine Chancen mehr.

Moderator: Heißt das, dass man schon einmal vorher in die Firma fahren soll?

Herr Weigel: Nicht unbedingt. Wenn man sich den Weg vorher mal ansehen möchte, dann ja, aber nicht, um in die Firma hineinzugehen und sie sich mal genau anzusehen. Und da sind wir dann eigentlich schon beim nächsten Punkt, nämlich dem Informationensammeln. Überlegt euch gut: Warum habt ihr euch genau in dieser Firma beworben? Auch wenn es Zufall ist: Die Bewerbung muss so aussehen, als ob ihr euch genau über die Firma informiert habt und viele Gründe habt, dass ihr genau zu dieser Firma wollt. Deshalb ist es wichtig, möglichst viele Informationen – per Internet, Firmenbroschüren oder Zeitungsartikel – über Produkte, Standorte, Organisation der Firma zu besorgen. Das zeigt, dass ihr die Bewerbung ernst nehmt.
Ja, und nun stellt euch vor, ihr sitzt eurem Gesprächspartner gegenüber. Und – ihr müsst euch mit ihm unterhalten. Es ist wichtig, dass ihr euch vor dem Gespräch auf mögliche Fragen vorbereitet, wie zum Beispiel: Fragen von dem Arbeitgeber zu eurem Lebenslauf, zu euren Schulnoten, persönlichen Interessen und Stärken, zum Interesse an der Firma etc. Wer hier gut antwortet, macht Pluspunkte. Es ist sicherlich nicht besonders positiv, auf eine Frage nichts sagen zu können. Aber Vorsicht: Man sollte dabei auch nicht lügen.
Überlegt euch also, und das ist mein fünfter Punkt, welche Stärken ihr habt. Wer sich vorstellt, muss für sich Werbung machen. Arbeitgeber wollen wissen, welche Fähigkeiten ihr mitbringt. Warum seid ihr besonders gut geeignet für die Ausbildungsstelle oder für die Firma? Wenn ihr z.B. gut mit Menschen umgehen könnt oder sehr gut organisieren könnt, dann sagt das! Trainiert also vorher das Vorstellungsgespräch mit euren Eltern oder einem guten Freund. Das gibt euch Sicherheit und die Situation ist für euch nicht mehr so fremd. Eltern und Freunde kennen euch gut und können euch sagen, was ihr besser machen könnt.
Wichtig ist auch dabei: Miteinander sprechen mit Fragen und Rückfragen. Der Chef darf Fragen stellen, aber ihr auch!
So, und jetzt komme ich zum letzten Punkt: Was ziehe ich an? Auch hier müsst ihr aufpassen. Auch wenn ihr euch in Jeans am wohlsten fühlt, kann es für manche Stelle ziemlich unpassend sein, mit Alltagskleidung zu erscheinen. Das Aussehen in den ersten Sekunden des Treffens ist oft besonders wichtig. Deshalb mein Tipp: Achtet auf das Äußere wie saubere Hände und Haare, saubere Schuhe sowie auf Kleidung, die zum jeweiligen Beruf passt.
Und mein allerletzter Tipp: Seid so, wie ihr nun mal seid. ...

Lektion 6 Kundenwünsche

Schritt C Übung 17 b

● Hallo?
■ Hallo Tine. Schön, dass du wieder da bist. Mensch, wie war es denn in Vietnam? Du warst ja lange weg.
● Ja, du, es waren über vier Wochen. Wir sind auch erst vorgestern wiedergekommen.
■ Und wie hat es euch gefallen? Bestimmt super, oder?
● Ja, Vietnam ist echt ein tolles Reiseland, vor allem Südvietnam. Es war alles klasse, die Leute, das Klima, das Essen. Einfach ein Traumurlaub.
■ Hmh, das klingt ja echt toll. Sag mal, wie war denn das Wetter?
● Absolut sommerlich. Ich denke, wir hatten jeden Tag so knapp unter 30 Grad und manchmal hat die Sonne ganz schön gebrannt. Es hat zwar auch manchmal geregnet, so ganz dicke Tropfen, aber immer nur ganz kurz. Einfach genial, in die Sonne zu fliegen, wenn es in Deutschland Winter ist.
■ Und wie geht es dir jetzt so mit dem Schnee und der Kälte? Die Umstellung muss ja ganz schön schwierig sein.
● Ja, es ist gar nicht so einfach, aus der Hitze wieder in den feuchten Winter zurückzukehren. Es ist ja wirklich kalt hier, und ich habe mich auch schon ein bisschen erkältet.
■ Mensch, pass bloß auf dich auf! Du, es klingelt gerade bei mir an der Tür. Ich muss aufhören.
● Kein Problem, ich hab es sowieso auch ein bisschen eilig. Au Mann, es ist ja schon sieben Uhr. Klaus kommt nämlich gleich zum Essen. Wir wollen zusammen kochen.
■ Was gibt es denn?

● Was Vietnamesisches. Du, dann lass uns doch nächste Woche mal treffen, ja?
■ Ja, klar. Dann möchte ich auch unbedingt deine Fotos sehen.
● Also, bis dann.

Schritt D Übung 27
vgl. Arbeitsbuch Seite 149

Lektion 7 Rund ums Wohnen

Schritt B Übung 15
vgl. Arbeitsbuch Seite 155

Schritt B Übung 17 a
vgl. Arbeitsbuch Seite 155

Schritt C Übung 20
● Guten Morgen, Frau Holzner!
■ Guten Tag, Frau Niedermeyer!
● Ich hätte eine ganz große Bitte: Könnten Sie bitte Ihre Blumen am Balkon ein bisschen vorsichtiger gießen?
■ Warum denn? Ist etwas passiert?
● Ja, wissen Sie, wir haben manchmal Bücher oder Zeitschriften auf dem Tisch liegen oder wir hängen die Wäsche auf. Und wenn Sie viel gießen, dann werden die Sachen ganz nass ...
■ Entschuldigung! Daran habe ich gar nicht gedacht! Das tut mir wirklich leid!
● Das können Sie ja auch nicht wissen. Es ist ja keine Katastrophe, aber ich wollte es Ihnen auf alle Fälle mal sagen.
■ Vielen Dank. Ich passe in Zukunft natürlich auf!

Schritt D Übung 26

Moderator: Im Auftrag des Bonner Seniorenbüros machen wir heute eine Umfrage zum Thema: Wie und wo würden Sie gern im Alter wohnen? Dazu haben wir ein paar Personen zwischen 55 und 65 Jahren befragt. Hören Sie, welche unterschiedlichen Vorstellungen und Wünsche sie äußern.

a Frau: Ja, das ist doch ganz klar. Wenn's irgendwie geht, bleib' ich natürlich in meiner Wohnung. Na, also in ein Altersheim gehe ich nicht freiwillig. Zu Hause, da habe ich's gemütlich, und ich will mich nicht von jemandem bevormunden lassen, der mir sagt, was ich wann tun soll. Na, na, des will ich nicht.

b Mann: Wo ich gern wohnen würde, wenn ich alt bin? Ach, da hab' ich mir noch keine richtigen Gedanken gemacht. Bin ich denn schon so alt, dass ich das muss? Ja, ich weiß, Vorsorge ist wichtig im Leben, aber ich lass' das auf mich zukommen ... Wenn's mal nicht mehr geht, dann such ich halt nach einer Lösung. Dann wird sich schon was ergeben. Im Leben kommt's eh immer anders als man denkt. Da soll man gar nicht zu viel planen.

c Frau: Das hab' ich alles schon geregelt. Wissen Sie, was ich gemacht habe? Vor einem Jahr, da ist mein Mann ganz plötzlich gestorben und ich hab' das Alleinsein danach nicht ausgehalten. Da hab' ich mir gesagt, jetzt musst du etwas ändern. Und dann hab' ich in meinem großen Haus eine Wohngemeinschaft für 60-Jährige gegründet. Jetzt denken Sie sicher: Das ist doch nur was für junge Leute, für Studenten oder so. Aber nein, warum sollen wir nicht genauso von den Vorteilen des Zusammenlebens profitieren wie die jungen Leute: Nicht mehr allein sein, wenn man Gesellschaft möchte, zusammen kochen und essen, gemeinsam etwas unternehmen und so weiter, und so weiter. Das läuft super, und wir alle haben es bisher nicht bereut.

d Mann: Ja, wissen Sie, meine Tochter fragt mich auch immer: Papa, was machst du denn so alleine in deiner Wohnung? Zieh doch zu uns. Wissen Sie, sie hat ein schönes Haus auf dem Land mit Garten und so. Aber ich will ihr und meinem Schwiegersohn nicht auf die Nerven gehen. Sie hat genug zu tun mit ihrer Arbeit im Geschäft, den drei Kindern und dem Garten. Jetzt machen wir es so: Ich habe noch meine kleine Wohnung hier in Bonn, aber drei Tage in der Woche wohne ich bei ihr und versuche natürlich, ihr so viel wie möglich zu helfen mit dem Garten und Reparaturen und so was. Es ist so schön mit meinen Enkelkindern, aber manchmal auch laut und anstrengend. Da bin ich auch wieder froh, wenn ich zwischendurch in meiner eigenen Wohnung bin.

e Frau: Ach, wir haben da zum Glück kein Problem, denn unser Sohn wohnt mit seiner Familie in demselben Mietshaus wie mein Mann und ich. Das ist ideal, denn jeder hat seine eigene Wohnung und Unabhängigkeit. Auf der anderen Seite können wir uns gegenseitig helfen. Wir kümmern uns gern um unsere Enkel, und wenn wir mal Hilfe brauchen, ist immer jemand im Haus.

Lektion 1

A

1 **er/sie ist** weggelaufen, gesprungen, gefallen, losgefahren, gekommen, geworden, gestorben, eingeschlafen
er/sie hat verpasst, sich umgedreht, getroffen, bekommen, kontrolliert, geholfen, gerufen

2 a **und** b **2** als ich zum Bus gelaufen bin. **3** als ich noch ein Kind war. **4** als wir letztes Jahr in Berlin waren. **5** als ich seine Nachricht bekommen habe.

3 a **B** lesen lernen **C** Ausbildung als Koch anfangen **D** Claudia kennen lernen **E** Claudia heiraten
b **2** hat er lesen gelernt. **3** hat er eine Ausbildung als Koch angefangen. **4** hat er Claudia kennengelernt. **5** hat er Claudia geheiratet.

4 b hat meine Mutter ihm seinen Lieblingskuchen gemacht. c habe ich „Fish und Chips" gegessen. d war sie vorher sehr nervös.

5 b als c wenn d als e wenn

6 b Als wir letzte Woche in Dresden waren, haben wir wie üblich bei Freunden gewohnt. c Jedes Mal wenn ich krank war, hat mir Papa viele Bücher vorgelesen. d Immer wenn meine Schwester und ich zusammen in den Urlaub gefahren sind, hatten wir viel Spaß. e Als ich gestern im Kino war, habe ich meinen Freund Rodolfo getroffen.

7 b wenn c Als d wenn e Als

8 *Musterlösung:*
a Wenn ich früher krank war, habe ich es mir in meinem Bett gemütlich gemacht. b Ich habe mein erstes Auto gekauft, als ich 18 Jahre alt war. c Als ich zum ersten Mal allein im Ausland war, habe ich viel erlebt. d Meinen Eltern habe ich nichts gesagt, wenn ich schlechte Noten hatte. e Immer wenn wir in Bad Tölz waren, haben wir Bekannte besucht. f Zum ersten Mal war ich richtig verliebt, als ich 8 Jahre alt war. g Immer wenn ich Liebeskummer hatte, habe ich mich in mein Zimmer zurückgezogen.

B

9 a konnten, hatten b war, durfte, musste c solltest, wollte, musste

10 wollen; sein; regnen; suchen; warnen; (nach)denken; laufen; hören; liegen; leben; haben

11 b

brennen	brannte	hat gebrannt
verlassen	verließ	hat verlassen
ziehen	zog	hat gezogen

12 sagte; war; war, konnte; war; arbeitete; wurde; bekam; kam; war; konnte

13 **A** ... in einen Keller. **B** Aber ein kleiner Junge mit Namen Jakob konnte den kleinen Mann durch das Fenster sehen und rief sofort die Polizei an. **C** Die Polizei kam auch gleich und half. **D** Jakob bekam vom Bürgermeister viel Geld. **E** Zu Hause feierte der kleine Mann mit allen Leuten, und alle aßen viel Kuchen.

14 a waren b gingen c waren, verliebten d verbrachten e heirateten, feierten f hatten

15 *Musterlösung:*
A Als er beim Essen war, lernte er eine Bedienung kennen und verliebte sich. **B** Er wartete vor dem Café auf sie und brachte ihr als Geschenk einen Blumenstrauß mit. **C** Doch schon bald musste er wieder nach Hause fahren. Sie winkten sich am Bahnhof noch ein letztes Mal zu. **D** Danach schrieben sich die beiden regelmäßig Briefe. **E** Sie trafen sich wieder in England. **F** Schon ein Jahr später heirateten sie.

C

16 a B 1; C 5; D 3; E 4

17 hatte; war; hatte; hatten; hatte

18 b hatten ... gegessen c waren ... gegangen d hatte ... geschlafen e hatte ... gesehen

19 a war ... abgefahren ... ankamen; b war ... hatte ... aufgehört; c ankamen ... war ... weggelaufen; d zurückkehrte, hatte ... gekocht

20 b ... losging →, ... auf ↘, ... auf ↘/→, ... losging ↘. c ... hatten →, ... zurückfahren ↘. ... zurückfahren ↘/ →, ... hatten ↘. ... d kam →, ... gewartet ↘. gewartet →, ... kam ↘.

21 b Der Zug war schon abgefahren →, als sie endlich am Bahnhof ankam ↘. c Als er endlich ins Büro kam →, hatte sein Chef schon auf ihn gewartet ↘. d Wir mussten nach Hause zurückfahren →, weil wir die Führerscheine vergessen hatten ↘.

D

23 hat bekommen, ist gelandet, hat begrüßt, hat übergeben, hat geschenkt, hat bedankt

24 *Musterlösung*:
Liebe Stine, stell Dir vor, was mir letzten Sonntag passiert ist: ich bin von Stockholm nach Frankfurt geflogen und war der dreißigmillionste Fluggast in Frankfurt. Als ich in Frankfurt gelandet bin, hat der Flugchef mich begrüßt, und ich habe Blumen und zwei Einkaufsgutscheine bekommen. Du kannst Dir denken, dass ich sehr überrascht war. Aber das Beste kommt noch: Er hat mir auch zwei Flugtickets mit der German Air nach Athen geschenkt. Ist das nicht unglaublich? Und nun meine Frage: Hast Du nicht Lust, mich dorthin zu begleiten? Ich schlage vor, dass wir möglichst bald fliegen, vielleicht im nächsten Monat? Sag doch Bescheid, ob Du Lust hast und wann es Dir passen würde.

25 *Musterlösung*:
Lieber Paul,
Mensch, das ist ja super! Natürlich komme ich gerne mit! Trotzdem hätte ich doch noch ein paar Fragen: wann genau möchtest Du denn fliegen? Wie du ja vielleicht weißt, habe ich etwas Flugangst, aber der Flug nach Athen dauert nicht so lange, oder? Wie lange möchtest Du denn in Athen bleiben? Sind die Kosten für das Hotel auch mit dabei oder müssen wir das selber zahlen?
Du siehst, ich bin schon ganz aufgeregt. Das ist ja wirklich toll. Herzlichen Glückwunsch und vielen Dank, dass ich Dich begleiten darf!
Viele Grüße ...

E

26 a **B** 1; **C** 2; **D** 4
b **1** c; **2** b; **3** b; **4** c

Lektion 2

A

1 b Sie kocht nicht gern. c Er findet Tanzen total langweilig. d Fußball interessiert sie nicht. e Er ist total unsportlich.

2 a **2** obwohl sie nicht gerne kocht. **3** obwohl er Tanzen total langweilig findet. **4** obwohl Fußball sie nicht interessiert. **5** obwohl er total unsportlich ist.

3 b weil c weil d obwohl e weil f obwohl

4 b es draußen eiskalt ist. – es draußen eiskalt ist, trägt er kurze Hosen. c er nie Hausaufgaben macht. – er nie Hausaufgaben macht, hat er die besten Noten. d alle Mädchen in ihn verliebt sind. – alle Mädchen in ihn verliebt sind, hat er keine Freundin.

5 b weil c obwohl d trotzdem e weil f trotzdem g weil

6 *Musterlösungen:*
Obwohl ich Krimis mag, sehe ich selten einen.
Weil ich keine Sportsendungen mag, sehe ich sie mir nur manchmal an.
Ich habe heute Zeit, deshalb gehe ich tanzen.
Er hat keine Lust. Trotzdem geht er mit mir schwimmen.
Weil du Zeit hast, kannst du ja mit mir Kuchen essen gehen.
Obwohl wir keine Lust hatten, gingen wir dann doch Kaffee trinken.
Weil du gern Kaffee trinkst, lade ich dich heute ins Café „Boogie-Woogie" ein.

7 a obwohl b deshalb c Trotzdem d weil e deshalb f Trotzdem g weil h Obwohl

B

9 a Finden Sie nicht? b Quatsch! ... Ich bin der Meinung, ... Du willst immer nur recht haben. ... Darf ich auch mal etwas sagen?

10 a überhaupt nicht, ziemlich b gar nicht, total c ziemlich

11 b

c

d

e

f

g

h

12 ziemlich; gar nicht; echt; nicht besonders

13 b Er spricht nicht mit jedem. c Ich habe so viel über ihn gelacht. d Wie schrecklich! e Wir waren den ganzen Tag am Strand. f Ich mag ihn total gerne. g Ich möchte unbedingt das Ende wissen.

14 spannend/interessant – langweilig, hübsch – hässlich, gut – schlecht, bekannt – unbekannt, lustig/fröhlich – ernst/traurig

15 a ■ total super! b ● gar nicht gut. ■ wirklich gut. c total unsympathisch. ■ überhaupt nicht unsympathisch, sogar sehr nett. d fantastisch! wirklich toll. ■ besonders schlecht.

16 b Also ich finde Michael echt nett. c Du siehst heute wirklich gut aus. d Der Pullover steht dir gar nicht gut. e Aua, das ist ziemlich heiß! f Heute hat Papa besonders gut gekocht. g Du bist total lieb.

C

17 b das total schlecht schmeckt. c die mich total langweilt. d die mich echt aufregen

18 b *die CD,* die gerade noch hier war? c *die Kinokarten,* die hier auf dem dem Tisch lagen? d *dieser Schauspieler,* der in seinem letzten Film so super gespielt hat?

19 b ... die CD, die du hier hingelegt hast? c Wo sind denn nur die Kinokarten, die du gekauft hast? d Wie heißt denn nur dieser Sänger, den die Kritiker nach seinem Konzert so gelobt haben?

20 a + b

Das Buch,	das	mir so gut	gefallen hat.
Die CD,	die	gerade noch hier	war.
Die Kinokarten,	die	hier auf dem Tisch	lagen.
Der Schauspieler,	der	in seinem letzten Film so super	gespielt hat.
Das Buch,	das	du auch	gelesen hast.
Die CD,	die	du hier	hingelegt hast.
Die Kinokarten,	die	du	gekauft hast.
Der Sänger	den	die Kritiker so	gelobt haben.

21 a die b das c den d die e den f das g die

22 dem; der; denen

23 b dem ... begegnet c denen ... schmeckt d der ... gefallen e denen ... gehört

24 Das ist Bernd der Boxer, der schöne Frauen liebt, dem der rote Ferrari gehört und den man in der Sporthalle trifft.
Da(s) sind Anna und Hanna, die sich immer die neuesten Kleider kaufen, die man jeden Abend in der Disko treffen kann und denen ohne Action sofort langweilig ist.
Da(s) ist Bruno Banker, der schicke Anzüge trägt, den nur seine Arbeit interessiert und dem ich immer Geld leihen muss.
Da(s) ist Olga Öko, der ich immer im Garten helfe, die nur Bio-Obst kauft, die man aber auch manchmal im normalen Supermarkt sieht.

25 b die c den d dem e das f der g den

26 a der, dem b die, die, der c denen, die, die

29 b Unterhaltung c Bücherei d Kostüme e Schlagzeile f Zuschauer

33 sch; sch; sch; ch; ch; sch

34 a ch b sch c ch d sch e sch f ch g ch h sch

D

36 *Musterlösung:*
b Oh, ja, genau. Das machen wir. Wir wandern ins Mühltal.
c Nein, tut mir leid, aber ich trinke keinen Alkohol. Ich würde lieber ein Glas Orangensaft nehmen. d Nein, das kommt doch zu teuer. Es ist doch viel besser, wenn wir es uns zu Hause gemütlich machen. In Ordnung. Gut, dann bleiben wir daheim.

E

38 a Er kann ein wichtiges Dokument nicht mehr finden.
b **A** Verena Müller **B** Carsten Tsara **C** Walter Dessauer **D** Anneliese Bremke

39 a **1** richtig **2** falsch **3** richtig **4** falsch **5** falsch

Lektion 3

A

1 *Musterlösung:*
b Sie hat grüne Augen und einen breiten Mund. Ihr Gesicht ist rund und die Nase ist lang. Die Haare sind blond und schön. Sie ist dünn und schmal.
c **2** von Mehmet **3** Gregors **4** Melisas **5** von Natalia

2 b die Frau c das Mädchen d die Männer

3

der	das	die	die
des Mannes	des Mädchens	der Frau	der Männer
eines Mannes	eines Mädchens	einer Frau	– Männer
			der Mädchen
			– Mädchen
			der Frauen
			– Frauen

4 b meines Gesichts c meiner d meiner e meines Mundes

5 a **2** Ihrer **3** eines **4** Ihres **5** der; der **6** des; des **7** eines
b

der	das	die	die
des Facharztes	des Gesprächs	der Wirbelsäule	Ihrer Schmerzen
des Hausarztes	des Schmerztagebuchs		
des Arztes			

6 a Ausbildung b meines Lebens c ihres Freundes d Ihrer e dieses Einkaufsgutscheins f der Welt g dieser Woche

7 a -es, -e, -en, -en, -en, -en, -e, -e;
-es, -e, -en, -en, -en, -e
b

maskulin der/ein	neutral das/ein	feminin die/eine	Plural die/-
des ganzen Körpers	des autogenen Trainings	der oberen Muskulatur	der schönsten Wochenenden
eines schönen Körpers	eines guten Trainings	einer Thailändischen Massage	unterschiedlicher Arten
	schöner Musik		

8 a er b en c en d en e en, en f en g en h er

B

10 **1 C** Ich an seiner Stelle **2 D** An ihrer Stelle würde ich **3 B** Wenn ich an deiner Stelle wäre

11 b würde ich ihm einen Liebesbrief schreiben. c an seiner Stelle wäre, würde ich mir einen Wecker kaufen. d An seiner Stelle würde ich nach Schweden fahren und einen Sprachkurs machen. e An ihrer Stelle würde ich Diät machen. f An seiner Stelle würde ich mehr lernen.

12 a die Erholung b die Ernährung c die Erfahrung d das Ratespiel

13 a Kopfschmerzen: Text 2; Nervosität: Text 3
b Du solltest ...; ... wäre es am besten, wenn ...; Ich empfehle dir ...
c *Musterlösung:*
Lieber Pomki,
das hört sich ja nicht gut an. Also Du hast Kopfschmerzen? Ich glaube, das geht vielen so. Also, an Deiner Stelle würde ich erst mal weniger arbeiten. Geht das? Vielleicht findest Du dann ein bisschen mehr Ruhe. Das ist immer leicht gesagt, auch so was wie „Stress vermeiden" und so. Ich hatte das nämlich auch und ganz ehrlich: Ich habe wirklich meine Lebensgewohnheiten umgestellt, bin mehr an die frische Luft gegangen, habe regelmäßig Sport getrieben und auf meine Ernährung geachtet. Manche Lebensmittel können nämlich auch Ursache von Kopfschmerzen sein, z.B. Käse, Schokolade oder Alkohol. Und ich möchte Dir auch die Bücher des amerikanischen Arztes und Ernährungswissenschaftlers Dr. Norman Walker empfehlen. Also, tu was!
d *Musterlösung*:
Hi Iceage,
das ist gut, dass Du die Lösung Deines Problems nicht in Tabletten siehst. An Deiner Stelle würde ich mir ein schönes Hobby suchen. Vielleicht solltest Du mehr Sport treiben: Sport ist gut gegen Stress. Oder auch Yoga oder Meditation. Das hilft immer. Und: Was ist mit Deinen Freunden? Ausgehen, schöne Sachen machen, Leben genießen und so. Vielleicht denkst Du dann an andere Sachen und bist nicht mehr so nervös??? Und vielleicht noch: Arbeitest Du zu viel? Schreib mir mal.

C

15 a **1** B; **2** C; **3** D; **4** A
b **2** wird ... geröntgt **3** wird ... operiert **4** wird ... gemessen

16 b werden die Geräte kontrolliert c wird nur operiert d werden neue Zeitschriften bestellt e werden Rechnungen geschrieben

17 **2** operiert **3** beruhigt **4** behandelt, gereinigt **5** kontrolliert

18 b muss ... reinigen c kann ... kaufen d kann ... untersuchen ... behandeln

19 b muss ... putzen c kann ... kaufen d kann ... untersuchen

20 b Die Verletzung muss sofort behandelt werden. c Das Knie darf nicht bewegt werden. d Der Blutdruck soll jeden Tag gemessen werden. e Jeden Tag muss die Wunde neu gereinigt werden. f Die Tabletten müssen dreimal am Tag neu genommen werden.

21 b Der Blutdruck muss gemessen werden. c Das Knie muss geröntgt werden. d Die Wunde muss gereinigt werden. e Die Verletzung muss behandelt werden.

22 Problem • Nikotin • Reaktion • Muskulatur • Apotheke • Medizin • Gymnastik • Prävention • Abitur • Qualität • Studium • Praktikum • Musik • Realität • Natur • Fabrik • Symbol • Kritik • Nationalität

24 c Auf der Endung *-ieren.*

D

25 a ausgezeichnet b Leistung c Gefühl d schlank ... mager ... Bonbons e Ausnahme. Offenbar

26 **2** die Hälfte; **6** ein Viertel; **1** alle; **3** ein Drittel; **4** über die Hälfte / mehr als die Hälfte

27 die Hälfte der – fast die Hälfte der – Ein Drittel der – ein Viertel der – ein Viertel der

E

29 a richtig b falsch c richtig d falsch e falsch

Lektion 4

A

1 b würde c würde d hätte e wäre

2 b könnte ich mit meinen Freunden Fußball spielen c wäre ich pünktlich im Büro

3 a hätte, würde c würde, könnte d würde, wäre e hätte, würde

4 *Musterlösung:*
würde ich den Armen Wohnungen geben; würde ich mit den Menschen auf der Straße sprechen; würde ich viel Geld für die Bildung von Kindern ausgeben; würde ich tolle Gebäude bauen; würde ich ständig um die Welt reisen; würde ich zum Mond fliegen, hätte ich viel Geld ...

5 b Wenn ich viel reisen könnte, würde ich nette Leute kennenlernen. c Wenn ich nette Leute kennenlernen würde, würde ich vielleicht die große Liebe im Ausland finden. d Wenn ich meine große Liebe finden würde, würde ich gern heiraten. e Würde ich heiraten, könnte ich alle meine Freunde zur Hochzeit einladen.

6 a müsste b wären; würden c hätte; würde d hätte, müsste e wäre; würde

7 *Musterlösung:*
a würde ich den ganzen Tag schlafen. b würde ich nach Mallorca fliegen. c wenn ich mehr Urlaub hätte. d würde ich den ganzen Tag spielen. e könnten sie schneller laufen. f würde ich lauter Hits im Radio singen. g Frieden wäre. h würde ich ihn begrüßen.

8 a hätten; würdest; müsste; wären

9 Bericht: d, f; Vorschlag: b, c, e, g, h

B

11 b Heißt das, ich soll den Zug nehmen? c Tut mir leid, aber ich bin nicht sicher, ob ich das richtig verstanden habe. d Würden Sie das bitte wiederholen?

12 a Entschuldigen Sie, aber ich habe Sie nicht verstanden. b Könnten Sie das bitte noch einmal sagen? c Habe ich das richtig verstanden? Sie haben gesagt, dass ...

13 a **2** Das letzte Wort habe ich nicht verstanden. **3** Könnten Sie den Termin bitte noch mal wiederholen? **4** Bedeutet das, dass ich umsteigen muss?

14 a; c; e; f; h

C

15 a Darum sind Fremdsprachenkenntnisse für mich sehr wichtig. c Deswegen habe ich mir einen Sprachkurs auf CD-ROM gekauft. d Deshalb lerne ich zusammen mit einem Freund.

16 b Weil ich einen Brief vom Finanzamt ... c Weil meine Noten in der Prüfung ... d Weil das Praktikum ...

17 a ... **wegen** einer Prüfung. ..., **weil** ich eine Prüfung machen muss.
Ich muss eine Prüfung machen. **Darum** lerne ich Deutsch.
... **wegen** meiner deutschen Freundin. ..., **weil** ich mit meiner Freundin Deutsch reden möchte.
Ich möchte mit meiner Freundin Deutsch reden. **Darum** lerne ich Deutsch.
b *Musterlösung*:
... wegen der Sprache. ..., weil mir die Sprache gefällt. Mir gefällt die deutsche Sprache. Deshalb lerne ich Deutsch.

18 a um Sprachferien im Ausland
b **1** Daniel **2** Julia **3** Daniel **4** Elena **5** Julia **6** Elena

c

	Wohnen	Sprachunterricht	Kontakte
Julia	spät (10 Uhr) Abendessen, tolle Gastfamilie	super (keine Grammatik, viel sprechen)	mit Tochter Maria aus Gastfamilie und mit vielen Jugendlichen in Disko
Daniel		nicht oft	verliebt in ein Mädchen aus England
Elena	bei Freunden der Eltern	nicht so langweilig	durch Arbeit im Bistro viele Leute, Lehrer und Mitschüler im Kurs

19 b ..., weil sie eine spanische Gastfamilie hatte. c ... wegen seines Vaters. d Deswegen hat er nur Englisch gesprochen. e Aus diesem Grund hat sie in Brighton gearbeitet und einen Sprachkurs besucht.

20 a deshalb b weil c deshalb d wegen e Weil f wegen

21 *Musterlösung:*
a ... wusste ich nicht, wie viel Uhr es ist. b ... kam unser Nachbar, Herr Kramer. Der hatte ein Problem mit seinem Auto, und da habe ich ihm geholfen. c ◆ Warum haben Sie denn auf dem Gehweg geparkt? ● Ich musste unbedingt mein Kleid holen. Ich spiele heute Abend im Konzert und kann doch nicht ohne Kleid spielen.

23 *Musterlösung:*
Liebe Christiane, vielen Dank für Deinen Brief. Ich habe mich sehr darüber gefreut. Weißt Du, in dem Sprachkurs wäre mir wichtig, die Zeiten besser zu lernen, weil ich damit noch Probleme habe. Ich finde es besser, wenn der Kurs nur vormittags stattfindet, dann kann ich nachmittags lernen und abends etwas mit Dir unternehmen. Es freut mich sehr, dass Claudia mir ihr Zimmer anbietet. Ich finde es sehr nett von Deiner Freundin, dass sie so viel Vertrauen zu mir hat, obwohl sie mich nicht kennt. Ich habe mir überlegt, dass ich ihr deshalb ein schönes Geschenk mitbringen möchte. Vielleicht etwas Typisches aus meiner Heimat. Meinst Du, dass das gut ist? Wenn ich komme, lass uns doch noch mal in die Oper gehen. Das hat mir letztes Jahr super gefallen, auch wenn ich nicht alles verstanden habe. Und es wäre toll, wenn Du mit mir wieder zum Baden an Euren kleinen See fahren würdest. Dort ist es so romantisch. An einem Wochenende würde ich gerne einmal nach Berlin fahren oder nach Hamburg. Ich würde mich sehr freuen, Dich bald wieder zu sehen. Herzliche Grüße Dein/e ...

24 Lösung von oben nach unten: Ort und Datum; Anrede; Einleitungssatz; Schlusssatz; Gruß

D

25 a **1** weil wenn man es als Ausländer aussprechen kann ... **2** weil es jeder den Worten nach versteht ... **3** weil es nur ein „i" vom Leben entfernt ist. **4** weil man immer noch eine Alternative hat.

Lektion 5

A

1 a Der Junge erzählt, was er später werden möchte.
b ... sie ... verbietet / Es macht ... viel mehr Spaß / ... habe ich ... keine Zeit / ... erlaubt ... meine Mutter nicht / ... habe ich vor / Es ist einfach toll, ... / Ich habe ... kein Interesse / Ich stelle mir vor, ... / (ich) hoffe / ... freue ich mich
c (viel mehr) Spaß machen, (keine) Zeit haben, (kein) Interesse haben
versuchen, verbieten, (nicht) erlauben, vorhaben, vorstellen, hoffen, sich freuen
es ist (zu) anstrengend, es ist traurig, es ist toll

2 a **B** auszuschalten **C** zu kaufen **D** kennenzulernen **E** zu gehen **F** mitzukommen.
b

Ich habe kein Interesse,	einen Staubsauger	zu kaufen.
Ich würde mich freuen,	deinen Bruder	kennenzulernen.
Erlaubst du uns,	heute ins Kino	zu gehen?
Ich habe heute keine Lust,	ins Training	mitzukommen.

3 b Es ist schön, dich mal wiederzusehen. c Es wäre toll, jetzt sofort zum Skifahren ... d Es ist anstrengend, den Haushalt allein organisieren zu müssen. e Es ist ziemlich gedankenlos, die Wohnungstür den ganzen Tag offen stehen zu lassen. f Es wäre wirklich günstiger, diese Strecke mit der Bahn zu fahren als mit dem Auto.

4 b Ich versuche bei einem neuen Auftrag, ihn so schnell wie möglich zu erledigen. c Sie freut sich immer, ihn zu sehen. d Es ist nicht ungefährlich, den ganzen Tag mit dem Auto kreuz und quer unterwegs zu sein. e Er hat leider nicht die Erlaubnis, den Computer zu benutzen.

5 b ... schön, Briefe zu schreiben c ... habe Zeit, in meinem Buch weiterzulesen. d ... hat versprochen, dich abzuholen. e ... habe vor, einen interessanten Job zu finden. f ... ist es nicht leicht, das zu unterscheiden. g ... fange ich an, eine Diät zu machen. h ... ist es nicht erlaubt, zu rauchen.

6 b ... vergessen c ... zu schaffen d ... – arbeiten e ... – helfen

7 *Musterlösung:*
Ich hoffe, nicht immer dasselbe zu machen. Ich hoffe, dich nächstes Jahr zu sehen. Es macht Spaß, erst am Abend zu arbeiten. Ich stelle mir vor, ein halbes Jahr um die Welt zu reisen. Ich habe Interesse, dich ins Theater zu begleiten. Ich helfe dir, den Koffer zu tragen. Es ist angenehm, einfach nur so dazuliegen ...

8 b im Team arbeiten c jemanden in einem Gespräch informieren d etwas schaffen e ein Team vertreten f eine Leistung einschätzen g etwas bemerken

9 b zu vertreten c einzuschätzen d zu überzeugen e zurechtzukommen f zu unterstützen

B

10 a 3; b 5; c 1; d 4; e 2; f 6

11 b Sie müssen nicht mehr deswegen anrufen. c Sie müssen sich nicht beeilen. d Wir müssen nur noch den Blutdruck kontrollieren. e Dann müssen wir wenigstens nicht so früh aufstehen. f Wenn ich den Job bekomme, dann muss ich keine Bewerbungen mehr schreiben.

12 b dürfen c muss d brauchen e dürfen f muss g brauchst

13 b muss c müssen d brauchst e brauchen f brauchen

14 in die Arbeit zu fahren, den ganzen Tag zu arbeiten, jeden Cent zu sparen, nur am Computer zu sitzen, mit langweiligen Leuten zu streiten, feste Arbeitszeiten zu beachten, pünktlich zu sein, früh aufzustehen ...

15 c p, t, k

16 a Umzug b Grund c Strand d Geburtstag e Schild f Bild g Berg h Dieb

C

18 Gastronomie/Tourismus: D
Marketing/Werbung: C
Assistenz/Sekretariat: B
Minijobs/Nebentätigkeiten: E

19

Berufliche Fähigkeiten	Persönliche Fähigkeiten
qualifizierte/r Fremdsprachen korrespondent/in Muttersprachler auch Berufsanfänger ausgezeichnete Computer-kenntnisse Grafikdesignstudium sehr gute Kenntnisse in QuarkXPress, Photoshop und MS Office erfahrener Servicemitarbeiter ohne besonderen Abschluss Deutschkenntnisse Pflicht	sportlich, Lust am Umgang mit Menschen, kreativ, zuverlässig, räumlich und zeitlich flexibel, ordentlich, freundlich

20 b zahlreiche c besonderes d ausgezeichnete e üblichen

21 2 der Adressat **3** der Ort und das Datum **4** die Betreffzeile **5** die Anrede **6** der Text **7** die Grußformel **8** die Unterschrift **9** die Anlagen

D

24 1 wegen Ihrer Anzeige im Internet an. **2** Ist das noch aktuell? **3** ich würde vorschlagen **4** Passt Ihnen **5** melden Sie sich **6** Ihre Unterlagen

25 b falsch c richtig d falsch e richtig f richtig **g** falsch

E

26 Ein neues Leben beginnen

27 a *Musterlösung*:
Also, erst mal raus aus dem Job. Ich habe einfach Zeit gebraucht, einfach mal in Ruhe nachdenken. Dann wollte ich neue Erfahrungen sammeln. Das konnte doch noch nicht alles sein: der Job, kaputte Beziehung – irgendwas musste es doch noch geben auf dieser Welt. Dann habe ich es endlich getan: Ich wollte schon immer eine Weltreise machen und jetzt habe ich mich einfach für drei Monate verabschiedet. Nichts sehen und nichts hören, sich mal wieder mit dem ganz normalen Leben beschäftigen ...
b *Musterlösung*:
Klar, dass ich mal Medizin studieren sollte. Ich kam ja aus gutem Haus und meine Eltern wollten das so. Aber ich war so unglücklich. Ich lerne einfach nicht gerne. Es gibt so viele Dinge, die ich besser kann, als irgendwelche Muskeln auswendig zu lernen. Und dann noch das viele Blut! Nee,

also wirklich. Bald war mir klar: So kann es nicht weitergehen. Du musst dein Leben ändern ...

Dann habe ich durch Zufall eine Anzeige gelesen: da wurde jemand gesucht, der Lust hatte, ein Praktikum im Fernsehen zu machen. Das war eine medizinische Reihe. Da habe ich mich dann beworben und es hat geklappt. So bin ich dann zum Fernsehen gekommen und jetzt gefällt es mir total gut da und ich bin ein ganz anderer Mensch ...

28 **1** umarmt **2** aufmerksam **3** bloß **4** gewöhnen **5** dient **6** Stiefel **7** jeweils **8** Steine

Das Lösungswort lautet: arbeiten

Lektion 6

A

1 b ... Geld für sein Studium verdienen. ... um Geld für sein Studium zu verdienen.

c ... ein paar Kilo abnehmen. ... um ein paar Kilo abzunehmen.

d ... einen wichtigen Kunden treffen. ... um einen wichtigen Kunden zu treffen.

e ... wandern und sich dabei richtig erholen. ... um zu wandern und sich dabei richtig zu erholen.

f ... mit jungen Leuten wohnen. ... um mit jungen Leuten zu wohnen.

g ... am Wochenende frei haben. ... um am Wochenende frei zu haben.

2 b damit seine Frau eine Fremdsprache richtig lernen kann. c damit seine Frau glücklich ist. d damit seine Kinder zweisprachig aufwachsen können.

3 b Simon c seine Frau d Simon e die Großeltern

4 **B** Ich mache Käsebrötchen, damit die Kinder auf der Reise etwas essen können. **C** Ich kontrolliere die Autoreifen und das Öl, damit wir sicher in Kroatien ankommen. **D** Ich rufe meine Freunde an, um ihnen zu sagen, wann wir kommen. **E** Wir kaufen uns etwas Neues zum Anziehen, um im Urlaub gut auszusehen. **F** Wir nehmen Fotos von unseren Freunden in Deutschland mit, um sie unseren Großeltern zu zeigen.

5 b ... damit ... — . c ... um ... zu besuchen. d ... damit ... — . e ... um ... zu können.

6 *Musterlösung:*

Ich nehme immer eine Sonnencreme mit, damit ich keinen Sonnenbrand bekomme. Wir lassen uns impfen, um nicht krank zu werden. Mein Mann packt CDs und Kassetten für die Kinder ein, damit es ihnen nicht langweilig auf der langen Fahrt wird. Ich lese immer einen Reiseführer, um meinen Urlaub gut zu planen. Ich gebe meinen Eltern immer unsere Urlaubsadresse, damit sie beruhigt sind.

8 Über eine Abbildung sprechen: A, H, L, M, P

Überraschung/Interesse äußern: B, F, G, I, K, Q

Auf den/die Partner/in reagieren: C, D, E, J, O

Über eigene Urlaubspläne sprechen: N, R

9 *Musterlösung*:

Abbildung 1: In dieser Abbildung geht es um die Reiseziele der Deutschen. Es ist interessant, dass die meisten Leute Urlaub in Spanien machen wollen. Italien steht an zweiter Stelle als Reisziel. Auf dem dritten Platz kommen die Osteuropäischen Länder, erst an vierter Stelle steht Österreich. Etwa gleich viele Menschen planen ihren Urlaub in den Osteuropäischen Ländern und in Österreich. Auch Griechenland und Kroatien, Slowenien haben etwa gleich viele als Reiseland angegeben. Das sind aber nur halb so viele wie die, die in die Osteuropäischen Länder fahren.

Abbildung 2: Interessant an dieser Abbildung ist, dass die meisten Besucher aus dem Ausland nach Frankreich fahren. Nämlich 76 Millionen. In Deutschland dagegen waren nur 21, 5 Millionen. Sogar nach Mexiko fahren mehr Menschen. Fast doppelt so viele Personen wie nach Deutschland reisen nach China. Das sind fast so viele wie in die USA. Spanien liegt auch hier an zweiter Stelle mit 55 Millionen Besuchern. Die Türkei und Österreich haben etwa gleich viele Besucher, da fahren die wenigsten Menschen hin.

Ich persönlich fahre am liebsten ...

B

10 b statt sich in der Arbeitszeit zu unterhalten. c statt einen Platz im Zug zu reservieren. d statt ihm eine E-Mail zu schreiben.

11 b statt das Haus ohne ein Wort zu verlassen. c statt einfach in mein Zimmer zu kommen. d statt immer in die Berge zu fahren. e statt nur am Computer zu sitzen. f statt uns immer nur zu kritisieren.

12 b ohne einen Regenschirm mitzunehmen. c ohne alles ... vorzubereiten. d ohne vorher in den Spiegel zu sehen. e ohne mich zu beachten.

13 b Er kommt immer zu spät, ohne vorher anzurufen. c Er spielt nachts Klavier, ohne an die Nachbarn zu denken. d Er fährt U-Bahn, ohne ein Ticket zu haben. e Er fährt Auto, ohne einen Führerschein zu haben. f Er fliegt in den Urlaub, ohne ein Ticket für den Rückflug zu haben. **g** Er geht zum Vorstellungsgespräch, ohne vorher sein Hemd zu bügeln.

14 c statt d ohne e ohne f statt

15 b ohne c ohne d statt e ohne

16 *Musterlösung:*

Ich würde gerne einmal zum Zahnarzt gehen, ohne Angst zu haben. Ich würde gerne mit meiner Mutter telefonieren, ohne mich mit ihr zu streiten. Ich hätte gerne immer viel Geld, ohne viel arbeiten zu müssen. Ich würde gerne in andere Länder reisen, statt jeden Urlaub in der Heimat zu verbringen. Ich würde gerne öfter essen gehen, statt jeden Tag für die Familie zu kochen. Ich hätte gerne ein Haus, statt in einer so kleinen Wohnung zu leben. Ich würde gerne öfter ins Kino gehen, statt immer zu Hause fernzusehen.

C

17 a ... es waren ... – ... es ... gefallen – Es war ... – Es hat ... geregnet – ... es ... Winter ist – ... geht es ... – ... es ist ... einfach – Es ist ... kalt ... – es klingelt – ... habe es ... eilig – ... es ist ... sieben Uhr – ... gibt es ...

18 Wetter: Es hat ... geregnet. Tages/Jahreszeit: ..., wenn es Winter ist. Es ist ... sieben Uhr. weitere Ausdrücke: Wie war es in Vietnam? Es waren über vier Wochen. Wie hat es euch gefallen? Wie geht es dir jetzt ...? Es ist nicht so einfach ... Es klingelt. Ich habe es ... eilig. Was gibt es denn?

19 b Es war super im Urlaub. c Es geht mir wieder besser. d Hier am Arm tut es mir weh. e Es ist schwierig, eine günstige Wohnung zu finden. f In Australien ist es jetzt Tag.

D

20 a **2** K **3** K **4** V **5** K **6** V **7** K **8** V **9** K
b **2** zu 3 **3** zu 4 **4** zu 5 **5** zu 8 **6** zu 2 **7** zu 6 **8** zu 7

21 ▲ hätte gern ... empfehlen * Wie wäre es mit .... ▲ Was kostet denn.... ▲ ... das ist mir zu teuer. ▲ Es kommt darauf an, was es kostet. ▲ Das muss ich mir noch überlegen. ... für Ihre Mühe.

22 b Gern geschehen. Wenn Sie noch Fragen haben, melden Sie sich bei uns. c Ja, natürlich. Gleich dort hinten. d Jetzt sei doch nicht so ungeduldig! Ich kann mich nicht so schnell entscheiden. e Ich weiß nicht. Das muss ich mir noch einmal überlegen.

23 *Musterlösungen:*

Situation 1

● Guten Morgen!
■ Guten Morgen, was kann ich für Sie tun?
● Ja, wir möchten gerne Mitte Mai zwei Wochen nach Italien verreisen, in den Süden. Dort waren wir noch nie.
■ Oh, ich komme aus Italien, aus Rom. Da ist es im Frühling besonders schön. Italien ist wundervoll.
● Aber ist Rom nicht sehr teuer?
■ Nein, wenn Sie im Mai reisen, sind noch nicht so viele Touristen dort und die Hotels haben noch Vorsaisonpreise.
● Ach so, aber nur eine Städtetour zu machen, das finden wir sehr anstrengend. Und in so einer großen Stadt zu wohnen, das ist sicher furchtbar laut.
■ Also, wenn Sie es ruhiger haben wollen, könnte ich für Sie nach einem Hotel außerhalb von Rom schauen. Vielleicht am Meer, ganz ruhig und romantisch, und Sie könnten ein Ausflugspaket mit mehreren Fahrten zu den vielen Sehenswürdigkeiten Roms buchen.
● Das klingt interessant. Was würde das denn kosten?
■ Moment, ich sehe mal im Computer nach ...

Situation 2

■ Guten Tag, Sie wünschen?
● Grüß Gott, ich bin auf der Suche nach einem schicken Kostüm oder einem Hosenanzug. Ich beginne nämlich nächste Woche eine neue Arbeitsstelle in einem Büro.
■ Oh, da kann ich Ihnen die neue Kollektion zeigen. Wie wär's mit diesem Kostüm in Beige?
● Beige steht mir nicht. Das macht mich so blass. Und der Rock wirkt so altmodisch.
■ Wie gefällt Ihnen der graue Hosenanzug hier?
● Ach nein, grau ist auch so farblos.
■ Den haben wir auch noch in Blau.
● Ja, das ist schon besser.
■ Da gibt es auch farblich passend einen Rock dazu. Dann könnten Sie den Blazer zu Hose und Rock kombinieren. Wollen Sie mal probieren? Sie haben Größe 38, oder?
● Nein, eher 40.
■ Also gut, hier sind die Teile in 40. ... Oh, das sieht gut aus an Ihnen. Vielleicht noch diese weiße Bluse oder diesen Pullover in Gelb oder Pink dazu?
● Ja, ich brauche eigentlich auch noch ein paar Oberteile.
■ Die Bluse ist reduziert.
● Mir gefallen aber die kurzen Ärmel nicht.
■ Schauen Sie, wie wär's dann mit dieser Langarmbluse?
● Ja, die ist hübsch.
■ Die steht Ihnen sehr gut.
● Gut, dann nehme ich den Hosenanzug, den Rock und diese Bluse.
■ Bitte kommen Sie mit zur Kasse. Auf Wiedersehen! Danke für Ihren Einkauf!
● Auf Wiedersehen! Und vielen Dank für Ihre freundliche Beratung!
■ Bitte schön.

25 5, 1, 6, 2, 4, 3

26 Sehr geehrter Herr ...,
ich interessiere mich sehr für Ihre Kuckucksuhren. Nun heiratet ein Freund von mir und ich würde ihm gerne so eine Uhr schenken. Könnten Sie mir bitte einen Katalog von Ihren Uhren schicken? Wie lange würde denn so eine Sendung dauern, von Deutschland nach Belgien? Dazu hätte ich noch ein paar Fragen: Wie teuer sind denn Ihre Uhren? Wie viel würde die Lieferung kosten? Wissen Sie zufällig, ob es bei mir in der Nähe (Mecheln, in der Nähe von Antwerpen) einen Reparaturservice für Ihre Uhren gibt?
Vielen Dank schon im Voraus

Lektion 7

A

1 b Aufzug c Erdgeschoss d Hausmeister e Hof f Dachwohnung

2 b aber wir möchten gern eine kleine Wohnung kaufen. c oder ein Reihenhaus. d aber jeder von uns hat genug Platz. e sondern auch neue Möbel. f oder spätestens nächsten Montag.

3 **1** c **2** b **3** a
a ... entweder – oder b ... nicht nur – sondern auch
c ... zwar – aber

4 b Unser Haus ist zwar sehr eng, aber total gemütlich. c Wir leben nicht nur mietfrei, sondern wir brauchen auch wenig Geld für das Essen. d Wir wollen entweder in der Stadt leben oder in einem großen Bauernhaus auf dem Land. e Wir haben nicht nur eine Dusche, sondern auch eine Badewanne. f Es ist zwar oft sehr chaotisch bei uns, aber wir leben gern dort.

5 a ... nicht viel Geld, aber (4) mein Traum wäre trotzdem ein Häuschen im Grünen. b Irgendwann will ich entweder (3) ein Haus kaufen oder (6) eins mieten. c Und ich will nicht nur (5) einen schönen alten Ofen, sondern auch (2) eine Klimaanlage.

6 *Musterlösung:*
In meiner Traumstadt sollte es nicht nur schöne Wohnhäuser geben, sondern auch viele nette Geschäfte, Cafés und Bäckereien. Sie sollte nicht nur in der Nähe der Berge liegen, sondern auch an einem kleinen See oder sogar am Meer. Ich brauche zwar ein Fahrrad, um zu ein paar Orten zu kommen, aber ein Auto brauche ich nicht. Mir ist es deswegen wichtig, dass in meiner Traumstadt keine Autos fahren dürfen. Alle Menschen können sich frei auf den Straßen bewegen.

7 b einziehen c einen Spielplatz d eine große Garage e wohnen

8 a Das ist ja kaum zu glauben. b Stell Dir vor – Aber das Beste kommt noch! – Das ist ja zu schön, um wahr zu sein!

B

9 **1** Hätte ich doch einen Regenschirm dabei! **2** Hätte ich bloß mein Handy mitgenommen! **3** Wäre ich doch vorsichtiger Ski gefahren!

10 b Wären c Würden d Wäre e Könnte f Hätten

11 b ... ihr ausgegangen. c Hätte ich doch täglich für sie gekocht. d Hätte ich ihr doch bloß öfter Blumen mitgebracht! e Wäre ich doch nur mit ihr in Urlaub gefahren! f Hätte ich ihr doch bloß bei der Hausarbeit geholfen!

12 b Wenn ich doch nicht so früh aufgewacht wäre! c Hätte ich bloß die Wohnung genommen! d Wäre er doch länger geblieben! e Wenn ich doch nur mehr Zeit gehabt hätte! f Wenn ich doch nicht so faul gewesen wäre!

13 b Hätte ... angerufen! c Wäre ... gekommen! d ... gekauft hätte! e ... gemietet hätte!

14 *Musterlösung:*
... die Wohnung aufgeräumt! Hätte ich doch eingekauft! Hätte ich mich bloß umgezogen! Hätte ich doch nur das Geschirr gespült! Hätte ich doch nur die Wäsche aufgehängt! Hätte ich bloß mein Bett gemacht! Hätte ich nur den Müll rausgebracht! Wäre ich nur früher aufgestanden heute! ...

16 Hätte ich doch besser zugehört! Hätte ich bloß mehr Urlaub bekommen! Hätte ich doch nicht diese Probleme mit dem Geld gehabt! Hätte ich doch bloß das alte Sofa nicht verkauft! Hätte ich doch bloß meine Oma noch besucht!

C

19 b höflich c unhöflich d höflich e neutral f höflich g höflich

20 4, 6, 2, 3, 8, 1, 5, 7

22 *Musterlösung:*
Liebe Frau Schnatterbeck,
letzte Woche habe ich Ihnen gesagt, dass es mich sehr stört, wenn Ihr Papagei immer dann auf dem Balkon sitzt, wenn ich mich dort ein bisschen ausruhen möchte. Ich muss mich einfach ein bisschen ausruhen, wenn ich aus der Klinik komme, und da stört mich Ihr Papagei sehr. Es sind ja nur wenige Stunden, denn ich komme ja nie vor 18 Uhr nach Hause.
Ich hätte daher die große Bitte: Könnten Sie Ihren Papagei nicht dann rauslassen, wenn ich noch in der Arbeit bin? Es wäre sehr schön, wenn Sie darauf ein bisschen Rücksicht nehmen könnten.

D

23 a ... er immer noch bei seinen Eltern. b ... sich eine eigene Wohnung kaufen, obwohl sie eine schöne und günstige Mietwohnung hat. c ... hat ein großes Haus. Trotzdem schlafen die Kinder lieber zusammen in einem Zimmer. d Obwohl Maria gut verdient, wohnt sie nur in einer kleinen 1-Zimmer-Wohnung. e Julia würde lieber alleine wohnen. Trotzdem lebt sie zurzeit in einer Wohngemeinschaft.

24 b ... in München studieren, obwohl die Mietpreise hoch sind. c ... fehlt, ist die Temperatur in dem Raum sehr angenehm. d ... baut keine neuen Studentenwohnheime, obwohl die Zahl der Stundenten zunimmt.

25 b wegen c Wegen d trotz e wegen f wegen

26 a richtig b falsch c falsch d richtig e falsch

E

27 b über c auf d um e mit f auf

28 b Worüber c Worauf d Worum e Womit f Worauf

29 a für ... dafür; ... wofür; ... für b ... mit ... darauf; ... mit c ... mit; ... damit d ... an ... auf ... über ...

30 a 2 negativ **3** beides **4** beides
b 1 ... freue mich auf ... **2** warte ich auf; zusammen sein mit **3** verliebt in; auf das Wiedersehen gefreut; lange mit ihm telefoniert **4** ärgert sich über; über alle Probleme sprechen.
c 2 Mit ihren Freunden.
3 Worauf freut sie sich? → Aufs Wochenende.
4 Auf wen wartet er? → Auf Julia.
5 Mit wem will er zusammen sein? → Mit der Frau, die er liebt.
6 In wen ist sie verliebt? → In Peter.
7 Worauf freut sie sich? → Auf das Wiedersehen mit ihm.
8 Mit wem hat sie telefoniert? → Mit Peter.
9 Worüber ärgert sie sich? → Über die Unordnung.
10 Worüber sprechen sie? → Über alle Probleme.

31 a Wofür? b Für wen? c Um wen? d Worum? e Worüber? f Über wen?

32 b Worüber? c Auf wen? d Worauf? e An wen? f Woran?

33 a darauf b darauf c mit; Mit wem d an; daran e mit ... über; darüber f über wen; über

34 a darauf b An wen c darüber d an; an sie e darum

35 *Musterlösung:*
b Darüber freue ich mich sehr! Ich werde es gleich lesen. c Über ihn habe ich mich so geärgert. In dieses Geschäft gehe ich nicht mehr. d Davon träume ich schon seit Wochen! Wir fliegen nämlich für zwei Wochen nach Paris! e Daran erinnere ich mich gerne! Gott sei Dank, dass es dich gibt! f Mit ihm habe ich mich das letzte Mal vor fünf Jahren getroffen. Wie es ihm wohl geht?

Lösungen zu den Tests

Test zu Lektion 1

1 a hatte ... begonnen b vergessen hatte c ausgeschaltet hatte d war ... gegangen
2 a als b Als c Wenn d wenn
3 *Musterlösung:*
a ... glaubte ich an den Weihnachtsmann. b ... wenn wir bei unserer Tante Anne waren. c Ich ging jeden Nachmittag an den kleinen Badesee in unserem Dorf ... d ... hatte ich oft Probleme, wenn ich etwas kaufen wollte. e ... hörte ich immer sehr konzentriert zu. f Ich war erst 18 Jahre alt ...
4 a war b ging c musste d begann e studierte f heiratete g feierte h bekam
5 *Musterlösung:*
Liebe Paula,
stell Dir vor: Ich bin im Stadtpark spazieren gegangen, als plötzlich ein Mann auf einem Mofa mir meine Handtasche geraubt hat. Es ging ganz schnell und dann war alles weg: meine Geldbörse, der Ausweis und auch die Schlüssel. Du kannst Dir denken, dass ich ganz schön verzweifelt war. Zum Glück hatte ich noch 5 Euro in meiner Hosentasche. So konnte ich wenigstens mit dem Bus nach Hause fahren. Und jetzt kommt das Beste: Zu Hause an meiner Haustür lag meine Handtasche mit meinem Ausweis und den Schlüsseln. Ist das nicht unglaublich? Und: Der Räuber hatte noch einen Brief geschrieben mit einer Entschuldigung. Er hatte mein Geld für einen Lottoschein gebraucht! Das ist doch wirklich unglaublich, oder? Was sagst Du dazu? Ich freue mich auf Deine Antwort. Pass immer gut auf Deine Handtasche auf!
Liebe Grüße

Test zu Lektion 2

1 a ☹ b ☺ c 😐 d ☺ e ☹ f 😐 g 😐 h 😐
2 a obwohl b Deshalb c Trotzdem ... weil d obwohl e weil f obwohl g Deshalb
3 a die b die c denen d den e dem f der g der h das
4 *Musterlösung:*
Mein Lieblingsfilm heißt „Drei Haselnüsse für Aschenbrödel". Das ist ein Märchenfilm, der immer zu Weihnachten im Fernsehen läuft. Die Sender können verschieden sein. Der Film ist mein Lieblingsfilm, weil er mich an meine Kindheit erinnert. Da habe ich mir den Film fast immer zu Weihnachten angesehen.

Test zu Lektion 3

1 a eines b eines c einer d eines e einer f einer
2 a meiner b dieser c meines d seines e eines f des
3 *Musterlösung:*
a ... würde ich mehr essen. b ... sie einen Gymnastikkurs machen würde. c ... Autogenes Training machen. d ... würde ich rausgehen und Fußball spielen.
4 a die Muskulatur b der Patient c röntgen d messen e abnehmen
5 a Spätestens nach zwei Tagen muss ein neuer Verband gemacht werden. b Die Schmerztabletten müssen morgens nach dem Frühstück genommen werden. c Der Fuß darf/sollte möglichst wenig bewegt werden. d Der Fuß muss/sollte so oft wie möglich hochgelegt werden. e Der Fuß muss in vier Tagen noch einmal untersucht werden.

Test zu Lektion 4

1 a weil b Wegen c Weil d darum e Darum f Wegen
2 a Tut mir sehr leid, aber ... b Entschuldigung, um ... c Habe ich Sie richtig verstanden? ... d Könnten Sie bitte ...
3 *Musterlösung:*
a würde ich mich sehr freuen b würde ich nur noch reisen c würde ich mehr für die Schule tun d ich nicht die Prüfung machen müsste e ich keine Kinder hätte
4 a falsch b richtig c falsch d richtig e richtig
5 *Musterlösung:*
20. Mai ....
Liebe Carmen,
vielen Dank für Deinen Brief. Ich habe mich sehr darüber gefreut. Du schreibst, dass Du in deiner Freizeit gern Fußball spielst. Stell Dir vor, ich auch! Wir haben hier eine Mädchenmannschaft und trainieren zweimal pro Woche. Am Sonntag haben wir dann immer ein Spiel gegen andere Mannschaften. Bist Du auch in einem Verein? Ich spreche auch Deutsch und Englisch wie Du. Leider kann ich überhaupt kein Spanisch. Aber ich würde es gern lernen. Im Moment mache ich einen Deutschkurs, jeden Tag vier Stunden. Ich möchte nämlich bald das Zertifikat machen. Besonders fleißig bin ich auch nicht, aber ich schreibe mir doch immer Vokabelkärtchen. So kann ich mir die Wörter am besten merken. Wie lernst Du am besten?
Ich freue mich auf Deinen nächsten Brief.
Viele Grüße ...

Test zu Lektion 5

1 a zu spät zum Essen zu kommen. b das Geschirr abzuwaschen. c mit dem Computer zu arbeiten. d das Zimmer aufzuräumen.
2 *Musterlösung:*
a Sie braucht aber viel Mut. Wenn sie selbstständig ist, braucht sie viele Aufträge. b Als Angestellter braucht er kein Risiko einzugehen. Er braucht keine Werbung für sich zu machen und er braucht auch keinen Kredit aufzunehmen. c Wenn sie pensioniert ist, braucht sie nicht mehr jeden Morgen um sechs Uhr aufzustehen. Sie braucht nicht in die Arbeit zu gehen. Und sie braucht nur zu tun, was sie will.
3 a) Ich habe keine Lust, heute einen Brief an meine Eltern zu schreiben. b) Ich habe vor, möglichst schnell die Deutschprüfung zu machen. c) Vergiss bitte nicht, morgen zur Bank zu gehen. d) Ich verspreche, dich morgen mit dem Auto mit zum Deutschkurs zu nehmen.
4

Ausbildung	Berufliche Erfahrung	Besondere Fähigkeiten Stärken
c	a	b
e	d	f
		g

5 *Musterlösung:*
Bewerbung als Kellnerin

Sehr geehrte Frau Hübner,
mit großem Interesse habe ich Ihre Anzeige gelesen. Ich bewerbe mich hiermit um die offene Stelle. Ich lebe schon seit zehn Jahren in Deutschland und spreche sehr gut Deutsch. Auch habe ich eine Deutschprüfung gemacht. Ich habe schon öfter im Restaurant meines Onkels geholfen, und der Kontakt mit den Gästen hat mir jedes Mal viel Freude gemacht. Deshalb interessiere ich mich auch dafür, in Ihrer Grillstube zu arbeiten. Über eine Einladung zu einem persönlichen Gespräch würde ich mich sehr freuen.
Mit freundlichen Grüßen
...

Test zu Lektion 6

1 **1** c) **2** f) **3** a) **4** e) **5** d), g)
2 b Arbeitskollegen c Sommerurlaub d als eine Woche e doppelt so viele f Dreimal g Zehnte h halb so viele ... wie i gleich viele j jeder Hundertste
3 a um ... zu b damit c um ... zu d damit e damit f um ... zu
4 a Ich soll telefonieren, statt E-Mails an andere Firmen zu schreiben. b Ich soll zu Hause bleiben, statt mit Erkältung ins Büro zu kommen. c Ich soll keine Briefe wegwerfen, ohne den Chef zu fragen. d Ich soll nicht in die Mittagspause gehen, ohne den Anrufbeantworter einzuschalten. e Ich soll auch kurze Notizen mit dem Computer schreiben, statt sie mit der Hand zu schreiben. f Ich soll abends nicht nach Hause gehen, ohne den Computer auszuschalten und den Schreibtisch aufzuräumen.
5 *Musterlösung:*
a ich bei der Hochzeit meines Cousins dabei sein kann. b zu prüfen, ob der Herd aus ist. c immer nur über meine Kochkünste zu jammern. d mit dir gemeinsam zu essen. e ich die Zwiebeln schneiden kann.

Test zu Lektion 7

1 nicht nur – sondern auch – Zwar – aber – nicht nur – sondern auch – entweder – oder – zwar – aber
2 a Wäre ich doch nur langsamer gefahren! b Hätte ich bloß nicht im Halteverbot geparkt! c Hätte ich doch am Stopp-Schild angehalten! d Hätte ich doch bloß nicht auf die anderen Autofahrer geschimpft! e Hätte ich nur beim Abbiegen in den Spiegel geschaut! f Hätte ich doch mehr Fahrstunden genommen!
3 a Über wen / Worüber b Wofür c Worüber d Woran e An wen
4 *Musterlösung:*
a sehr um seine alte Mutter b mit meiner neuen Arbeitsstelle c von Schlangen d über private Dinge
5 **Kritik äußern:** Ich hätte eine Bitte an Sie. Es wäre sehr nett, wenn Sie da Rücksicht nehmen würden. Könnten Sie bitte ...?
Auf Kritik reagieren: Das verstehe ich sehr gut. Das ist ja wohl die Höhe! Das tut mir aber leid. Klar, das mache ich. Das geht Sie doch wirklich nichts an.

6 *Musterlösung:*
Ich finde eine Wochenendbeziehung sehr gut, weil ich in der Woche mit meinen Freunden ausgehen kann, ohne mir Gedanken zu machen, wann ich nach Hause komme. Ich kann essen und kochen und putzen, wann ich will. Ich finde es schön, mich auf meinen Freund zu freuen. Am Wochenende machen wir dann oft sehr schöne Ausflüge.

Natürlich hat eine Wochenendbeziehung auch Nachteile. Manchmal fühle ich mich sehr allein in meiner Wohnung, und es wäre schön, wenn mein Freund da wäre, besonders am Abend. Natürlich ist es auch nicht einfach, die Wochenenden zu organisieren. "Wann kommst Du an? Fährst Du mit dem Auto oder soll ich Dich vom Bahnhof abholen?" Diese Fragen gibt es immer. Schließlich ist ein ganz großer Nachteil, dass man sich sehr langsam kennenlernt und vielleicht erst nach vielen Wochenenden feststellt, dass der Partner nicht der richtige ist.